기둥영어는 특별합니다.

하루에 한 스텝씩

꾸준히 공부하면

쉽게 영어를 정복할 수 있습니다.

최파비아 기둥영어 5

최파비아 기둥영어 5

1판 1쇄 인쇄 2020. 12. 15.
1판 1쇄 발행 2020. 12. 28.

지은이 최파비아
도 움 최경 (Steve Choi)
디자인 Frank Lohmoeller (www.zero-squared.net)

발행인 고세규
발행처 김영사
등록 1979년 5월 17일(제406-2003-036호)
주소 경기도 파주시 문발로 197(문발동) 우편번호 10881
전화 마케팅부 031)955-3100, 편집부 031)955-3200 | 팩스 031)955-3111

값은 뒤표지에 있습니다.
ISBN 978-89-349-9142-7 14740
978-89-349-9137-3 (세트)

홈페이지 www.gimmyoung.com 블로그 blog.naver.com/gybook
페이스북 facebook.com/gybooks 이메일 bestbook@gimmyoung.com

최파비아 기둥영어

10번 MIGHT 기둥
11번 WOULD 기둥

5

영어공부를 재발명합니다

최파비아 지음

김영사

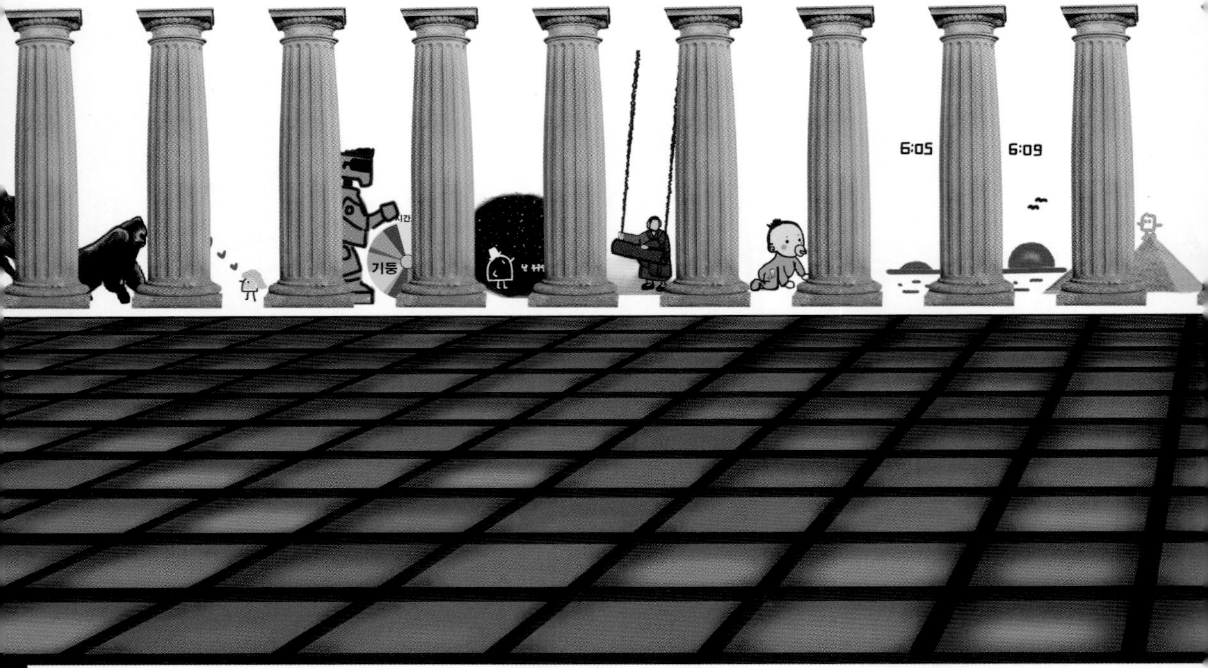

기둥 구조로
영어를 바라보는 순간
영어는 상상 이상으로
쉬워집니다.

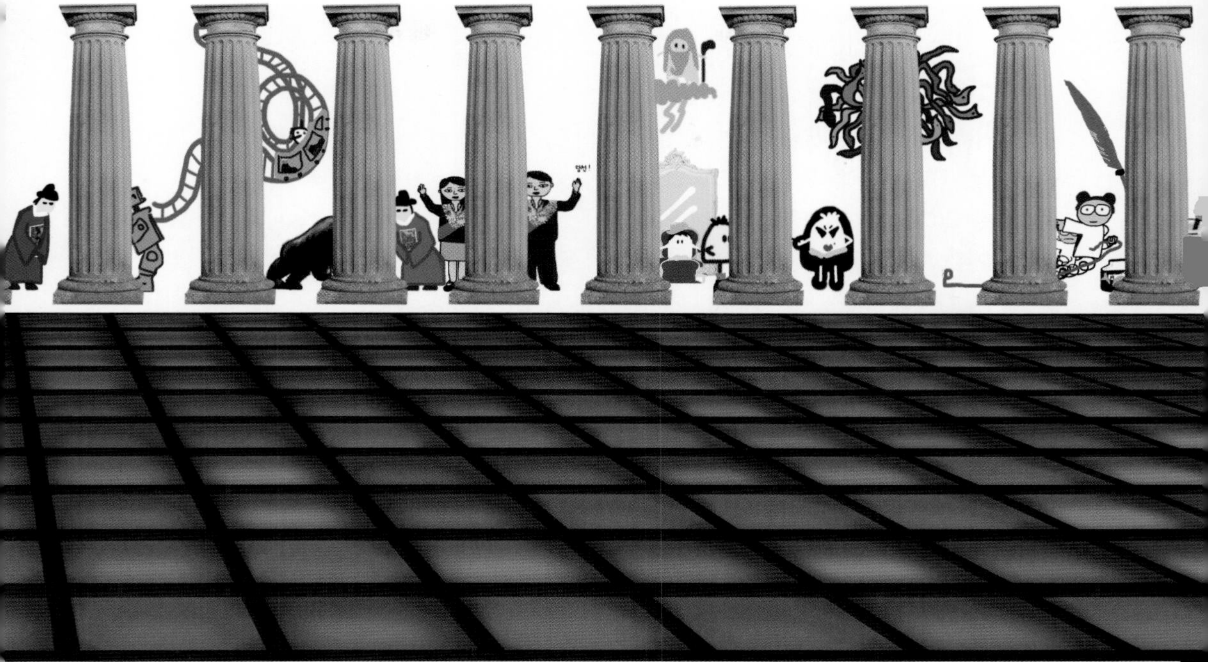

영어의 모든~ 말은 아무리 복잡해 보여도 다 이 19개의 기둥들로 이루어져 있습니다.
더 좋은 소식은, 19개 모두 한 가지 똑같은 틀로 움직인다는 거죠. 영어가 엄청 쉬워지는 겁니다.
지금까지 영어 정복은 끝이 없는 것처럼 보였을 텐데요. 19개의 기둥을 토대로 익히면 영어 공부에 끝이 보이기 시작할 겁니다.

한국인처럼 영어를 열심히 공부하는 사람은 없습니다.
왜 우리는 지금까지 “영어는 기둥이다”라는 말을 못 들어봤을까요?

기둥영어는 세 가지 특이한 배경의 조합에서 발견됐습니다.
첫 번째는 클래식 음악 작곡 전공입니다.
두 번째는 열다섯 살에 떠난 영국 유학입니다.
마지막으로 세 번째는 20대에 단기간으로 떠난 독일 유학입니다.

영국에서 영어만 쓸 때는 언어를 배우고 익히는 방법을 따로 고민하지 않았습니다. 영어의 장벽을 넘어선 후 같은 서양의 언어인 독일어를 배우며 비로소 영어를 새로운 시각으로 바라볼 수 있었습니다. 클래식 음악 지식을 배경으로 언어와 음악을 자연스레 비교하자 영어의 구조가 확실히 드러났으며, 그러던 중 단순하면서도 확실한 영어공부법을 발견하게 되었습니다.
‘기둥영어’는 이 세 가지의 특이한 조합에서 탄생한 새롭고 특별한 공부법임에 틀림없습니다.

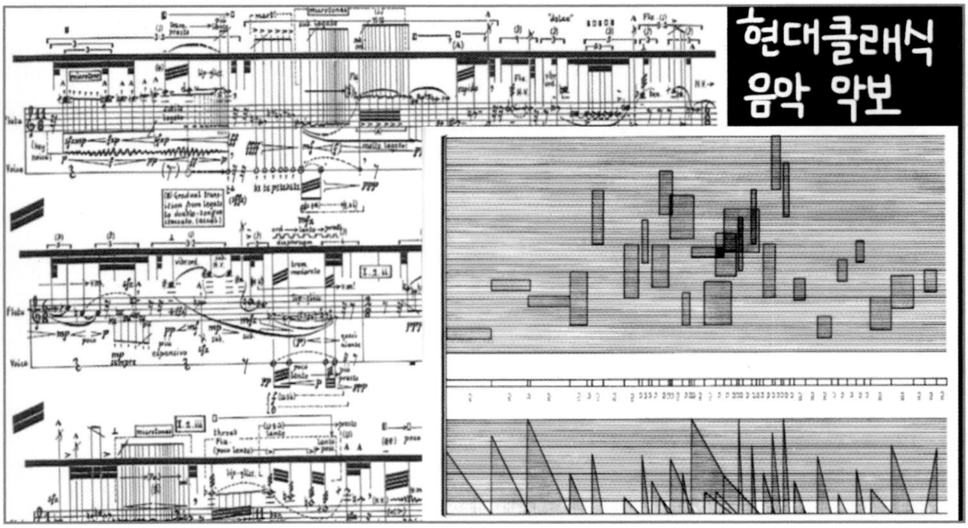

서양의 건축물을 보면 기둥이 있습니다. 서양인들은 건축뿐만 아니라 음악도 소리를 기둥처럼 쌓아서 만들었습니다. 건축이나 음악과 마찬가지로 영어도 기둥을 세우는 구조로 만들어져 있습니다. 영어의 기둥 구조는 건축과 음악처럼 단순합니다. 구조의 기본 법칙과 논리만 알면 초등학생도 복잡하고 어렵게 느끼는 영어를 아주 쉽게 자신의 것으로 만들 수 있습니다.
지금까지 우리가 알던 영어공부법은 처음에는 쉽지만 수준이 올라갈수록 어려워집니다. 이 기둥영어는 문법을 몰라도 끝까지 영어를 쉽게 배울 수 있습니다.

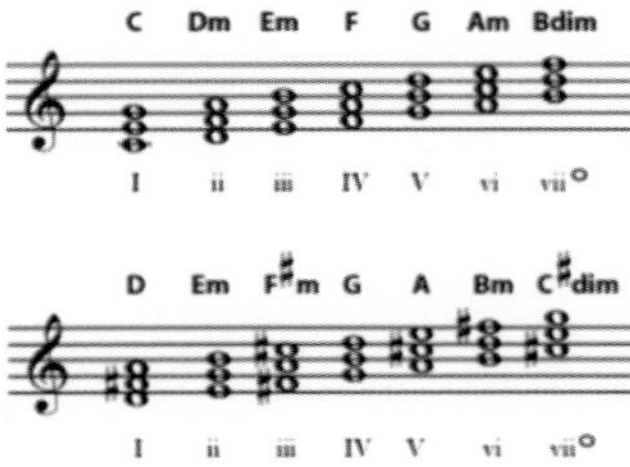

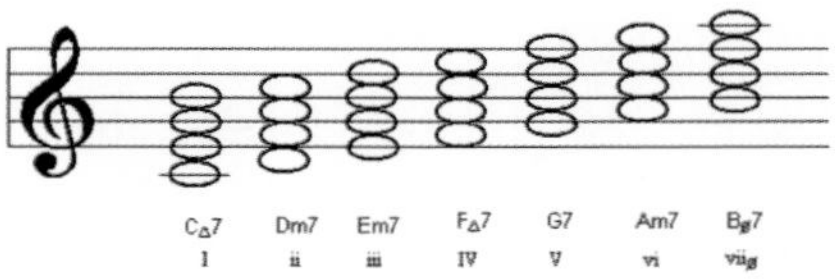

앱과 온라인 기반의 영어공부법이 우후죽순으로 나오고 너도나도 교재를 출간하는 등 영어 학습 시장은 포화 상태입니다. '기둥영어'는 왜 과열된 학습 시장에 뛰어들었을까요?

시장에 나와 있는 모든 영어공부법을 철저히 분석해봤습니다.

결론은 한국인은 영어공부를 너무 오랫동안 한다는 사실입니다.
죽어라 공부해야 결국 일상회화나 할 정도가 됩니다.
고급 영어는 아예 쳐다도 못 봅니다.
다시 말해 외국어 교육법으로는 형편없습니다.

유학생이 영어를 익힌 후 생활 속에서 자연스레 영어를 쓰듯, 국내에서 공부해도 유학생처럼 되는 영어공부법을 재발명할 필요가 있습니다. 그래서 영어공부법을 재발명했으며, 이것이 바로 기둥영어입니다. 더구나 이 방법은 사람들의 기대를 완전히 뛰어넘는 영어공부의 혁명입니다.

한국인은 전 세계에서 5위 안에 들 정도로 똑똑합니다.
이렇게 똑똑한 사람들은 시스템이나 구조보다 위에 있어야지, 그것들에 종속되어서는 안 됩니다. 우리는 중학교-고등학교-대학교까지 잘못된 영어 시스템에 종속되어 왔습니다. 심지어 유치원-초등학교까지 이 시스템에 종속되려고 합니다. 학교 영어교육 시스템에서 벗어나 사회로 나오면 또 돈을 들여 영어공부를 다시 시작합니다. 10년 아니 20년이 넘는 시간과 자신의 재능을 낭비하는 것입니다.

10대부터 60대까지 모든 연령대의 학생들을 가르치며 확신한 것이 하나 있습니다.
"우리는 이렇게까지 영어를 오랫동안 힘들게 할 필요가 없다."
이 바쁜 시대에 영어공부법은 쉽고 정확하고 빨라야 합니다. 빨리 영어를 도구로 삼아 더 큰 목표에 집중해야 합니다.
기둥영어는 영어라는 언어를 처음으로 우리에게 이해시켜줍니다.
쉬워서 모든 사람이 배울 수 있고, 정확한 분석으로 영어공부에 쉽게 적용할 수 있으며, 회화만이 아닌 모든 영역에 빠르게 생활화할 수 있습니다.
기둥영어가 여러분의 영어공부에 새로운 빛이 되어줄 것이라 확신합니다. 책을 통해 이 교육법을 모두와 공유합니다.

원어민 선생님과 바로 스피킹하는 기존 방식은 '맨땅에 헤딩'하기와 같습니다.

원어민은 태어나 한 번도 영어 스피킹을 배운 적이 없습니다. 우리가 한국어를 자연스럽게 터득한 것처럼 그들도 마찬가지입니다.

원어민 선생님은 그저 우리와 대화하면서 틀린 것을 고쳐주거나, 필요한 문장을 반복해서 외우라고 말합니다.

세상에 말이 얼마나 많은데 일일이 어떻게 다 외웁니까?
그렇게 외우다가는 끝이 없습니다. 고급 영어는 꿈도 못 꿉니다. 결국 포기하게 될지도 모릅니다.

즉석에서 문장을 만들어내며 나의 메시지를 전달할 줄 알아야 외국어 공부로부터 자유로워집니다.

유학을 갔다 오든, 한국에 있든, 영어를 잘하려면 영어의 큰 구조를 알아야 합니다. 그래야 영어 실력도 올리고 고급 영어까지 구사할 수 있게 됩니다.

> 지금도 초등학교에서는
> 영어 문장 고작 몇 개를
> 반복해서 말하며 익히는 것에
> 한 학기를 소비합니다.

↓

> 그러다 중학교부터 시험에 들어가면 실제
> 영어랑 너무 달라서 결국 둘 중에 하나는
> 포기하기에 이릅니다.

↓

> 공부해야 하는 기간에
> 영어를 놓쳐버린 우리는
> 성인이 되어 자비를 들여
> 실전 영어를 하려 하지만,
> 체계적인 방법은 없고 다 그때뿐입니다.
> 시간이 지나면 까먹어서 다시 기본 문장만
> 영어로 말하고 있습니다.

↓

> 요즈음은 안 들리는 영어를 머리 아파도
> 참아가며 한 문장을 수십 번씩 듣고
> 따라 하는데 그게 얼마나 집요해야 할까요!
> 학생이든 성인이든
> 영어를 좀 알아야 하죠!
> 문장이고 문법이고 이해가 안 가는데…
> "귀에서 피나겠어!"

기존 시스템은 우리를 너무 헷갈리게 합니다. 그래서 기둥영어는 영어의 전 과정을 세밀하게 담아내면서 남녀노소 그 어느 레벨이든 탄탄하게 영어가 쌓이도록 만들었습니다.

기둥영어를 담아낸 체계적인 시스템이 Map입니다. 그럼 Map을 구경해보죠.

<교재사용법> Map은 영어의 전 과정을 보여줍니다.

Map의 구성은 기존의 모든 영어책과 다릅니다. 가르쳐주지 않은 구조는 절대 예문으로 섞여 나오지 않기 때문에 (다른 모든 영어 교재들은 섞여 나옴) 자신감이 향상되면서 스피킹이 됩니다.

또한 개념을 꾸준하게 설명하면서 모든 것을 암기가 아닌 응용으로 익히기 때문에 스텝이 진행되면서 여러분이 말할 수 있는 영어 문장들은 기하급수적으로 많아집니다.

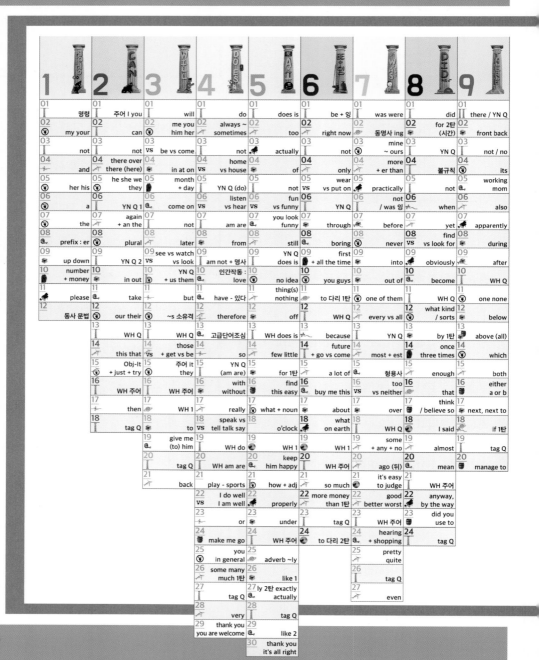

	1	2	3	4	5	6	7	8	9
01	명령	주어 I you	will	do	does is	be + 잉	was were	did	there / YN Q
02	my your	can	me you him her	always ~ sometimes	too	right now	동명사 ing	for 2탄 (시간)	front back
03	not	not	be vs come	not	actually	not	mine ~ ours	YN Q	not / no
04	and	there over there (here)	in at on	home vs house	of	only	more + er than	불규칙	its
05	her his	he she we they	month + day	YN Q (do)	not	wear vs put on	practically	not	working mom
06	a	YN Q 1	come on	listen vs hear	fun vs funny	YN Q	not / was 잉	when	also
07	the	again + an the	not	am are	you look funny	through	before	yet	apparently
08	prefix : er	plural	later	from	still	boring	never	find vs look for	during
09	up down	YN Q 2	see vs watch vs look	am not + 명사	YN Q does is	first + all the time	into	obviously	after
10	number + money	in out	YN Q + us them	인간작동 : love	no idea	you guys	out of	become	WH Q
11	please	take	but	have - 있다	thing(s) nothing	to 다리 1탄	one of them	WH Q	one none
12	동사 문법	our their	~s 소유격	therefore	off	WH Q	every vs all	what kind / sorts	below
13		WH Q	WH Q	고급단어조심	WH does is	because	YN Q	by 1탄	above (all)
14		this that	those + get vs be	so	few little	future + go vs come	most + est	once three times	which
15		Obj-It + just + try	주어 it they	YN Q (am are)	for 1탄	a lot of	형용사	enough	both
16		WH 주어	WH 주어	with without	find this easy	buy me this	too vs neither	that	either a or b
17		then	WH 1	really	what + noun	about	over	think / believe so	next, next to
18		tag Q	to	speak vs tell talk say	o'clock	what on earth	WH Q	I said	if 1탄
19			give me (to) him	WH do	WH 1	WH 1	some + any + no	almost	tag Q
20			tag Q	WH am are	keep him happy	WH 주어	ago (뒤)	mean	manage to
21			back	play - sports	how + adj	so much	it's easy to judge	WH 주어	
22				I do well vs I am well	properly	more money than 1탄	good better worst	anyway, by the way	
23				or	under	tag Q	WH 주어	did you use to	
24				make me go	WH 주어	to 다리 2탄	hearing + shopping	tag Q	
25				you in general	adverb ~ly		pretty quite		
26				some many much 1탄	like 1		tag Q		
27				tag Q	ly 2탄 exactly actually		even		
28				very	tag Q				
29				thank you you are welcome	like 2				
30					thank you it's all right				

스텝에서는 우리말이 많아 보이지만 우리말 설명 앞에 계속해서 나오는 #이 붙은 모든 문장을 이제 여러분 스스로 영어로 말하게 될 것입니다. 설명은 많지 않습니다. 개념을 익히고 계속 영어로 만들면서 진행합니다. 그래서 영어라는 언어가 어떤 것인지 정확히 감을 잡게 됩니다. 이렇게 해야 영어 공부에서 자유로워집니다.

말하기로 진도가 나가면서 듣기, 쓰기, 독해를 함께 끝낼 수 있습니다.

언어는 이렇게 모든 것을 아우르며 공부하는 것이 맞습니다.

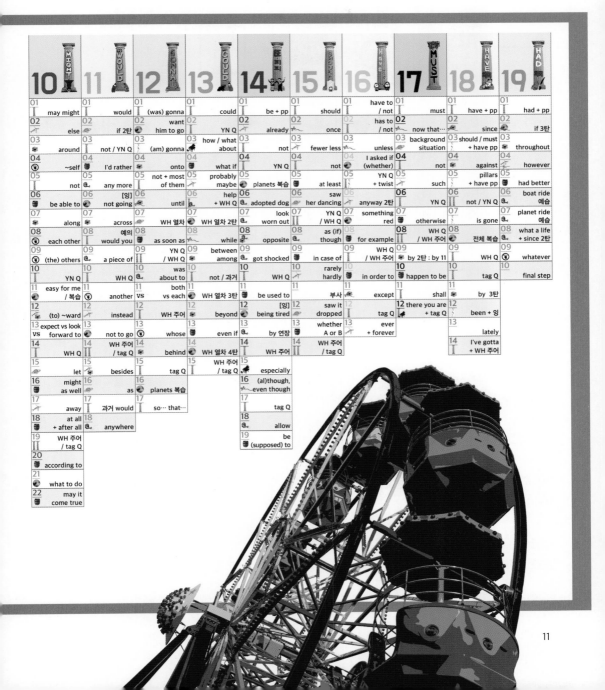

	10	11	12	13	14	15	16	17	18	19
01	may might	would	(was) gonna	could	be + pp	should	have to / not	must	have + pp	had + pp
02	else	if 2탄	want him to go	YN Q	already	once	has to / not	now that…	since	if 3탄
03	around	not / YN Q	(am) gonna	how / what about	not	fewer less	unless	background situation	should / must + have pp	throughout
04	~self	I'd rather	onto	what if	YN Q	not	I asked if (whether)	not	against	however
05	not	any more	not + most of them	probably maybe	planets 복습	at least	YN Q + twist	such	pillars + have pp	had better
06	be able to	[잉] not going	until	help + WH Q	adopted dog	saw her dancing	anyway 2탄	YN Q	not / YN Q	boat ride 예습
07	along	across	WH 열차	WH 열차 2탄	look worn out	YN Q / WH Q	something red	otherwise	is gone	planet ride 예습
08	each other	예의 would you	as soon as	while	opposite	as (if) though	for example	WH Q / WH 주어	전체 복습	what a life + since 2탄
09	(the) others	a piece of	YN Q / WH Q	between among	got shocked	in case of	WH Q / WH 주어	by 2탄 : by 11	WH Q	whatever
10	YN Q	WH Q	was about to	not / 과거	WH Q	rarely hardly	in order to	happen to be	tag Q	final step
11	easy for me / 복습	another	both vs each	WH 열차 3탄	be used to	부사	except	shall	by 3탄	
12	(to) ~ward	instead	WH 주어	beyond	[잉] being tired	saw it dropped	tag Q	there you are + tag Q	been + 잉	
13	expect vs look forward to	not to go	whose	even if	by 연장	whether A or B	ever + forever		lately	
14	WH Q	WH 주어 / tag Q	behind	WH 열차 4탄	WH 주어	WH 주어 / tag Q			I've gotta + WH 주어	
15	let	besides	tag Q	WH 주어 / tag Q	especially					
16	might as well	as	planets 복습		(al)though, even though					
17	away	과거 would	so… that…		tag Q					
18	at all + after all	anywhere			allow					
19	WH 주어 / tag Q				be (supposed) to					
20	according to									
21	what to do									
22	may it come true									

〈교재사용법〉 아이콘 설명

기둥을 중심으로 Map을 따라가다 보면 영어의 다양한 구조들을 빈틈없이 싹 훑게 될 것입니다. 영어는 기둥을 계속 나란히 세울 수 있게 만들어진 언어이고 그 기둥들에 붙는 다양한 도구들은 총 10개밖에 안 됩니다. 이것들로 인해 영어는 다시 한번 엄청 쉬워집니다.

이 도구의 아이콘들과 특이한 명칭들은 여러분에게 재미있으라고 만든 것도 아니고 심심해서 만든 것도 아닙니다.

각 문법의 특징을 상기시켜주는 중요한 도움이 될 장치라는 것을 알게 될 겁니다. 모든 그림은 문법의 기능을 보여주기 위한 것이며 각각의 틀을 정확히 알아야 처음으로 접한 말도 스스로 응용해 영어로 만들 수 있습니다. 각 아이콘은 초등학생도 영어 구조의 기능을 완전히 파악할 정도로 정확히 보여줍니다.

그러면 등위 접속사, 부정사 명사 기능, 관계대명사, 부사구, 분사구문 조건절 등등 저 잡다하고 복잡한 모든 문법 용어가 다 사라집니다. 하지만 여러분은 정확하게 문법들을 사용할 수 있게 되죠.

그리고 고급 문법 구조들도 스스로 응용하여 새로운 말까지 만들어낼 수 있습니다.

반복되는 아이콘이 머릿속에 문법의 기능과 이미지로 팍팍 새겨지며 복잡한 문법들이 이렇게 귀여운 10개의 도구로 끝납니다.

나중에는 이미지만으로 설명 없이도 새로운 구조를 바로 이해하게 됩니다. 이렇게 적은 수의 아이콘으로 어려운 문장들까지 쉽게 읽고 말하는 신비한 경험을 하게 될 겁니다.

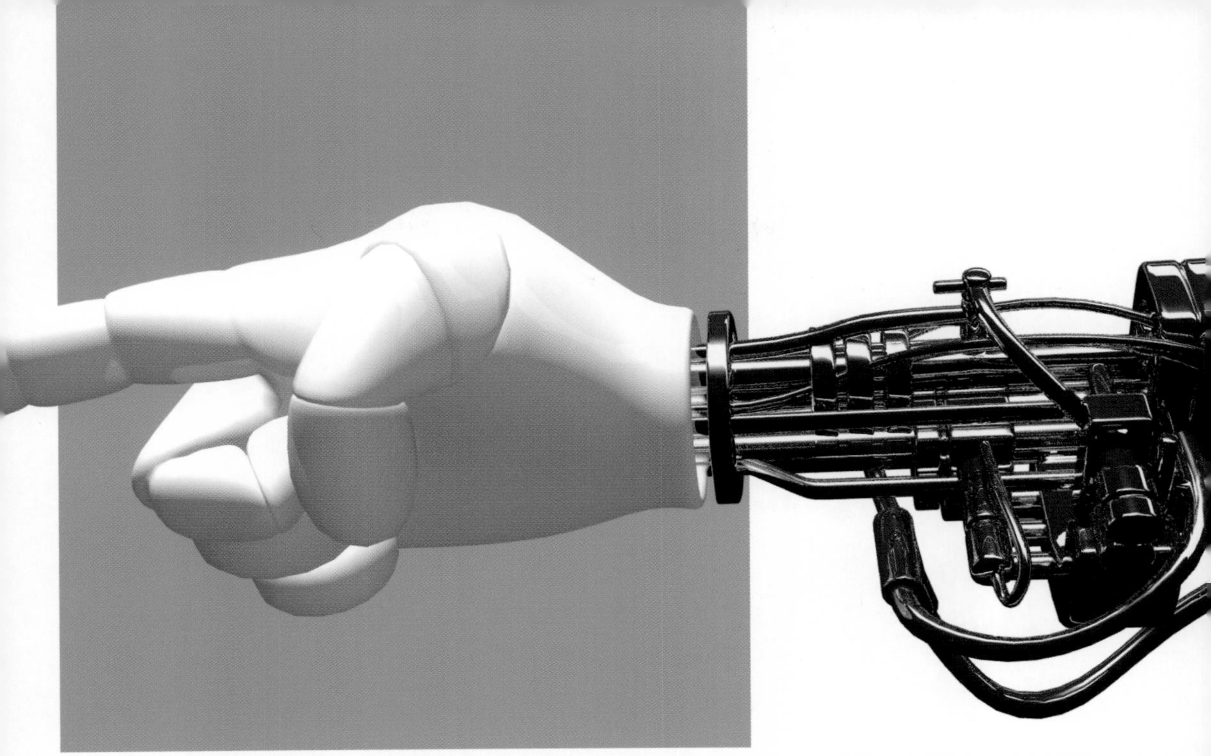

〈문법 용어〉

영어를 모를 때나 문법 용어를 찾게 되지 영어가 보이면 문법 용어는 쳐다보지도 않게 됩니다. 이 코스로 배운 모든 학생이 경험한 변화입니다. 여러분도 각 기능을 다 알고 나면 더 이상 이 아이콘을 굳이 쓰지 않아도 됩니다. 정작 영어를 하기 시작하면 용어 자체를 말하는 일 없이 자신의 말을 하기 때문입니다.

영어는 반복 훈련이 필요하다는 것을 다들 아실 것입니다.
하지만 언어는 다양하게 말할 수 있기 때문에 운동이나 악기연습같이 똑같은 것을 반복하는 훈련이 아닌 작곡 같은 훈련을 해야 합니다. 같은 패턴이나 문장의 암기가 아닌 자신의 말로 다양하게 만들어보는 반복 훈련을 하면 훨씬 더 큰 결과물을 빠르게 얻습니다. 그런 반복 훈련이 될 수 있도록 매 스텝을 준비했습니다.

각 스텝에 주어진 단어들이 너무 쉬워 보이나요? 쉬운 단어들을 드리는 이유는 구조를 정확히 볼 수 있게 하기 위해서입니다. 단어까지 어려우면 뒤에 숨겨진 구조를 보지 못합니다. 하지만 구조를 정확하게 이해하면 어려운 단어들로 이루어진 복잡한 문장도 쉽게 말할 수 있습니다.

이 모든 것을 쉽게 따라올 수 있도록 Map을 만들었습니다.

스텝 안에서 유념해야 할 부분

#이 붙은 문장은 설명을 보지 말고, 바로 영어로 만들라는 뜻입니다. 이렇게 계속 새로운 우리말을 영어로 직접 만들면서 익혀나갑니다. 설명만을 읽으면 지루하기도 하고, 또 문장만 만들면 암기를 하게 되는 식이라 응용법을 익힐 기회가 사라집니다. 설명을 보지 말고 함께 제공되는 가리개로 가리면서 직접 영어로 만드세요.

#이 붙은 문장들은 그 스텝에서 배우는 것만 나오지 않고, 그 전의 스텝에서 배운 것도 랜덤으로 섞이면서 접하지 않은 새로운 문장으로 나오기 때문에 퀴즈처럼 항상 머릿속으로 헤아리면서 진행해야 합니다. 재미있을 겁니다.

#이 붙은 문장을 보면 아래 설명 부분을 가리개로 가리고 공부하면 좋습니다. 정확히 구조를 모를 때는 공책에 먼저 써본 후 말하는 것을 추천합니다. 안다고 생각해도 정작 써보고 나서 가이드와 비교하면 틀리는 경우를 종종 봐왔기 때문입니다.

스텝 설명 예시

#A: 그녀는 나이가 듦에 따라, 자신감도 늘어났어.

> grow old / confidence [컨*피던스] / gain [게인] <

나이가 듦 = 자신감 늘어남. 그래서 as를 쓸 수 있죠.

→ As she grew older, she gained more confidence.

#B: 그래? 나는 나이가 듦에 따라, 몸무게가 늘었는데.

> weight / gain <

→ Yeah? As I grew older, I gained weight.

#A: 그것만이 아니지.

→ That's not all. / Not only that.이라고도 잘 쓴답니다.

#나이가 들면서 혈당량도 올라갔지.

> blood sugar level <

나이가 듦 = 혈당량도 올라감

→ As you grew older, your blood sugar level went up too.

가리개 설명

여러분은 스텝 안의 #이 붙은 모든 문장과 연습 문장을 직접 영어로 만들어나갑니다.
먼저 배운 것도 랜덤으로 섞여 나오므로 계속 이전의 것도 함께 기억하면서 새로운 것을 배웁니다.
여러분이 직접 골라서 사용할 줄 알아야 하기 때문에 잘 생각날 수 있게 가리개에 기록해두었습니다.

이제 5형식이나 시제, 조동사 등을 굳이 배울 필요가 전혀 없습니다.

가리개에는 영어의 모든 구조가 이미지로 그려져 있습니다.
기둥에는 기둥의 기능을 보여주는 이미지도 그려져 있습니다.
배우지 않은 것들은 나오지 않으니, 항상 배운 것 안에서만 골라내면 됩니다.

연습장 설명

연습

연습장에서 제공되는 기둥은 이미 배운 기둥뿐입니다. 위의 샘플을 보면 15번 기둥까지 배웠음을 알 수 있습니다.

문장을 만들 때는 기둥을 생각하면서 맞는 기둥을 골라 구조에 맞게 끼워 넣기만 하면 됩니다. 기둥으로 영어를 보면 우리말에 이미 힌트가 다 들어 있다는 것을 알게 됩니다. 생각할 필요 없이 단어만 끼워 맞추면 끝입니다. 영어의 모든 말은 기둥으로만 이루어져 있고, 모든 기둥은 한 가지 구조로만 움직이니 여러분은 레고처럼 그냥 단어만 끼우면 됩니다.

예문을 영어로 바꿀 때 필요한 영단어는 아래 예시처럼 회색으로 제공되며 우리말 순서대로 나열됩니다. 예를 들어, "안전벨트는 당신의 목숨을 구할 수도 있습니다." 아래에는 seatbelt / life / save로 단어가 나열됩니다.

우리말을 읽으면서 대체할 단어가 순서대로 제시되어 있습니다.
발음은 가이드라인일 뿐입니다. 접한 후 영어 발음으로 더 연습하세요.

스텝 설명 예시

#의사: 두 분 중 한 분은 가까이 계시는 편이 좋겠습니다, 동의가 필요할 것을 대비해서요.

close / stay / consent [컨센트]=동의서

One of you should stay close
.... in case we need your consent.

#내가 산에 위스키 한 병을 가지고 오마, 우리가 뱀에 물리는 경우를 대비해서.

mountain / whiskey / bottle / snake / bite

I'll bring a bottle of whiskey to the
.... mountain in case we get bitten by a snake.

연습장 설명

예문 오른쪽 하단의 가이드 역시 가리개로 가리고 영어 문장을 만들면 좋습니다. 연습장에서도 더 시간을 투자할 수 있으면, 공책에 적으면서 말하는 것을 추천합니다. 쓰면서 하는 공부는 다릅니다. 직접 써보면 안다고 생각했던 문장도 틀리기 쉽다는 것을 알게 될 것입니다. 적은 것을 확인한 후에 영어로 말하며 다시 만들어봅니다. 천천히 만들면서 우리말에 감정을 싣듯이 영어에도 감정을 실어 말합니다.

그 후 발음까지 좋게 하기를 원하면 **www.paviaenglish.com**으로 가서 리스닝 파일을 들으면서 셰도잉 기법을 활용하면 됩니다. 셰도잉 기법은 문장이 끝날 때까지 기다리지 않고 상대가 말하는 대로 바로바로 따라 말하는 방법입니다. 그러면 발음은 금방 자연스럽게 좋아집니다.

하루에 한 스텝씩! 매 스텝을 하루 10분 이내로 1개씩만 해도 1년이면 다 끝납니다. 이미 해본 학생들 말로는 한 스텝씩이기 때문에 벅차지 않다고 합니다.

1년 뒤면 실제로 영어가 여러분의 것이 될 수 있습니다. 원서로 책을 읽고, 할리우드 영화를 영어 자막으로 보다가 자막 없이도 보고, 궁금한 내용을 구글에서 영어로 검색하는 등 실제 유학생들처럼 영어가 공부가 아닌 생활이 되기 시작할 것입니다.

영어를 어느 정도 익힌 학생들이나 빠르게 끝내야 하는 학생들을 위해 Map 안에 지름길이 세팅되어 있습니다.

다음 페이지에서 세 종류의 지름길을 소개합니다.

지름길: 필요에 따라 적절한 코스대로 익혀나가도 좋습니다.
296-297쪽에서 아이콘 요약서를 접하면 좀 더 빠르게 진행할 수 있습니다.

문법 지름길 코스

학교에서 배우는 문법을 이해 못하겠다. 말하기는커녕 독해도 어렵다. 서둘러 늘고 싶다.

고급 지름길 코스

기본 영어는 잘하고 어휘와 문법은 꽤 알지만 복잡한 문장들은 혼자서 만들 수가 없다.

여행 지름길 코스

영어를 하나도 모르지만 내 여행 스타일에 맞는 영어를 준비해서 갈 수 있으면 좋겠다.

문법 지름길

		02^{13}	WH Q			05^{04}	of
01^{01}	명령	02^{15}	Obj-it + just + try	04^{01}	do	05^{05}	not
01^{02}	my your	02^{16}	WH 주어	04^{02}	always ~ sometimes	05^{07}	you look funny
01^{03}	not	02^{17}	then	04^{03}	not	05^{09}	YN Q does is
01^{04}	and	02^{18}	tag Q	04^{05}	YN Q (do)	05^{10}	no idea
01^{05}	her his			04^{07}	am are	05^{12}	off
01^{06}	a	03^{01}	will	04^{08}	from	05^{13}	WH does is
01^{07}	the	03^{02}	me you him her	04^{09}	am not + 명사	05^{14}	few little
01^{09}	up down	03^{04}	in at on	04^{14}	so	05^{15}	for 1탄
01^{12}	동사 문법	03^{07}	not	04^{15}	YN Q (am are)	05^{16}	find this easy
		03^{10}	YN Q + us them	04^{16}	with without	05^{17}	what + noun
02^{01}	주어 I You	03^{11}	but	04^{19}	WH do	05^{19}	WH 1
02^{02}	can	03^{12}	~s 소유격	04^{20}	WH am are	05^{20}	keep him happy
02^{03}	not	03^{13}	WH Q	04^{22}	I do well I am well	05^{21}	how + adj
02^{05}	he she we they	03^{15}	주어 it they	04^{23}	or	05^{23}	under
02^{06}	YN Q 1	03^{16}	WH 주어	04^{24}	make me go	05^{25}	adverb ~ly
02^{08}	plural	03^{17}	WH 1	04^{26}	some many much	05^{26}	like 1
02^{09}	YN Q 2	03^{18}	to				
02^{12}	our their	03^{19}	give me (to) him	05^{01}	does is	06^{01}	be + 잉

06^{03} NOT	08^{13} by 1탄	11^{16} as	
06^{07} through	08^{16} that	11^{17} 과거 would	15^{01} should
06^{08} boring	08^{17} think / believe so		15^{02} once
06^{11} to 다리 1탄	08^{18} I said	12^{01} (was) gonna	15^{06} saw her dancing
06^{13} because	08^{23} did you use to	12^{02} want him to go	15^{09} in case of
06^{14} future + go vs come		12^{03} (am) gonna	15^{11} 부사
06^{16} buy me this	09^{01} there / YN Q	12^{06} until	15^{12} saw it dropped
06^{17} about	09^{02} front back	12^{07} WH 열차	
06^{19} WH 1	09^{03} not / no	12^{08} as soon as	16^{01} have to / not
06^{22} more money than	09^{04} its	12^{09} YN Q / WH Q	16^{02} has to / not
06^{24} to 다리 2탄	09^{05} working mom	12^{13} whose	16^{05} YN Q + twist
	09^{08} during	12^{14} behind	16^{07} something red
07^{01} was were	09^{09} after	12^{16} planets 복습	16^{10} in order to
07^{02} 동명사 ing	09^{14} which	12^{17} so…that…	16^{11} except
07^{03} mine ~ ours	09^{16} either a or b		
07^{04} more + er than	09^{17} next, next to	13^{01} could	17^{01} must
07^{06} not / was 잉	09^{18} if 1탄	13^{02} YN Q	17^{02} now that…
07^{07} before		13^{06} help + WH Q	17^{03} background
07^{08} never	10^{01} may + might	13^{07} WH 열차 2탄	17^{09} by 2탄: By 11
07^{14} most + est	10^{04} ~self	13^{08} while	
07^{15} 형용사	10^{06} be able to	13^{10} not / 과거	18^{01} have + pp
07^{16} too vs neither	10^{11} easy for me + 복습	13^{11} WH 열차 3탄	18^{02} since
07^{17} over	10^{14} WH Q	13^{14} WH 열차 4탄	18^{03} should + have pp
07^{19} some + any + no	10^{15} let		18^{05} pillars + have pp
07^{20} ago (뒤)	10^{20} according to	14^{01} be + pp	18^{07} is gone
07^{21} it's easy to judge	10^{21} what to do	14^{03} NOT	18^{11} by 3탄
07^{22} good better worst		14^{04} YN Q	18^{12} been + 잉
	11^{01} would	14^{06} adopted dog	18^{13} lately
08^{01} did	11^{02} If 2탄	14^{07} look worn out	
08^{02} for 2탄 (시간)	11^{03} not + YN Q	14^{11} be used to	19^{01} had + pp
08^{03} YN Q	11^{06} [잉] not going	14^{12} [잉] being tired	19^{02} if 3탄
08^{04} 불규칙	11^{08} 예의 would you	14^{13} by 연장	19^{04} however
08^{06} when	11^{09} a piece of	14^{16} (al)~, even though	19^{05} had better
08^{12} what kind / sorts	11^{13} not to go	14^{18} allow	19^{08} what a life + since

고급 지름길

				12^{17}	so…that…	17^{02}	now that…
01^{01}	명령	07^{01}	was were			17^{03}	background
01^{03}	not	07^{02}	동명사 ing	13^{01}	could	17^{07}	otherwise
		07^{05}	practically	13^{04}	what if	17^{10}	happen to be
02^{01}	주어 I you	07^{21}	It's easy to judge	13^{07}	WH 열차 2탄		
02^{02}	can			13^{11}	WH 열차 3탄	18^{01}	have + pp
02^{03}	not	08^{01}	did	13^{13}	even if	18^{02}	since
02^{06}	Y.N Q 1	08^{16}	that	13^{14}	WH 열차 4탄	18^{03}	should + have pp
02^{09}	Y.N Q 2					18^{05}	pillars + have pp
02^{13}	WH Q	09^{01}	there / YN Q	14^{01}	be + pp	18^{07}	is gone
02^{16}	WH 주어	09^{03}	not / no	14^{03}	not	18^{12}	been + 잉
		09^{07}	apparently	14^{06}	adopted dog		
03^{17}	WH 1	09^{14}	which	14^{07}	look worn out	19^{01}	had + pp
03^{19}	give me (to) him	09^{18}	if 1탄	14^{11}	be used to	19^{02}	if 3탄
		09^{20}	manage to	14^{12}	[잉] being tired	19^{08}	what a life + since
04^{01}	do			14^{16}	(al)~, even though		
04^{03}	not	10^{01}	may might	14^{19}	be (supposed) to		
04^{07}	am are	10^{15}	let				
04^{12}	therefore	10^{16}	might as well	15^{01}	should		
04^{13}	고급단어조심	10^{21}	what to do	15^{02}	once		
04^{14}	so			15^{06}	saw her dancing		
04^{22}	I do well I am well	11^{01}	would	15^{08}	as (if) though		
04^{24}	make me go	11^{02}	if 2탄	15^{09}	in case of		
		11^{06}	[잉] not going	15^{12}	saw it dropped		
05^{01}	does is	11^{13}	not to go	15^{13}	whether A or B		
05^{03}	actually	11^{16}	as				
05^{04}	of	11^{17}	과거 would	16^{01}	have to / not		
05^{22}	properly			16^{03}	unless		
		12^{01}	(was) gonna	16^{04}	I asked if (whether)		
06^{01}	be + 잉	12^{02}	want him to go	16^{05}	YN Q + twist		
06^{11}	to 다리 1탄	12^{03}	(am) gonna	16^{07}	something red		
06^{13}	because	12^{07}	WH 열차	16^{10}	in order to		
06^{19}	WH 1	12^{10}	was about to				
06^{24}	to 다리 2탄	12^{13}	whose	17^{01}	must		

		04^{11}	have - 있다	07^{21}	it's easy to judge	12^{02}	want him to go
01^{01}	명령	04^{14}	so			12^{03}	(am) gonna
01^{02}	my your	04^{16}	with without	08^{01}	did	12^{06}	until
01^{03}	not	04^{23}	or	08^{02}	for 2탄 (시간)	12^{07}	WH 열차
01^{04}	and			08^{03}	YN Q		
01^{09}	up down	05^{01}	does is	08^{04}	불규칙	13^{01}	could
01^{10}	number + money	05^{03}	actually	08^{05}	not	13^{02}	YN Q
01^{11}	please	05^{04}	of	08^{06}	when	13^{03}	how / what about
		05^{05}	not	08^{11}	WH Q	13^{07}	WH 열차 2탄
02^{01}	주어 I You	05^{10}	no idea	08^{12}	what kind / sorts		
02^{02}	can	05^{11}	thing(s) nothing	08^{13}	by 1탄	14^{01}	be + pp
02^{03}	not	05^{15}	for 1탄	08^{16}	that	14^{06}	adopted dog
02^{04}	over there (here)	05^{17}	what noun	08^{18}	I said		
02^{06}	YN Q 1	05^{19}	WH 1	08^{20}	mean	15^{01}	should
02^{07}	again + an the	05^{21}	how + adj			15^{07}	YN Q / WH Q
02^{13}	WH Q	05^{23}	under	09^{01}	there / YN Q		
02^{14}	this that	05^{25}	adverb ~ly	09^{03}	not / no	16^{01}	have to / not
02^{15}	Obj-it + just + try	05^{26}	like 1	09^{05}	working mom	16^{02}	has to / not
02^{17}	then			09^{08}	during	16^{05}	YN Q + twist
		06^{01}	be + 잉	09^{09}	after	16^{11}	except
03^{01}	will	06^{07}	through	09^{10}	WH Q		
03^{04}	in at on	06^{08}	boring	09^{14}	which	17^{01}	must
03^{10}	YN Q + us them	06^{11}	to 다리 1탄	09^{17}	next, next to	17^{03}	background
03^{11}	but	06^{12}	WH Q	09^{18}	if 1탄	17^{04}	not
03^{13}	WH Q	06^{13}	because				
03^{14}	those + get vs be	06^{14}	future + go vs come	10^{01}	may might	18^{01}	have + pp
03^{21}	back	06^{15}	a lot of	10^{15}	let	18^{02}	since
		06^{17}	about	10^{21}	what to do	18^{03}	should + have pp
04^{01}	do	06^{24}	to 다리 2탄			18^{07}	is gone
04^{03}	not			11^{01}	would		
04^{05}	YN Q (do)	07^{01}	was were	11^{08}	예의 would you		
04^{07}	am are	07^{02}	동명사 ing	11^{10}	WH Q		
04^{08}	from	07^{07}	before				
04^{09}	am not + 명사	07^{19}	some + any + no	12^{01}	(was) gonna		

Index 10

MIGHT 기둥

11

WOULD 기둥

MIGHT 기둥

10

10의

조동사

드디어 10번 기둥! 축하합니다!
이제 복잡해 보이는 기둥들은 끝났습니다.
쉬운 기둥들이 쭈르륵 나올 테니 편하게 보세요.

배운 것들이 상당히 많이 쌓였기 때문에 이제는 다양한 방식으로 응용하고 속도를 올리는 동시에 새로운 것들을 접할 겁니다. 외국어는 그렇게 배우는 거라고 했죠? 아는 것은 탄탄하게, 새로운 것은 꾸준히!

'루빈의 꽃병' - 덴마크의 심리학자 Rubin이 고안했다고 해서 Rubin's vase라고 불리는 그림입니다.
사람 얼굴이나 꽃병이 보이지만 항상 둘 중 한 가지가 더 강하게 인식되죠. 사람은 어떤 대상을 바라볼 때 관심 있는 부분만을 부각시켜 인지하면서 관심 없는 부분은 바로 앞에 있는데도 보지 않게 된다는 겁니다.

MAY / MIGHT

자! 반만 얘기하는 기둥을 소개합니다.
MIGHT [마이트] 기둥!

'그럴 수도 있고, 아닐 수도 있고'처럼 50% 정도의 확신을 갖고 말할 때 사용하는 기둥으로 사용법은 엄청 쉽습니다. 만들어보죠.

먼저 다음 문장을 영어로 바꿔보세요.
#나 늦을 거야.
미래 기둥 사용하면 되죠.
→ I will be late.

이제 기둥만 바꿔치기해서
I might be late.
끝!! 이러면
"나 늦을 수도 있어, 아닐 수도 있고"라고 말하는 겁니다.
기둥 그림에 얼굴의 반만 보이는 꽃병이 있죠?

기둥 구조가 쉬우니 문장 레벨 올려볼게요. 다음 예문을 만들어보세요.

상황) 어제 사고 때문에 경찰이 오늘 다시 온다고 하네요.

#경찰이 어젯밤에 대해서 너한테 질문을 좀 할 거야.

The police will ask you~

extra 뭘 물어요? 질문을 하는데,
한 개만 물을 거면, a question,
많으면, many questions,
수가 중요치 않으면, some questions, 적을 때는 a few questions.

extra 엑스트라 또 있죠?
어젯밤에 대한 질문, about last night.

→ The police will ask you a few questions about last night.

다른 상황)

#경찰이 어젯밤에 대해 너한테 질문을 좀 할 수도 있어, 뭐 안 할 수도 있고.

다른 말 필요 없이 기둥만 바꾸면 됩니다.

The police might ask you~

나머진 다 그대로예요.

→ The police might ask you a few questions about last night.

MIGHT 기둥 간단하죠?

#그거 하지 마.

→ Don't do that.

#우리 멍청해 보일 수 있어.

"우리 멍청해 보여" 하면

"We ( ) look stupid"이지만

그럴 가능성이 반이 있으면 (50%)

→ We might look stupid.

#이거 사용하세요. 도움이 될 거예요.

→ Use this. It will help you.

#이거 사용하세요. 도움이 될지도 몰라요.

도움이 될 수 있을 확률을 한참 낮춘 것!

→ Use this. It might help you.

#이거 사용하세요. 유용해요.

> 유용한=helpful <

→ Use this. It is helpful.

이거 = 유용하다고 말하면서 두비 가운데 be로 갔죠. 그래서 단어가 바뀌었습니다.

마찬가지로 확률을 낮추려면,

→ It might be helpful.

이제 연습장에서 다른 기둥과 함께 비교하며 만들어보죠. 확신이 50% 정도로 내려갈 뿐 다른 것은 없습니다.

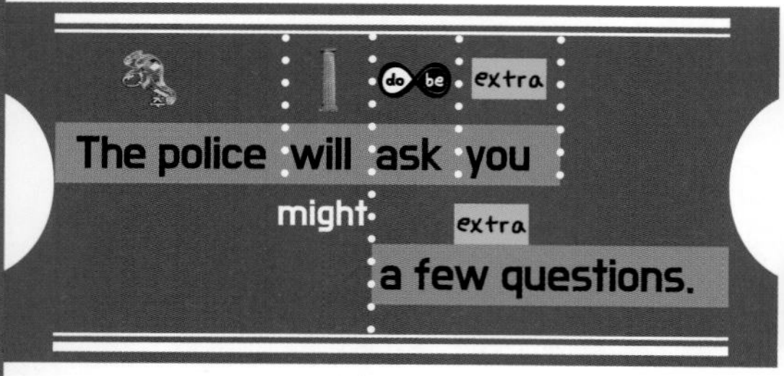

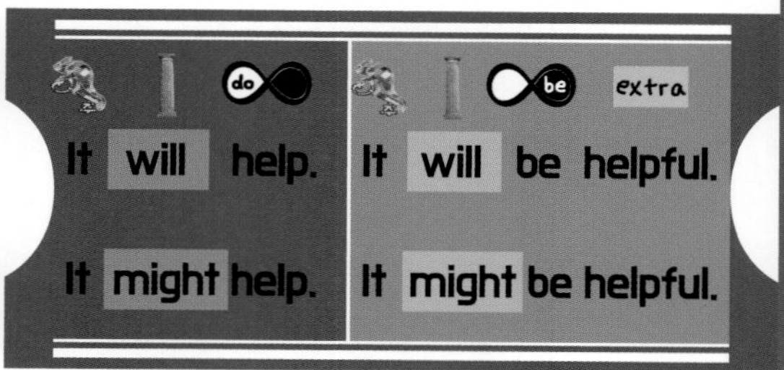

상황) 동료가 일회용 컵을 사용하려 합니다.

#그거 사용하지 마!

.... Don't use that!

#나 그거 나중에 필요할 거야.

.... I will need that later.

#나 그거 필요할 수도 있어. (50%)

.... I might need it.

#넌 실패할 거야.

.... You will fail.

#넌 실패할 수도 있어. (50%)

.... You might fail.

#제안을 고려해보겠지만 아무것도 보장 못 합니다.

suggestion [써제스쳔]=제안 / consider [컨씨더]=고려하다 / guarantee

.... I will consider your suggestion, but I can't guarantee anything.

#제안을 고려해볼 수도 있지만 아무것도 보장 못 합니다.

.... I might consider your suggestion, but I can't guarantee anything.

#그거 건드리지 마. 손상되기 쉬울 수도 있을 것 같아. (50%) 네가 깨뜨릴 수도 있어. (50%)

touch / fragile [*프*래좌일]=손상되기 쉬운 / break

.... Don't touch that. It might be fragile. You might break it.

상황) 레스토랑에서 주문하며 웨이터에게 묻습니다.

#A: 얼마나 걸릴까요? / 얼마나 걸리나요?

.... How long will it take? / How long does it take?

#B: 약 10분쯤 걸릴 겁니다.

.... It will take about 10 minutes.

#약 10분 걸릴 수도 있어요. (50%)

.... It might take about 10 minutes.

#그 DVD 빌리지 마! 재미없을 수도 있어! (50%)

rent=사용료를 내고 빌리다 / boring

.... Don't rent that DVD! It might be boring!

#이거 먹어봐! 맛이 나쁠 수도 있어! (50%)

taste=맛보다 / bad

.... Taste this! It might taste bad!

#A: 내가 부르는데 왜 저 여자분은 반응을 안 하지?

call / respond=반응하다

.... I am calling her, but why is she not responding?

#B: 저분 청각장애 있으실 수도 있어. (50%)

deaf [데*프]=귀가 먹은, 청각 장애가 있는

.... She might be deaf.

배구에서 '토스'는 공을 위로 올리는 동작을 말하죠? 뭔가를 결정할 때 동전을 위로 던져서 선택하는 것도 '토스'라고 합니다.

#동전 던져!

> coin [코인] / toss <

→ Toss the coin!

#앞이야, 뒤야?

> head [헤드] / tail [테일] <

우리는 앞과 뒤라 말하지만, 영어는 머리 아니면 꼬리라고 묻는답니다.

→ Is it head or tail?

MIGHT 기둥처럼 확률은 50대 50.

자! 까다로운 분들은 MIGHT를 확신 50%가 아니라 30%로 낮추는 것이 더 정확하지 않으냐는 분들도 계세요. 왜냐면 다른 것이 하나 더 있거든요.

MIGHT 기둥 그림을 보면 위에 MAY라고 쓰여 있죠? 이 둘은 정말 비슷해요.
“I might be late”처럼
“I may be late”라고 기둥만 바꿔서 말하는 겁니다.
뜻은 똑같다고 보면 됩니다.

		do be	extra
I	may	be	late.
I	might	be	late.

원래는 MAY가 확신 50% 맞습니다. MIGHT는 그보다 약하고요. 그런데 이건 이론상이지 실제 현실에서는 그냥 MIGHT도 50% 가능성으로 사용합니다.
영어 관련 학자들도 하는 말입니다. 더 궁금하면 옥스퍼드 사전 사이트 가서 확인해보세요.

여러분은 MIGHT와 MAY를 편하게 같은 것이라 보고 MIGHT 기둥에 더 익숙해지세요. 한국에서는 MAY를 더 많이 사용하고 MIGHT 기둥은 어색해하는데, 실제로는 MAY보다 MIGHT를 훨씬 더 많이 사용한답니다.

중요한 것은 이 기둥과 친해지는 겁니다.
확신을 50%만 낮추는 것에서 끝나는 것이 아니라, 다른 곳에도 아주 유용하거든요.

영어는 존댓말이 없지만 상대에게 예의를 지키거나, 겸손함을 보일 때 이 기둥을 자주 씁니다. 자신이 한 말이 ‘틀릴 수도 있다, 내세우는 것이 그렇지 않을 수도 있다’고 슬쩍 물러서는 메시지가 전달되는 거죠.

잠깐 접해볼까요? 영어로 만들어보세요.

#이거 좋은데요.
→ This is good.

#하지만 제 아이디어가 더 좋을 수도 있어요.
→ But my idea might be better.

better라고 썼지만 기둥을 통해 확신을 낮추면서 돌려 말하는 거죠.
그럼 이제 확신을 낮춘다고 생각하면서 MIGHT 기둥으로 말을 만들어보세요.

10 02

부사

else

상황) 옆에서 누군가가 고백하는 것을 듣습니다. 영어로 통역해주세요.

#A: 수지 씨, 당신을 좋아합니다.

→ Suzi, I like you.

수지: 죄송한데, 전 다른 사람을 좋아하거든요.

이번 스텝에서 배우는 표현입니다. 일단 영어로 말을 시작해보세요.

I am sorry, but I like~ 그 다른 사람이 누구인지 자세히 말해줄 필요는 없으니 someone이라고만 하면 되죠.

I am sorry, but I like someone ← 그런데 이렇게만 말하면, '전 누군가를 좋아해요'가 되니 당신 **말고 다른** 누군가를 좋아하고 있다고 말할 때는

someone else [엘즈]라고 합니다.

→ I am sorry, but I ( ) like someone else.

물건에도 바로 적용해보죠.

#나 이거 마음에 안 드는데.

→ I don't like this.

#다른 거 줘!

→ Give me something else!

같은 방식이죠?

이것과 전혀 다른 것을 갖고 싶으면
"Give me a different one"이라고 해도 되긴 합니다.
그러면 그냥 something else라고 하지 말고, different라고 쓰면 되지 않느냐고요?

아니요. 아까 고백한 남자에게
"I like someone else" 대신
"I like a different guy"라고 말해봐요.
여기서 different는 차이점이 있다는 건데 너처럼 생기거나 너 같은 성격과 차이가 있는 "'다른' 사람 좋아해"가 되니 메시지 차이가 있죠?

else는 지금 말한 거 말고 그 밖의 다른 것이라고 말할 때 사용합니다.
그냥 '또 다른~'이라고만 외우기에는 우리말에 변형이 많다는 것 이젠 알죠?
그래서 다양하게 먼저 접해봐야 합니다. 또 만들어보세요.

#나 뭐 있어!

→ I have something!

#나 너한테 보여줄 거 있어!

→ I have something~

extra 보여줄 뭔가가 있는 거죠. show를 붙이기 위해 TO 다리로 연결해서

→ I have something to show you!

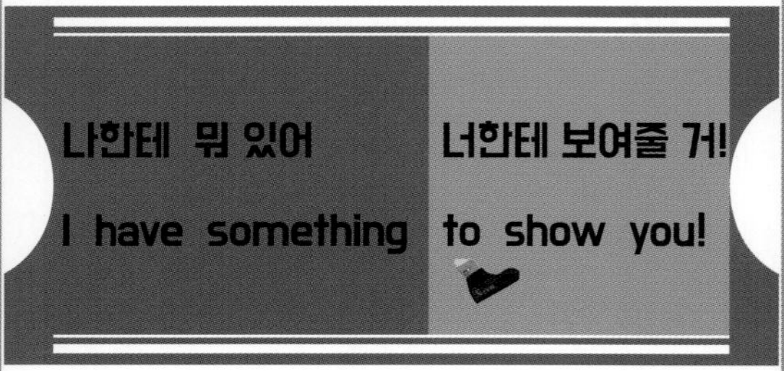

#이거 봐봐! 나 이거 아무한테도 안 보여줬어.

→ Look at this! I didn't show this to anybody!

#쇼킹하지, 그렇지?

> shock=충격을 주다 <

boring처럼

→ It is shocking, isn't it?

#기다려! (이거 말고) 또 있어, 보여줄 거.

→ Wait! I have something else to show you.

기둥 설정 잘하고 있죠? 가이드와 다르면 가이드에 있는 것을 분석해보고, 자신의 것이 메시지 전달이 된다고 생각하면 밀어붙이세요! 이번엔 직접 쭉 만들어보세요.

상황) 친구 코에 뭐가 묻었습니다.

#너 코에 뭐 묻었다!

> '묻었다'는 have로 하면 됩니다. <

그럼 껌딱지를 사용해야겠죠?

→ You have something on your nose!

#피네! 어! 너 피난다!

> blood / bleed [블리드] <

→ It's blood! Ah! You are bleeding!

#기다려봐. 나 가방에 손수건 있을 수도 있어.

> handkerchief [헨커취*프]=손수건 <

손수건 스펠링 장난 아니죠?

있을 수도 있고, 없을 수도 있으면? might!

→ Wait, I might have a handkerchief in my bag.

#아~ 안 가지고 왔다.

> bring <

→ Ah~, I didn't bring it.

#이것 먼저 써봐!

→ Use this first!

#아! 잠깐! 가방에 다른 거 있을 수도 있겠다!

Ah! Wait! I might have~

손수건 말고 다른 거죠? something else in the bag!

→ Ah! Wait! I might have something else in the bag!

같은 메시지를 다른 기둥으로도 말할 수 있다는 것을 이젠 알죠? 기둥들을 10개째 배우고 있으니 그만큼 선택권이 넓어지는 겁니다. 편한 것으로 선택해서 말하면 되지만 새로운 것들도 계속 접해 보라고 했죠? 가방 안에 있다는 것은 공간에 있는 거니까 9번 기둥인 THERE로도 말할 수 있겠죠. 해보세요.

#가방에 다른 거 있을 수도 있겠다!

→ There might be something else in the bag.

이렇게도 되는 겁니다.

다음 이미지를 그려보세요.

내가 서 있고, 나머지 모든 사람이 서 있어요.

#나랑 나머지 모든 사람들

→ I and everybody else

번역해보죠.

#You are not like everybody else.

무슨 기둥이죠? BE 기둥.

너는 / 아니다 / 여기서 like는 do 동사 '좋아하다' 아니에요! BE 기둥이라고 했으니 껌딱지 like죠. 나머지 모든 사람 같지 않다.

→ 넌 다른 사람들 같지 않아.

이제 지금까지 한 것처럼 이미지를 떠올리며 else를 붙여 연습해보세요!

연습

상황) 한번 맛있다고 했더니, 일주일간 똑같은 반찬만 나옵니다.

#좀 다른 것 좀 요리해줘!

cook

.... Please cook something else!

#내 옛날 여자 친구 지금은 (나 말고) 다른 사람이랑 같이 있지.

ex [엑스]-girlfriend

.... My ex-girlfriend is with someone else now.

#네가 하고 싶은 것을 해! 그러면 다른 건 다 따라올 거야.

Hint: WH 1입니다.

follow

Do what you want to do!
Then everything else will follow.

#왜 저는 사용하면 안 되는데요? 다른 사람들은 다 사용하잖아요.

use

Why can't I use it? Everyone else is using it. /
Everyone else uses it.

#그 이야기 좀 그만 반복해! 다른 거에 대해서 얘기할 수 없나?

story / repeat [*리'핏]=반복하다

Stop repeating that story!
Can we talk about something else?

#여기 말고 다른 곳으로 이동할 수 있을까?

place [플레이스] / move

Can we move to some place else?

#난 다른 사람처럼 살고 싶지 않아! 다른 사람처럼 되고 싶지도 않고! 난 그냥 나이고 싶다고!

live

I don't want to live like someone else!
I don't want to be someone else either!
I just want to be me!

#A: 네가 더 나이가 들면, 더 원하게 될 수도 있어.

old / want

When you get older, you might want more.

#B: 그건 모르는 거지. 난 너 같지 않다고!

You don't know that. I am not like you!

상황) 도둑인 줄 알았는데 동생이었습니다.

#다른 사람이라고 생각했었어.

I thought it was someone else. /
I thought you were someone else.

2명의 목격자가 각각 범죄현장을 설명합니다.
만들어보세요.

#저 방에서 무슨 일이 있었나요?

→ What happened in that room?

#A: 모르겠어요. 제가 들어갔을 때, 방은 엉망이었어요.

> mess [메스] <

→ I don't know. When I went in, the room was a mess.

#고양이 한 마리가 있었는데.

→ There was a cat.

#사람들이 있었느냐고요? 아뇨, 사람은 아무도 못 봤는데.

> people / nobody / see <

→ Were there people? No, I saw nobody.

#B: 아이가 한 명 있었는데, 그런데 다른 사람은 아무도 못 봤는데요.

> kid <

→ There was a kid, but I saw nobody else.
사람이 없을 때는 nobody였지만, 한 명은 있었고—a kid. 그 이외에 다른 사람이 또 없으니, nobody else라고 해준 거죠.
더 해보세요.

#나한테 이런 것들 그만 보여줘.

> show <

→ Stop showing me these stuff.

#It's getting old.

나이가 들어가? 오래되고 있어?
이제 하도 많이 봐서, 식상하다는 겁니다.
신선한 것, fresh의 반대말인 거죠.

#식상해지고 있어.

→ It's getting old.

#다른 것 없어?

지금 네가 보여준 것 말고,
하나라도 다른 것 없느냐는 거죠?
→ Don't you have anything else?
왜 anything을 썼는지 보이죠? (스텝 07[19])

마지막으로 하나 더 하고 정리하죠.

#A: 이것이 방에 있었어요.

→ This was in the room.

#B: 또 뭐가 있었나요?

하나라도 없었느냐 하면 anything
→ Was there anything else?

#A: 더 이상 없었어요.

→ There was nothing else.

#그게 다예요.

→ That is all.

"That is everything"도 되고
많이 쓰이는 것 중 하나인 "That is it." 배웠죠? 그게 네가 찾는 거다. 그 이상 없다.

자! else는 아직 실전에서 사용 안 하셔도 괜찮습니다.

직접 물건을 손에 들고 상황을 상상하면서 연극하듯 만들어보세요. 그럼 더 빨리 말하는 데 도움이 될 겁니다!

10 03

전치사 / 부사

AMOREPACIFIC
CORPORATION

AROUND

영어로 만들어보세요!

#뭐가 동그랗죠?

> '동그란'은 round [*라운드] <

→ What is round?

#달이 동그랗죠.

→ The moon is round.

#피자도 둥글고요.

→ Pizza is round too.

#That's Amore

<That's amore>라는 로맨틱 노래가 있어요.
amore [아모레]는 이탈리아 말로 '사랑'이란 뜻!
아모레 화장품 알죠? 그 단어랍니다.
노랫말을 이미지로 그리면서 읽어보세요.

이탈리아어 Italian

amore

[아모레]

#When the moon hits your eyes like a big Pizza pie,

언제 / 달이 / 때릴 때 / 너의 눈을 / 큰 피자 파이처럼

that's amore~

그것이 사랑이다~

큰 피자가 나오면 환하게 웃죠. 달을 볼 때도 피자를 볼 때처럼 그렇게 환하게 웃게 되면 사랑에 빠진 거란 뜻이죠.

왜 'hit your eyes', '눈을 때린다'고 말할까요?
우리도 '히트 쳤다, 히트송'이라 하듯이 뭔가 탁! 하고 정신이 번쩍 들게 하는 것을 hit 했다고 합니다. 만들어보세요.

#이게 뭔지 몰랐는데, 그러다 딱 깨달은 거야!

WH 1입니다.

→ I didn't know what this was, then it hit me!

다음 문장은 이미지 그리면서 천천히 영어로 말해보세요.

#매주 금요일 밤마다, 저희는 좋은 영화를 고르고 나서 테이블에 둘러앉아 피자를 먹어요.

> movie / pick=고르다 / table / sit / pizza / eat <

Every Friday night, we pick a good movie, and then we sit~
둘러앉는 거죠. 둥그렇게. 안 배운 거죠? 새로운 껌딱지 소개합니다.

around [어*라운드]

단어 안에 round 보이죠? 이걸 붙이면 뭔가를 둥그렇게 둘러싼 이미지가 전달됩니다.
on the table이면 '위에 앉는' 이미지가 전달되겠죠? → around the table, and eat pizza
→ Every Friday night, we pick a good movie, and then we sit around the table, and eat pizza.

앞으로 나올 껌딱지들은 다 쉽습니다. 옆, 앞, 뒤, 안, 밖 등 배웠고 이번 건 둘러싸는 겁니다.

상황) 공원에서 쉬는데, 여자들이 대화하는 소리가 들립니다.

#내 남자친구가 어제 내 허리에 팔 두르고선, 키스를 했어!

통역해볼까요? 혼자 영어 공부할 때 주위에서 들리는 말들을 통역해보세요.

> waist [웨이스트]=허리 / arms / put <

My boyfriend~ '팔을 두르다'는 간단해요. 팔을 놓는 거죠, put his arms~

extra 팔을 놓는데 어디에 놔요? '내 허리'에 놓는데, 그냥 on이 아닌 둘러서 놓은 거죠, around my waist.

extra 말이 또 있죠? 연결끈으로, and ( ) kissed me.

put의 과거는 put이죠? (스텝 08[21])

'허리'는 waist **'지방'**은 fat!

#허리둘레에 있는 지방.

말하려는 것은 '지방'이니 영어는 포인트를 먼저 말한다고 했죠?

→ The fat around the waist.

좀 더 넓게 around를 봐보죠.

《80일간의 세계 일주》 책 제목 들어보셨나요? 프랑스 작가 Jules Verne [쥘 베른]이 쓴 책입니다. 그는 원래 법률을 공부했지만 《3총사》를 쓴 뒤마를 만나 글쓰기에 대한 조언을 받으며 문학의 길을 걸었습니다. 과학 소설과 모험 소설을 쓰며 대성공을 이룬 작가로 과학 소설의 아버지라고도 불린다고 합니다.

우리는 《80일간의 세계 일주》라고 하지만, 영어로 된 제목 보실래요?

Around the World in 80 Days

직역하면, 둘러싸고 / 세상을 / in 80 Days

명사로 '세계 일주, Trip!'이라고 딱 떨어지지 않죠? 영어는 이런 식으로 껍딱지를 참 잘 사용합니다.

Around the World 세계여행을

In 80 days 80일이라는 시간 안에서 한 겁니다.

적용해보죠.

#A: 너 내년에 뭐 할 거야?

→ What will you do next year?

#B: 몰라. 전국 여행을 할 수도 있어. (50%)

> country / travel <

→ I don't know. I might travel around the country.

around는 이미지로 기억하면 빠릅니다. 연습장에는 껍딱지가 모두 around니까 우리말과 비교하며 연상하는 연습을 계속하세요.

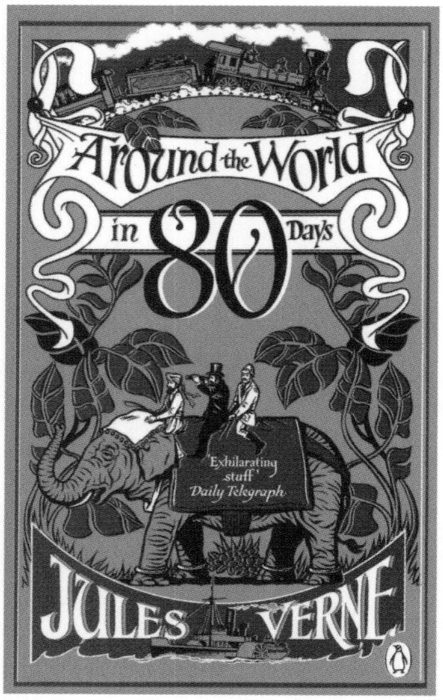

#우리는 불을 둘러싸고 앉았어요.

fire / sit

We sat around the fire.

#카메라를 보고! 친구 어깨에 팔을 얹어보렴.

shoulder [숄더] / put

Look at the camera!
And put your arm around your friend's shoulder.

#뒤돌아봐. 네 주위를 둘러봐.

turn / look

Turn around. Look around you.

#여기 방들을 다 둘러봤는데, 세 번째 방이 마음에 들어.

I looked around all the rooms here,
and I like the 3rd room.

상황) 교수님이 수업자료 인쇄물을 맨 앞 학생한테 주면서 말합니다.

#옆으로 돌리세요. (배려 부탁)

pass=건네주다

Pass it around, please.

#내가 뒤돌았는데 존(John)이 있는 거야.

I turned around, and there was John.

#미안한데, 세상은 너를 중심으로 돌지 않아.

world / revolve [*리*볼*브]=돌다, 회전하다

I'm sorry, but the world doesn't
revolve around you.

#세계 방방곡곡의 모든 사람이 이걸 해요.

all around the world

People all around the world do this.

#그분(남)은 근처에 항상 계셨죠, 제가 어렸을 때.

BE 쪽으로 만들어보세요.

He was always around when I was young.

10^04 재귀대명사

~self

기본 스텝 중 하나.

'빙하시대'가 영어로?

→ Ice Age [아이스 에이쥐]

age는 사람의 '나이'뿐 아니라 역사의 나이를 말할 때도 씁니다.
우리말로는 좀 화려한 단어, '시대'.
Ice Age.

#지금은 디지털 시대입니다. 영어로?

→ Now is a Digital Age. / It is a Digital Age now.

시대의 명칭이어서 대문자로 시작하죠.

지금 세상은 SNS라는 단어를 자주 쓰죠?
카카오톡, 페이스북, 트위터, 라인 등을 많은 사람이 사용하면서 서로 연결되어 있어요.
SNS는 뭐의 약자죠?
Hint. #사회는 영어로? → society [쏘'사이어티]
사회적인 사람을 social [쏘셜]적이라고 합니다. 우리는 '사교적'이란 단어로 잘 쓰죠.

SNS의 첫 번째 S는 social
#저희 고모부님은 진짜 사교적이셨어요.
→ My uncle was really social.

N은 network, 네트워크.
net는 테니스 칠 때 그 네트 맞아요. 그물처럼 생긴 것이 net여서 인터'넷'인 겁니다.
#고기 잡는 그물은 영어로? → fish net
network는 do 동사에 넣으면 '인맥을 만들다'란 뜻이 됩니다. 재미있죠? 다음 문장을 만들어보세요.

#사업에서는 인적 네트워크(인맥)를 형성하는 것이 중요해요.
> business / network <
→ In business, it is important to network.
→ It is important to network in business.

마지막 S는? service입니다.
SNS: 사회적인 network를 제공하는 service인 거죠. Social Network Service

그럼 다른 누군가가 제공하는 service 말고, 내가 원하는 것을 위해 스스로 서비스해야 하는 것을 뭐라고 하죠? 식당에서 직접 물 가져다 마시는 곳에 뭐라 쓰여 있어요?
셀프서비스. **self-service**
영어로 **self는 자기 자신을 말합니다.** 그래서 self-service는 자신이 서비스하라는 거죠.
셀프 주유소.

가구판매점에서 **DIY**라고 쓰여 있는 것 본 적 있으세요?
풀면 Do it yourself.
Do it! 해라!
Yourself! 네 스스로!
스스로 조립하는 가구제품들이 많죠? 그 뜻입니다. 줄여서 DIY.

자, your + self 라고 하면 '너 자신'이 되는 거죠. 그래서 누군가 내 물건을 쓰고 싶다며 내 허락을 받으려 할 때 답하는 말.
#Please help yourself.
나에게 안 물어도 되니 스스로 help 해서 하고 싶은 대로 하라는 겁니다.

상황) 다른 회사에 프레젠테이션 하러 가는 동료가 말합니다.

#A: 아, 떨린다.

→ Ah, I am nervous!

그랬더니 다른 동료가 말합니다.

#B: Keep calm and just be yourself.

calm down이라 말하면 그건 이미 상태가 패닉하다고 말하는 거죠?
그래서 지금은 calm이지만 서서히 동요되는 느낌이 조금씩 날 때는 동요하지 말라고 "Keep calm." 계속 calm을 유지해라~라고 말하는 겁니다.
And Just be yourself! 그리고 그냥 너 자신이 되라네요.

→ 평소에 하던 대로 해.

너 자신이 yourself라면 저 여자 자신은 뭘까요? 상식적으로 움직이니 생각해보세요.

your dream처럼 → yourself였으니
her dream이면 → herself
my dream이면 → myself
그럼 만들어볼까요?

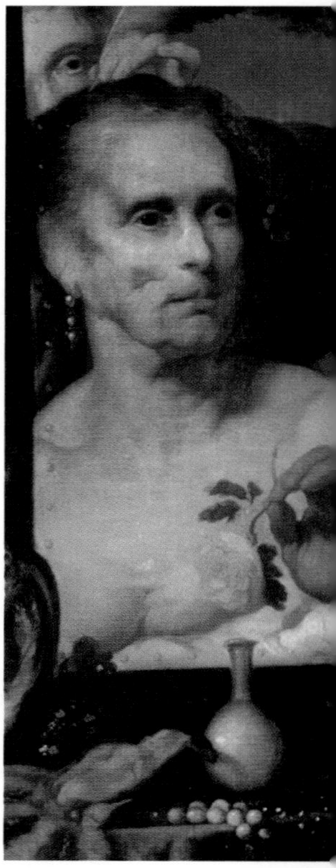

#저 여자는 자기 자신과 사랑에 빠져 있어.

She is in love~ 누구랑?

extra 본인과 빠졌으니 껌딱지 붙여서 with herself.

껌딱지를 안 붙이면 그녀가 '사랑 본인' 안에 빠진 것이니 말이 안 되죠.

→ She is in love with herself.

#저 여자는 항상 거울로 자기 얼굴을 보고 있어.

DO 기둥으로 써도 되지만 다른 메시지로 전달해보죠. 내가 볼 때마다 그러고 있어요. 항상 그러는 중인 거죠. 이 느낌을 표현하고 싶으면 BE + 잉 기둥을 잘 씁니다.

That woman is always looking~

extra 뭘 보죠? 스스로의 얼굴. 영어는 굳이 얼굴이라 하지 않고, self라고 말합니다. 포인트 껌딱지 붙여서, at herself.

extra 엑스트라 더 있죠? 거울 나와야죠, in the mirror.

→ That woman is always looking at herself in the mirror.

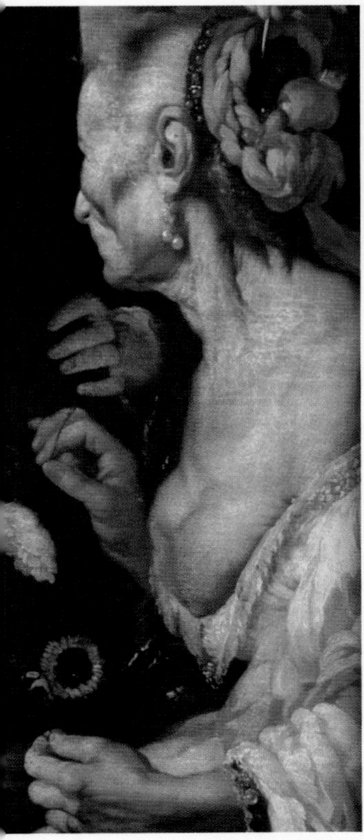

selfie [셀*피]가 뭐죠?
셀피는 우리가 말하는 셀카로 그냥 자기 사진이 아니라
본인이 직접 카메라를 들고 자신을 찍는 것을 말합니다.
그런 후 SNS에 올리는 현상. 역사 속에 없던 현상.
우리가 그해를 대표하는 사자성어를 뽑듯이 옥스퍼드 사전은 매해
The word of the year를 뽑습니다. 세계적 관심사입니다.
2013년 그해를 대표하는 단어로 뽑힌 새 단어가 selfie였답니다.
시대의 발전으로 인해 '인류'의 많은 이들이 전혀 없던
'새로운 짓'을 하면서 그 시대의 대표 단어가 된 거죠.

자! 그럼 연습장에서 self를 넣어 문장으로 만들어보세요.

#저희한테 자기소개를 좀 해주실 수 있나요?

introduce [인터'듀스]=소개하다

.... Can you introduce yourself to us?

#절대 스스로를 의심하지 마.

doubt [다웃트]=의심하다

.... Never doubt yourself.

#너 스스로가 하는 말 좀 들어봐! 미친 사람처럼 들리잖아!

listen / crazy person

Listen to yourself!

.... You sound like a crazy person!

#혼잣말하시는 거예요?

talk to yourself=자신과 혼잣말하다

.... Are you talking to yourself?

#신부가 이 결혼 서약을 스스로 썼어요.

bride [브*라이드]=신부 / wedding vows [*봐우즈]=결혼 서약 / write

.... The bride wrote these wedding vows herself.

#쟤(여)는 스스로를 확신시킬 필요가 있어.

convince [컨'*빈스]=확신시키다

.... She needs to convince herself.

상황) 정신과 의사가 보호자한테 말합니다.

#그분(여)은 본인 스스로에게 위험일 수도 있어요. (50%)

danger [덴져]=위험

.... She might be a danger to herself.

#켈리 씨는 강한 여자일지도 몰라요. 이것을 스스로 해결할지도 모르죠.

strong / handle=해결하다

Kelly might be a strong woman.

.... She might handle this herself.

#나 자신이 너무 싫어!
hate

I hate myself!

#엄마, 저 이제 저 자신을 통제할 수 있어요.
control

Mom, I can control myself now.

#아야(ouch)! 이거 열고 있었는데, 그러다 베였어.
cut myself

Ouch! I was opening this, then I cut myself.

'우리 자신'은 영어로? 지금까지 한 것과 같은 방식이라면 our + self죠. 대신! 우리는 여러 명이니 뒤에 [즈] 붙이는데, f 발음 뒤에 바로 발음하기가 불편하니까 v로 바꾼 후 [즈]를 붙입니다.
ourselves [아우어셀*브즈]
만들어볼까요?

상황) 형제가 강도 높은 대회에 나가는데 몸이 상할까 걱정하는 부모님에게 말씀드립니다.
#경쟁이 터프할 거지만 걱정 마세요.
> competition [컴프'티션] / tough [터*프] <

→ The competition will be tough, but don't worry.

#저희가 몸조리를 잘할게요.
take care는 돌보는 행위인데 뭘 돌봐요? 한 번 더 들어가서 너 자신을 돌보라 할 거면 of yourself, 우리 자신이면 of ourselves.

→ We will take care of ourselves.

다음 문장을 만들어보세요.
#이건 저희 스스로 직접 할 수도 있어요. (안 할 수도 있고)

→ We might do this ourselves.

방법은 같으니 다양한 예문으로 연습만 하면 될 것 같죠?

이제 조금 신경 써야 할 것! 남자일 때는 his로 못 갑니다. 직접 만들어보세요. s가 바로 연결되어 발음이 불편하거든요.
그래서 대체할 것을 찾아 himself로 갑니다.
언어는 룰도 중요하지만 불편하면 아웃된다고 말했죠?
다음 문장 만들어보세요.

#저 남자애는 자신을 방어 못 하네, 그렇지?

> defend [디'*펜드] <

→ That boy can't defend himself, can he?

#저 남자분 지금 자살하는 거야?

> kill himself <

→ Is that man killing himself?

himself가 발음이 탄탄했는지 **걔네 자신**을 얘기할 때도 똑같이 해줍니다. him처럼 them + self. 그런데 '걔네'도 여러 명이니 뒤에 [즈] 소리 붙여서, themselves.
암기가 아니라 자연스럽게 바라보면 이해가 가면서 기억이 됩니다.
예문 만들어 바로 적용하세요.

#걔네 도와주지 마! 자기들이 알아서 할 수 있어.

→ Don't help them! They can do it themselves.

자기네들이 자초한 거잖아.

'자초하다'를 사전에서 검색하면 별말이 다 나옵니다. 가장 많이 기본적으로 쓸 수 있는 것은,
→ They ( ) did that to themselves!
스스로에게 그 행동을 했다는 겁니다. 방향 껌딱지 붙죠?
to themselves
다시 한번 말해보세요.

#자기들이 자초한 거잖아.

마지막으로 만들어보고 정리할게요.
상황) 친한 후임이 일을 잘 못합니다.

#너 뭐 하는 거냐?

→ What are you doing?

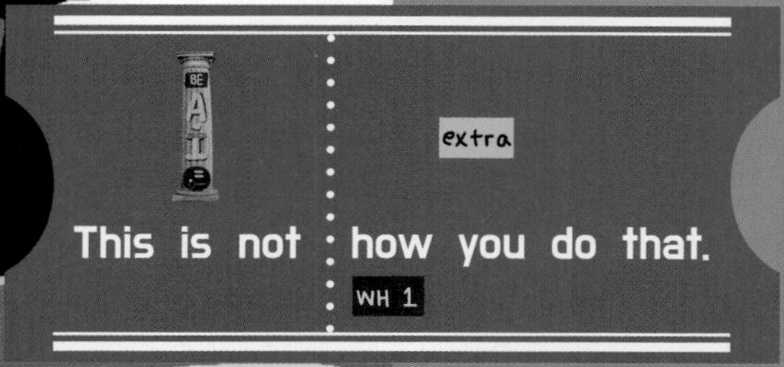
BE
extra
This is not
how you do that.
WH 1

#그건 그렇게 하는 게 아니야!

어려운 단어는 하나도 없는데, 어떻게 구조를 만들 건가요? WH 1으로 가면 됩니다.

→ That is not how you do that!

그거 어떻게 하는 거야?
"How do you do that?"에서 만들어진 거죠.

그건 그렇게 하는 게 아니야.
That is not~ 나머지.

#줘봐! (손짓으로) 내가 할게.

→ Give it! I will do it.

#Just sit down before you hurt yourself.

너는 그냥 앉아! before / 네가 / 다치게 하기 전에 / 스스로를.
농담식입니다. 우리말로 "아서라, 그러다 다친다" 같은 거죠.

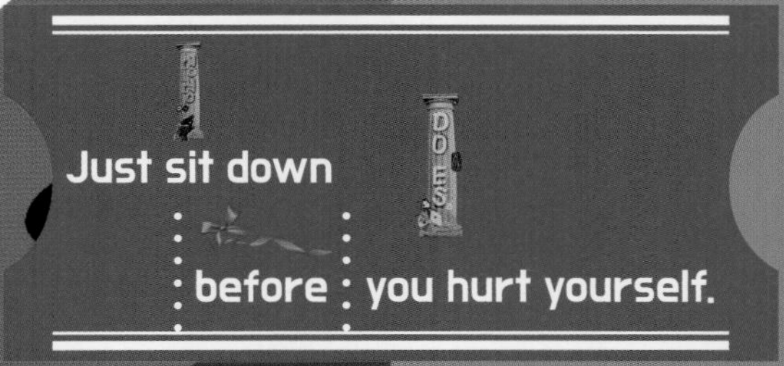
DOES
Just sit down
before
you hurt yourself.

안 되는 것을 억지로 하다가 다친다~ 영어에서도 그런 말을 씁니다.

→ Sit down before you hurt yourself!

자, 사전에서 **'자해하다'**를 찾으면 hurt oneself가 나옵니다. 사람 한 명을 one이라 한다고 했죠. 그래서 someone이 생겨난 거잖아요. oneself라고 나오는 이유는 상황에 맞게 one에 my든, your든 our든 알아서 넣으라는 겁니다. 이제부터 사전에서 one을 보시면 그렇게 이해하면 된답니다.

그럼 이제 여기 있는 문장 중 익숙한 말들 몇 개를 골라 다양하게 적용하면서 문장을 만들어보세요.

10 05

부정문

부정 스텝! 세 번째에 NOT 들어가면 되죠.
MAY 기둥과 CAN 기둥이 비슷하다고 생각하는 분들이
있는데 부정에서 그 차이가 크게 나타납니다.
번역해보세요.

#Your team might not win.
= Your team may not win.
네 팀이 / 잘하면 못 이길 수도 있다.
일어날 가능성이 반반이죠. 이길 수도 있고,
못 이길 수도 있고.
이것을 기둥만 CAN으로 바꿔보면,

#Your team cannot win.
이길 수 있는 가능성이 없다는 거죠. 확실히
다르죠?
비슷한 기둥이라면, 한곳에서 설명했을 겁니다.
19개의 기둥이 있는 것은 확실히 서로 개성이
달라서예요.

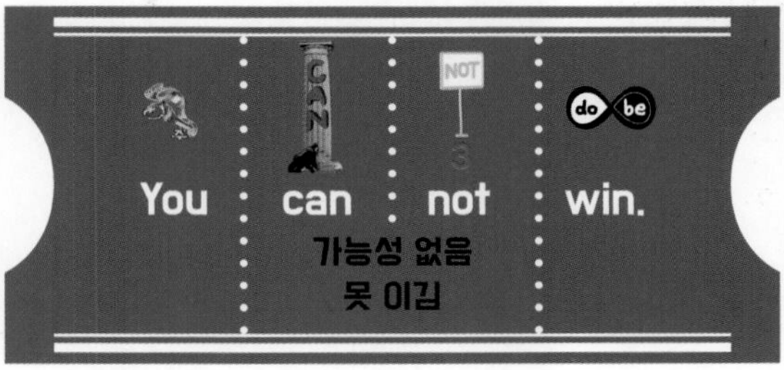

그럼 NOT을 다양하게 붙여볼까요?
#A: 걱정하지 마. 넌 괜찮아질 거야. 너의 때가 올 거야.
> worry / time <

→ Don't worry. You will be fine. Your time will come.

#B: 네가 그걸 어떻게 알아? 내 때가 안 올 수도 있어!

→ How do you know that? My time might not come!

#A: 넌 걱정을 너무 많이 해. 그렇게 안 나쁠 수도 있어.
그렇게 나쁜. 상대가 말한 만큼 나쁘지는 않다며 콕 집어 that bad라고 말합니다.

→ You worry too much. It might not be that bad.

#그냥 긍정적으로 생각해!
> positive [퍼씨티*브] <

→ Just think positive!

다음 상황) 문제가 생겨 밤늦게까지 고민합니다.
#다 잘 안 풀릴 수도 있어.
> work out <
work out은 '운동하다'도 되지만 아이디어와 일들이 계획대로 '작동'을 잘해서 어둠 속에 있던 것들이 빛이 있는 out, 밖으로 나온다는 겁니다. '해결된다, 풀리다'를 work out이라고도 씁니다.

→ Things might not work out.

#Just sleep on it.

자라고 제안하는 건데 뭔가의 위에서 하라죠?
피곤해서 생각이 안 되니, 오늘은 그만 자고 내일 생각해! 이 메시지를 영어로 간단하게~ Sleep on it!
문제를 두고 그 위에서 자라는 겁니다. 재미있죠?

자, 이미 기둥을 했으니 NOT 자체를 붙이는 것은 어렵지 않을 거예요. 연습장에서 해본 후 상상하면서 기둥에 NOT을 다양하게 붙이며 말해보세요.

연습

#당신 아들 지금 자기 책상에 없을 수도 있어. 걔 새 여자 친구와 밖에 나갔을 수도 있어.

son / desk

Your son might not be at his desk now.
He might be out with his new girlfriend.

#정말로 소식을 듣고 싶어? 네 맘에 안 들 수도 있어.

news / like

Do you really want to hear the news?

.... You might not like it.

#너 내가 누군지 모를 수도 있는데, 난 매우 위험한 사람이야.

Hint: 넌 모를 수도 있어 내가 누군지.

dangerous

You might not know who I am,

.... but I am a very dangerous man(person).

#이게 네 실수가 아닐 수도 있어.

mistake

.... This might not be your mistake.

#사람들이 지금 일어나는 일들을 싫어할 수도 있지만, 그래도 여전히 일어나고 있잖아요.

Hint: 사람들은 싫어할 수도 있습니다, 지금 무슨 일이 일어나는지.

people / happen

People may not like what's happening,

.... but it is still happening.

#아버님! 아버님이 절 싫어하실 수 있어도, 전 따님을 사랑합니다.

sir

Sir! You might not like me,

.... but I love your daughter.

#지금은 때가 아닌 거 같은데. 장소조차도 아닌 것 같고.

moment (time) / place

This might not be the right moment(time).

.... It might not even be the right place.

#우리가 보는 것이 전체 그림이 아닐 수도 있어.

Hint: 우린 뭐가 보여? What do we see?

whole picture [홀 픽쳐]=전체 그림

.... What we see might not be the whole picture.

1006

숙어

be able to

#Are you a clairvoyant [클레어보이언트]?

clairvoyant는 천리안으로 미래를 볼 줄 아는 신통력을 가진 사람입니다.
신통력 있는 사람이냐는 거죠?

#그녀는 특별한 능력을 가지고 있어요.

> ability [어'빌리티]=능력 <

→ She has a special ability.

#그녀는 미래의 사건에 대해 알 수 있는 능력을 가지고 있어요.

무슨 능력요? 알 수 있는 능력. '알다' know를 그냥 뒤에 붙여버리면 안 되죠. do 동사니까 한 스텝만 더 걸어서 TO 다리, to know about the future events.

→ She has an ability to know about the future events.

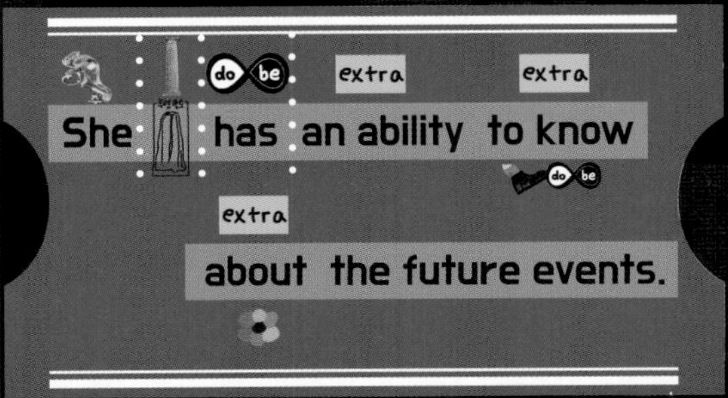

실제 외국에서는 예지몽을 꾸거나 손금 및 타로카드를 읽을 줄 아는 이들에게 psychic [싸이킥] 하다고 말합니다. power가 있다곤 하지만 스스로를 psychic이라고 부르는 사람은 흔하지 않아요. '사이비'로 보는 눈이 있기 때문이기도 하고 항상 맞는 것이 아니어서 능력으로 내세우지 않죠.

#너 뭔가 '신기' 같은 것이 있을 수도 있겠네.

→ You might have psychic abilities.

→ You might be psychic.

#정신분석학 영어로?

→ psychology [싸이'콜로지]

위의 psychic의 이 psy는 psychology의 그 psy 맞습니다.
그럼 다음 문장을 만들어보세요.

#전 정신분석학을 부전공했습니다.

> '전공하다'는 major.
'부전공하다'는 minor [마이너] <

I minored~ 껌딱지 필요합니다.
정신분석학이라는 분야가 있으면 그 안에서 연구하는 거죠, in psychology.

→ I minored in psychology.

다음 문장은 깁니다. 만들어보세요.
상황) 의사가 애인에게 말합니다.

#자기야, 내가 신경과 전문의고, 정신분석학을 부전공했지만, 여전히 너의 마음을 읽어내는 능력은 없어.

> honey / neurologist [뉴*럴러지스트] / mind [마인드] <

→ Honey, I am a neurologist, and I minored in psychology, but I still do not have an ability to read your mind.

#왜 화가 난 거야? 나한테 말해봐.

→ Why are you angry? Please tell me.

자! 그럼 퀴즈!
다음 문장들 사이에서 차이점을 느낄 수 있나 보세요.
#제가 도와드릴 수 있어요.
CAN 기둥으로 표현 가능하죠? 영어로?

→ I can help you.

이 문장과 비교해서
"I have an ability to help you"는 뭐가 다를까요?

후자는 말 그대로 내가 '능력이 있다'는 말을 강조해서 말하는 겁니다.
ability가 말 안에 있으니 **'능력'**이라는 메시지가 전달되는 거죠.
그래서

"이제 숨을 쉴 수 있겠네" 같은 말을
"I can breathe now"라고는 하지만
같은 말인 것처럼 보여도
"I have an ability to breathe"는 사용하지 않는 거죠.
예를 들어 뒤에 in water라고 하면 말이 되겠죠.
"물속에서 숨 쉴 수 있는 능력이 있어" 식이면요. CAN 기둥과 다른 점 보이죠?

그럼 ability에서 한 단계 더 나가보죠.
학교 영어책에서 꼭 배우는 것. 바로 **be able** [에이블] **to**,
통째로 배우는 겁니다. 많은 영어책에서 이것이 CAN 기둥과 똑같다고 하는데 다릅니다.
ability는 '능력', 명사죠. able은 여기서 온 단어거든요.

CAN 기둥으로 쓸 수 있을 때는
그냥 CAN 기둥으로 쓰는 것이 낫습니다.
able은 '능력 있는'이란 느낌이 같이 있기 때문에 '전에는 못 했지만 지금은 할 수 있다' 혹은 '할 수 있는 조건이 된다'라는 뉘앙스를 같이 풍기거든요. 그러니 그냥 할 수 있다는 CAN 기둥을 쓰세요.

그럼 굳이 be able to를 따로 배우는
이유가 무엇이냐?

이것이 빛을 발할 때는 다른 경우에서입니다.
보시죠!

#제가 도와드릴 수 있어요!

할 수 있다! 그냥 CAN 기둥으로 쓰면 되죠.

→ I can help you!

그런데 제가 도와드릴 수 있을지 없을지 확실히 모를 땐?

제가 도와드릴 수도 있을 것 같아요!

확신이 반반일 때는 CAN 기둥 사용 못 하잖아요!
이럴 때 MIGHT 기둥을 사용하면 해결되는데 문제는 영어는 기둥을 하나씩만 쓸 수 있다는 거죠!
CAN이랑 MIGHT 기둥을 나란히 붙일 수는 없습니다.
건축물만 봐도 기둥이 띄엄띄엄 세워져 있잖아요.
하지만 기둥 뒤에 올 수 있는 애들이 있죠? 뭐죠? 바로 두비죠.

이럴 때 be able to가 빛을 발하는 겁니다.
MIGHT 기둥 뒤에 두비를 붙일 수 있으니 be 붙인 후 연결해주는 거죠, be able~
→ I might be able to help you!

be able~을 말하고 나서 '도와주다'는 do 동사니까 그냥 막 붙이면 안 되니 한 다리 건너서 to help 가 된 거죠. 그럼 다른 기둥과도 엮어볼까요?

#저희가 내년에는 그 컨셉을 발전시킬 수 있을 겁니다.

> concept / develop=발전시키다 <

무슨 기둥? WILL 기둥이죠?

그리고 be 자리에 그대로 be able to 하고 동사 넣으면 되는 겁니다.

→ We will be able to develop that concept next year.

WILL 기둥에 CAN 기둥 느낌을 같이 섞은 것이죠? 하나만 더 해보죠.

#우리가 너희들을 지지해줄 수도 있을 듯. (안 될 수도 있고)

> support <

→ We might be able to support you.

able은 다양한 기둥과 연결하는 동시에 CAN 기둥과 다른 점들을 계속 인식하며 연습하는 것이 좋겠죠? 이제 연습장에서 직접 만들어보세요.

굳이 불필요하게 다 able로 가지 말고, CAN인 것은 CAN 기둥으로! 모두 들어가니 골라서 써보세요.

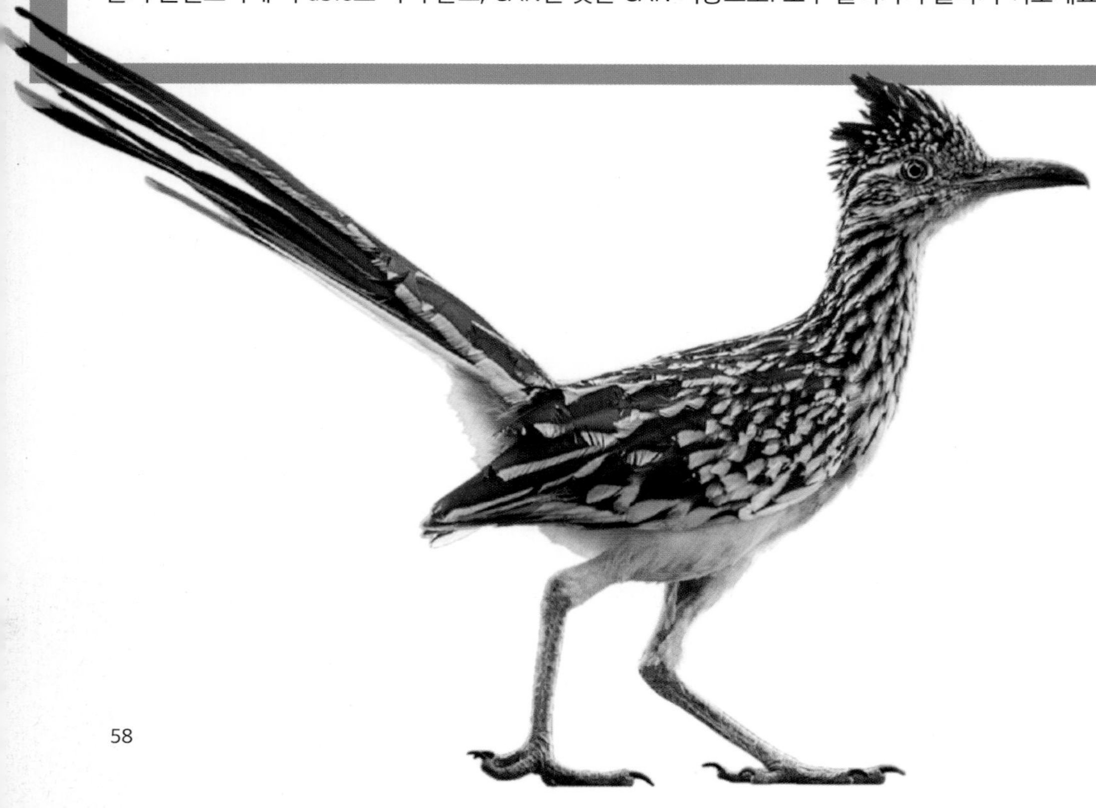

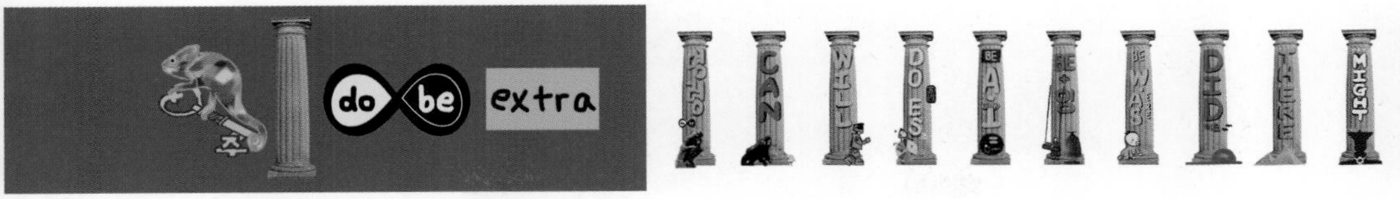

#길어서 잘 모르겠어. 잘하면 끝낼 수도 있을 거 같아.
long / finish

It is long, so I don't know.
I might be able to finish it.

#저 사람조차도 우릴 못 도와줄 거야.

Even that person won't be able to help us. /
Even that person can't help us.

#우리는 멈추지 못할 거야. VS. 우리는 멈출 수 없어.

We won't be able to stop.
VS. We can't stop.

#그쪽 어머님은 걸을 수 없게 될 수도 있습니다. 감정도 조절하지 못하게 되실 겁니다.
emotion [이모션]=감정 / control

Your mother might not be able to walk.
She won't be able to control
her emotion either.

#이거면 이제 어떤 소리도 들을 수 있게 될 거예요.
sound / hear

With this, you will be able to
hear any sound now.

상황) 아들의 학교에서 학부모 편지가 왔습니다.
#학부모들은 선생님들과 자녀분의 진도를 상의하실 수 있을 겁니다.
parents / children / progress [프*로그*레스]=진도 / discuss [디스커스]

Parents will be able to discuss their
child's progress with the teachers.

10일

전치사 / 부사

along

'행성'은 planet [플라넷]이라고 했어요.
행성 주위를 도는 작은 것은? 위성.
#인공위성은 영어로?
satellite [싸틀라이트]

행성 주위를 도는 위성은
natural satellite라고 부릅니다. 달이 지구의
자연위성인 거죠.
인공위성은 정확히 말하면
artificial [알티*피셜] satellite고요.

#지능 영어로? intelligence [인'텔리젼스]
그러면 #인공지능은?
artificial intelligence

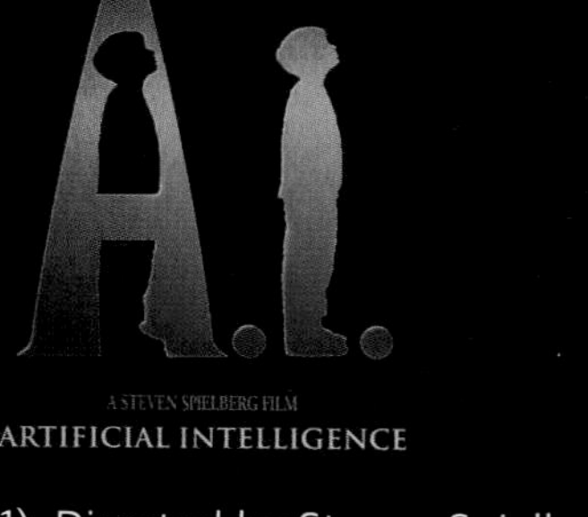

A.I. (2001), Directed by Steven Spielberg

로봇을 소재로 한 공상과학 영화 중
스티븐 스필버그가 감독한 〈A.I.〉는
artificial intelligence의 약자랍니다.
AI는 조류독감 아니냐고요? 이미 A.I.는 영어
에서 인공지능을 뜻하므로 #조류독감은
그냥 bird flu [버드 플루] 혹은
avian flu [에*비안 플루]라고 자주 말합니다.

#돼지독감은? swine [스와인] flu
swine은 멧돼지, 큰 돼지 등 다양한 돼지들을
뜻하고 pig는 우리가 흔히 접하는 돼지를 말
합니다.

theguardian
Winner of the Pulitzer prize 2014

UK election world sport football opinion culture business lifestyle fashion environment tech travel ≡ all

home › world › US americas asia australia africa middle east cities development europe

Iowa

Iowa bird flu outbreak prompts governor to declare state of emergency

Four new poultry farms initially test positive for virus in country's top egg-producing state after Minnesota and Wisconsin declared emergencies in April

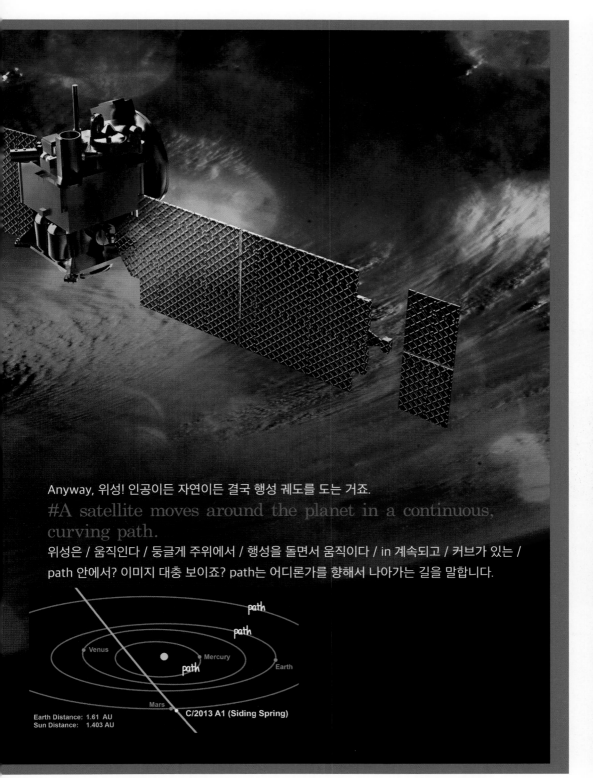

Anyway, 위성! 인공이든 자연이든 결국 행성 궤도를 도는 거죠.

#A satellite moves around the planet in a continuous, curving path.

위성은 / 움직인다 / 둥글게 주위에서 / 행성을 돌면서 움직이다 / in 계속되고 / 커브가 있는 / path 안에서? 이미지 대충 보이죠? path는 어디론가를 향해서 나아가는 길을 말합니다.

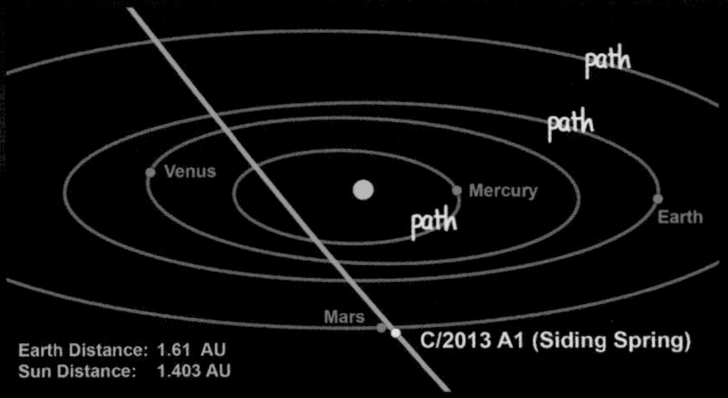

오솔길을 보면 한 길만 딱 나 있죠? 어디론가 향할 수밖에 없는 느낌의 길을 path [파*스]라고 해요.
자전거가 다닐 수 있게 만든 길은 bike path.
걸어 다니는 길은 foot path.

자! 오솔길을 지나가는데, **No trespassing!** 사인을 봤습니다. 다음 대화를 만들어보세요.

#A: 저게 무슨 뜻이죠?

→ What does that mean?

#B: 이곳이 개인 사유 공간이라는 뜻이에요.

> private area [프*라이*벳 에*리아] <

→ It means that this is a private area.

#A: 이 길은 일반인에게 열려 있지 않나요?

> 일반인? 간단하게 private의 반대는?
public [퍼블릭] <

extra 껌딱지 붙여서 to public

→ Isn't this path open to public?
우리말이 격식이라고 영어도 그럴 것이라 생각하지 마세요.

#이게 사유지라고요?

> property [프*러퍼티] <

→ This is a private property?

전 항상 이 오솔길을 따라 산책하는데.

> take a walk=산책하다 <

이 오솔길 따라서요. 자! 길게 뻗친 길이 보이죠. around처럼 똑같은 스타일의 껌딱지 하나 더 보여드릴게요. '길다'가 long이었죠. 앞에 a 붙여서 **along** [얼롱]이란 껌딱지는 **길게 어딘가를 따른다는 느낌**이 있는 껌딱지입니다.

→ I always take a walk along this path.
우리 강가나 해변가 따라서 잘 걷죠. 다 이 along 껌딱지로 설명하면 그 느낌이 잘 전달됩니다.

런던에 흐르는 템스강—River Thames
그 강가를 따라 걸으면 다양한 건축물들을 구경할 수 있답니다.

영국 국회의사당 건물과 시계탑인 Big Ben
런던을 볼 수 있는 관람차 London Eye
현대미술관인 Tate Modern
런던의 유명한 도개교 타워 브리지 London Tower Bridge 등등.
이 다리는 실제로 지금도 열리죠.

2014년 서울 잠실의 호수에도 나타난 고무오리, Rubber Duck. 네덜란드 Hofman의 예술 작품으로 영국에서도 이 Rubber Duck이 템스강을 따라서 다녔답니다.

서양에서 이 Rubber Duck은 집에서 목욕할 때 항상 등장하는 국민 장난감입니다. 어렸을 때의 놀이를 떠올리게 하는 장난감이죠. 이 Rubber Duck이 지나가기 위해, 과거의 건축물인 런던 타워 브리지가 열리며, 현대 예술이 들어왔죠.

노래 가사 읽어보죠.

#See the pyramid along the Nile.

봐라 / 피라미드를 / 어디를 따라? 나일을 따라서~

나일이 뭐죠? 대문자로 쓰여 있으니 특별한 명칭이란 것은 알 수 있죠.

이집트의 유명한 강 이름? 나일강을 말하는 겁니다.

이제 껌딱지의 뻔한 사용법 말고 살짝 에둘러서 재활용을 해볼까요? 다음 대화를 만들어보세요.

#A: 너 왜 그 노래를 부르고 있나?

→ Why are you singing that song?

#B: 왜? 이게 뭐가 어때서? (영어로는 '뭐가 잘못되었는데?'라고 묻습니다.)

→ Why? What's wrong with it?

너도 나랑 같이 따라 불러.

내가 노래를 하는데, 그것을 따라 하는 거죠. 따라가는 겁니다, **sing along.**

나랑이니까 껌딱지 하나 더 붙여서 with me.

along은 간단합니다. 연습장에서 만들어보세요.

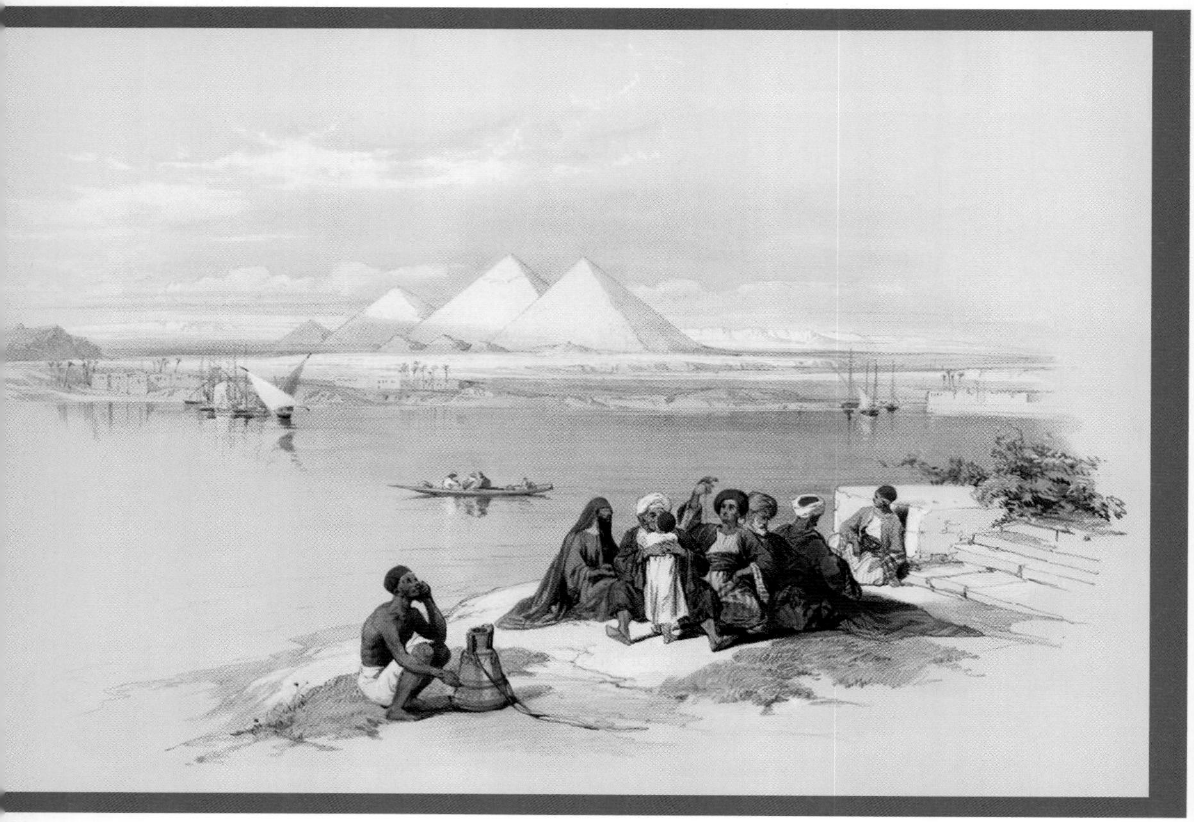

#왼쪽으로 꺾어서 인도를 따라 걸으세요.

left / pavement [페이*브먼트]=인도

.... Turn left and walk along the pavement.

#우리 그렇게 돌 필요는 없었는데.

turn around / need

.... We didn't need to turn around like that.

#이 한국어 레슨 후에는 너도 노래를 따라 부를 수 있게 될 거야.

Korean lesson / sing

.... After this Korean lesson, you will be able to sing along too.

#러시아가 안 따라올 수도 있습니다, 계획대로.

Hint: 따라오다, come along

Russia / plan

.... Russia may not come along with the plan.

<쿵푸 팬더>의 한 장면:

#Shifu: 드래곤 스크롤. 네 것이야.

Dragon Scroll

.... Shifu: The Dragon Scroll. It is yours.

#Po: 잠깐만요. 무슨 일이 일어나죠, 제가 읽으면?

.... Po: Wait. What happens when I read it? / What will happen when I read it?

#Shifu: 아무도 몰라. 하지만 전설에 의하면(말하길) 너는 나비의 날개 울림도 들을 수 있게 될 거라고 한다.

legend [레전드]=전설 / say / butterfly's wings beat=나비의 날개 울림 / hear

.... Shifu: No one knows. / Nobody knows. But legend says you will be able to hear a butterfly's wings beat.

영어는 위치가 중요하죠! 번역 좀 해볼까요?

#Brace yourself.

brace는 '교정, 허리 보호대'.
동사 자리에 넣으면? 잡아주라! 버텨주라!
너 자신을 잡으라는 뜻으로 이것은 뭔가 타격이 올 것이니 마음의 준비를 하라는 겁니다.

#This will be a bumpy ride

'이건 울퉁불퉁한 길일 거야'라는 겁니다.
bump는 '뭔가에 부딪히다'예요. 그래서 '범퍼카'라고 하는 겁니다. bumpy 하면 부딪힐 수 있는 울퉁불퉁한~ 것을 설명할 때 써요.

#and we might even run into horrible things along the way.

그리고 우리가 / (even) 달릴 수도 있다 / 어디 안으로? 안 좋은 것들 안으로 / 길을 따라가면서.
even 날치 썼으니 그렇게 될 수도 있다는 거죠.
가는 길에, 정말 안 좋은 것들에 부닥칠 수도 있다.

이미지로 상상하며 읽어야 이해가 빨라질 겁니다.
"마음의 준비를 해. 이것은 울퉁불퉁한 길이고 가는 길에 우리는 안 좋은 것들에 부닥칠 수도 있어."

비포장길을 말하는 것이 아니라면 인생을 길에도 잘 비유하기 때문에 삶에서 쉽지 않은 길을 갈 때 유머러스하게 이런 식으로 말하는 사람도 있답니다. "Bumpy ride! Brace yourself!"
삶을 길이라고 보고 하나만 더 접해볼까요?

우리도 '커리어 우먼'이란 말 쓰죠? career woman, 직장생활을 하는 여자.
career는 자신의 인생에서 오랫동안 하는 일을 말합니다.
"너의 진로를 찾아라"가 바로 너의 'career path'를 찾으라는 겁니다.

#당신의 진로를 찾으세요!

→ Find your career path!

#You will find your path along the way.

너의 길을 찾게 될 거야 / 길을 가면서
우리말로는 둘 다 '길'이지만, 영어를 알면 느낌이 다르죠?
길을 따라가다 보면, 너의 길, 너의 인생이 보일 거다, 식인 겁니다.
along은 너무 다양하게 접하지 말고 이 정도만 접한 후에 다양한 기둥으로 질문이나 부정도 만들면서 연습해보세요.

10 08

부정대명사

along 껌딱지 배웠죠?

"둘이 싸우지 말고 잘 지내!" 말할 때

"Play along!"

play 하는데 나란히 같이 play 하는 겁니다.

서로 싸우지 않고 어울릴 때

"We ( ) get along"이라고 말합니다.

along을 항상 get 하는 겁니다.

정말 잘 지내는 사람들은

We ( ) get along well.

We ( ) get along really well.

다음 말을 쭉 만들어보세요.

#당신, 당신 친구 초대했어? 그 사람 남편도 초대했고? 난 좋은 주말 좀 보내고 싶었는데! 왜 초대한 거야? 내가 그 남자 안 좋아하는 거 알잖아!

→ Did you invite your friend? Did you invite her husband too? I wanted to have a nice weekend! Why did you invite them? You know that I don't like that guy!

#난 그 사람이랑 안 맞아!

번역하려 하지 말고 영어로 메시지를 전달해 보세요. 그래야 훨씬 더 쉬워집니다.

I don't get along~ 그 사람이랑 안 되는 거죠?

껌딱지 필요한데 뭐가 좋을까요?

extra with를 써서 with him.

→ I don't get along with him.

하지만 나뿐 아니라 그 사람도 나 안 좋아해서 서로 안 맞을 때.

'서로'=**each other** [이취 어*더].

#우리 '서로' 잘 못 지내요.

We don't get along~ 서로 못 지내는 거죠,

extra with each other.

→ We don't get along with each other.

생긴 것이 두 단어로 특이하게 생겼지만 사용법은 굉장히 간단해요. 다음 문장들 만들어보세요.

상황) 자기 사랑을 막지 말아달라고 호소합니다.

#아버지! 아버지가 저희의 사랑을 멈출 수는 없어요!

→ Father! You cannot stop our love!

#저희는 서로를 사랑한다고요!

보세요. “I love you”에서 you 대신 간단히 each other를 넣으면 되는 겁니다.

→ We love each other!

each other가 두 단어라고 해서 다르게 취급할 필요 없어요. 계속 만들어보죠.

#아버지와 어머니는 서로를 바라보더니, 웃기 시작했어요.

Father and Mother looked~

extra 서로를 바라본 거죠,

→ at each other

그리고 나머지 연결해서 말해주면 되겠죠?

→ and they started laughing.

시작했는데, laugh는 do 동사니 명사로 바꿔준 겁니다! 어렵지 않죠? 나머지는 그냥 each other만 넣으면 됩니다.

#떠나지 마. 우리 서로를 또다시 못 볼 수도 있어. (50%)

→ Don’t leave. We might not see each other again.

볼 수도 있고 못 볼 수도 있어서 MIGHT 기둥으로 썼죠? NOT을 강하게 해서 never로 바꾸면?

#우리는 서로를 다시는 못 볼 수도 있어.

→ We might never see each other again.

그럼 연습장에서 계속 만들어보세요.

#우리 작년에는 서로 자주 봤지.

see

.... We saw each other often last year.

#이웃 사람들은 서로를 알고 있었어요.

neighbors [네이버즈] / know

.... Neighbors knew each other.

#우린 서로한테 다 말해.

.... We tell each other everything.

#A: 넌 가족이랑 잘 지낸다.

Hint: '잘 지내다'는 get along으로 잘 쓰죠. 서로를 get 하는데 along 길게 따라가면서.

.... You get along well with your family.

#B: 우리 가끔씩은 잘 지내고, 가끔은 안 그래.

Sometimes we do (get along),
.... and sometimes we don't.

#Jake랑 나랑 서로 나란히 옆에 앉았거든. 나 정말 긴장했었잖아.

sit / nervous [널*버스]

Jake and I sat next to each other.
.... I was so nervous.

#너희 둘 서로 몰랐어? (난 몰랐는데) 재네들 서로 알지도 못한대.

Didn't you two know each other?
.... Apparently they didn't even know each other.

#서로를 좀 이해하려고 해봐.

understand

.... Try to understand each other.

#개네들 정말 잘 지내잖아, 아니야?

They get along with each other
.... very well, don't they?

상황) 여자 친구가 심각하게 말합니다.

#A: 지금 당장 시간 있어? 우리 대화 좀 해.(우리 대화할 필요가 있어.) 우린 서로에게 뭐야?

Do you have time right now? We need to talk.

.... What are we to each other?

#들었어? — 재네들이 서로 어떻게 대화했는지?

hear

.... Did you hear how they talked to each other?

#B: 뭘 더 원해? 우리에겐 서로가 있잖아!

.... What more do you want? We have each other!

else 배웠죠? I like someone else.

그걸로 하나만 더 접해보죠.

또 뭘 원해?

지금 가지고 있는 것 말고, 그 이외에 또 뭘 원하느냐고 물을 때 이거 말고 다른 것.

something else를 사용해서

'What more?' 대신 'What else?'를 쓸 수 있답니다.

'What more?'는 그냥 '뭘 더?' 느낌이고 'What else?'는 이거 말고 '또 뭘 더?'란 느낌이 있죠.

상황) 주고 또 줬는데 부족해하는 사람에게 참다못해 이렇게 소리 질러요.

#나한테 또 뭘 더 바라?!

→ What else do you want from me?!

껌딱지 from 왜 들어가는지 보이죠?

자, 그럼 편하게 each other에 집중해서 만들어보세요.

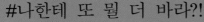

What?

What more?

What else?

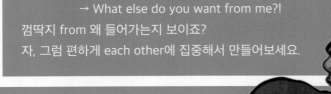

10 09

부정대명사

(the) Others

전 스텝에서 each other 배웠죠?
이번 스텝은 분해해서 먼저 뒤에 있는 other를 배워 볼게요. 영어에서 많이 쓰이지만 틀려도 알아들을 수 있으니 편하게 보세요.
다음 문장을 만들어보죠!

#우리 회사는 직원들이 많이 있습니다.

> '고용하다'는 employ [임'플로이].
'고용하는 사람, 고용주'는 employer.
'직원, 고용받는 사람'은?
'받는' 사람은 단어 꼬리에 ee를 붙인답니다,
employee [임플로이~] <

→ Our company has many employees.

#어떤 분들은 차갑고 냉소적이에요.

> cold / cynical [씨니컬] <

적다, 많다의 수가 아닌 그냥 어느 정도를 말할 때는 some. 영어는 사람이든 물건이든 this, some, one 식으로 굳이 person을 붙이지 않아도 괜찮다고 했습니다.
기둥은? 항상 그런 상태. 성격을 말하는 거죠.

→ Some are cold and cynical.

그래도 나머지 사람들은 따뜻하고 친절해요.

나머지 사람들. 아래 이미지 보세요.
some이 있고, **그 이외 나머지 사람들.**
else는 '이 사람들 말고 또?'라는 뉘앙스라서 맞지 않습니다.
some이 있고 나머지 사람들을 묶을 때는 the rest of the people도 되고 더 간단한 방법은 **others** [어*덜즈].

→ Others are warm and kind.

누군가 있고 그 외의 나머지를 대충 어림잡아 말할 때는 others라고 합니다.
하나 더 만들어보죠.

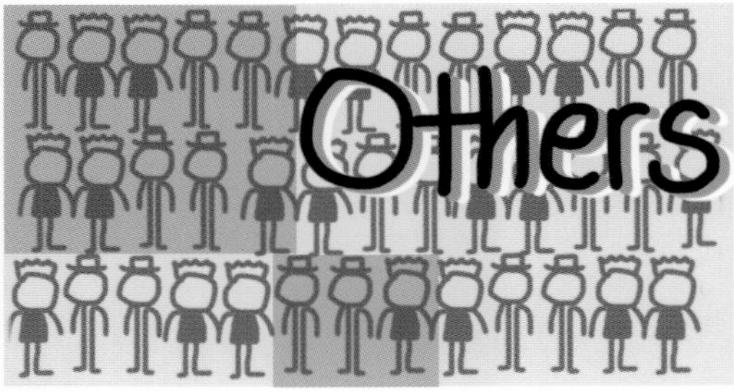

#어떤 사람들은 춤출 줄 알고, 어떤 사람들은 노래할 줄 알지요. 나머지는 그냥 구경하고요.

> dance / sing / watch <

→ Some can dance, some can sing. Others just watch.

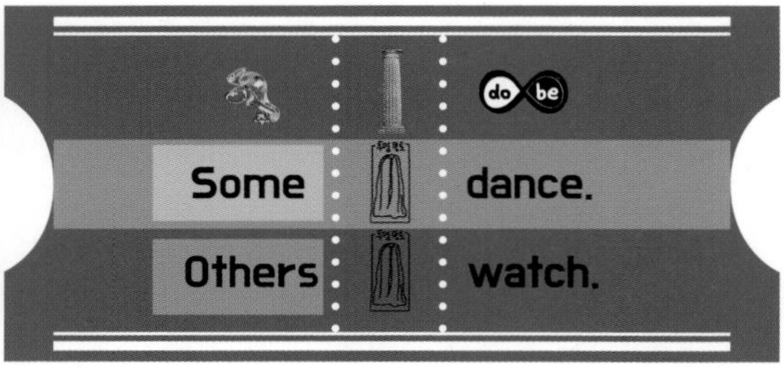

some과 others 이미지로 그려지나요? 더 해보죠.

#어떤 여성들은 독립적인 라이프 스타일을 원하지만, 다른 이들은 남자들에게 의지하고 싶어 하죠.

> independent [인디'펜던트]의 반대는 dependent, '의지하는'이란 형용사로 do 동사는 depend [디펜드]랍니다. <

Some women want independent life style, but others want to depend~

extra 하고 껌딱지 필요해요. 의지하면 기대죠? 표면에 닿아 있으니 무슨 껌딱지? → on men

→ Some women want independent life style, but others want to depend on men.

외우려 하지 말고 다시 생각하면서 TO 다리도 붙이며 천천히 해보세요!

이제 연습장에서 이미지로 자꾸 그리면서 직접 만들어보세요.

연습

#어떤 것들은 다른 것들보다 더 중요할 수도 있어요.

important [임'폴턴트]

.... Some might be more important than others.

#누구는 네가 미쳤다고 말할지도 모르지, 근데 나머지는 네가 천재라고 할 거야.

crazy / say / genius [지~니어스]=천재

Some might say you are crazy but others will say you are a genius.

#어떤 사람들은 그게 사고였다고 생각할 수 있어. 근데 나머지는 그렇게 생각 안 할 수도 있다. 그건 알고 있지, 그렇지?

accident [엑씨던트]=사고 / know

Some might think it was an accident. But others might not think so. You know that, right?

#어떤 요구들은 뻔한데, 다른 것들은 안 그래.

needs [니즈]=요구 / obvious [어*비어스]=뻔한, 분명한

Some needs are obvious, others are not.

#그녀는 저와 많은 분들에게 감동을 주는 분이었습니다.

inspire [인스'파이어]=귀감을 주다 / inspiration [인스피'*레이션]=귀감을 주는 것, 감동을 주는 것

She was an inspiration to me and to many others. / She inspired me and many others.

#누구는 살아남고, 누구는 죽고. 나머지는 변해.

survive [썰'*바이*브] / die / change [체인쥐]

Some survive, some die. Others change.

#어떤 것들은 다른 것들보다 더 안 좋아.

Hint: good, better

Some things are worse than others.

#어떤 병은 치료 가능하지만, 다른 병들은 더 심각할 수 있습니다.

diseases [디'*지~*즈]=병 / treatable [트*릿터블]=치료 가능한 / serious [씨*리어스]

Some diseases are treatable, but others can be more serious.

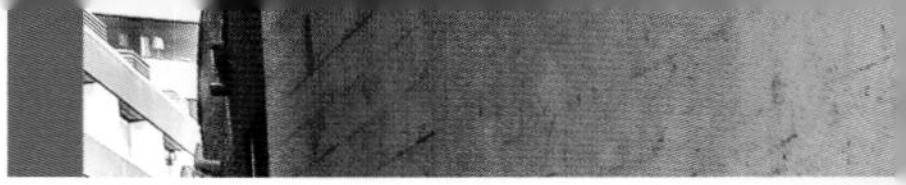

다음 두 문장을 만들어보세요. WH 1 들어가는 겁니다.

#다른 사람들은 네가 뭘 생각하는지 신경 안 써.

> care [케어] <

→ Others don't care what you ( ) think.

#아무도 네가 뭘 생각하는지 신경 안 써.

→ Nobody cares what you think.

한 레벨 더 나가볼까요? 대화 들어가보죠.

상황) 반려동물로 고양이 두 마리를 키우는 친구 집을 방문했는데 들어가니 고양이가 안 보이네요. 물어보세요.

#A: 고양이들 어디 있어?

→ Where are the cats?

친구가 냉장고 위를 가리키며 말합니다.

#B: 저기 한 마리 있고,

무슨 기둥이죠? 공간에 그냥 있는 것이니
"There is one there"도 되고, "One is there"라고 해도 됩니다.

그리고 바닥에 있는 작은 상자를 가리키며 말합니다.

저기 안에 다른 한 마리가 있을 수도 있고.

보세죠. 지금까지는 some과 others였죠.

others 보면 뒤에 [즈] 보이죠? 둘 이상이라는 겁니다. 나머지가 여럿이어서 뒤에 [즈] 붙은 거였어요. 그래서 [즈] 빼고 other라고만 말하면 두 마리 중 한 마리 one 빼고 나머지 한 마리를 말하는 거랍니다.

룰로 외우지 않아도 상식적으로 보면 자연스럽죠?
그럼 다시 친구 집 고양이들을 보죠.

한 마리 one

다른 한 마리 other... 그런데 a cat이나 the cat의 차이처럼 이번 것은 아무 other가 아니라 앞에 보이는 고양이를 말하는 거죠.

그래서 **the other** [디 어*더]라고 말합니다.

One and the other. 하나랑 다른 하나인 거죠.

#저기 안에 다른 한 마리가 있을 수도 있고.

→ There is the other one in there.

다양하게 말할 수 있는데 암기하지 말고 왜 이렇게도 말할 수 있는지 보이면 됩니다.

→ There might be the other in there.
The other cat might be in there.
The other one might be in there.
The other might be in there.

보이죠? 우리말은 그냥 '다른'이라고 하면 해결되는데, 영어는 그만큼 숫자로 세상을 바라보고 카테고리별로 나누는 것을 좋아해서 the other, others 등의 골 때리는 행동을 하는 겁니다.
쓸데없는 짓처럼 보이지만 영어가 늘다 보면 오히려 이처럼 성가시게 느꼈던 것들이 다양한 말을 좀 더 쉽게 전달하는 데 도움이 되기도 한답니다.

한국어 하나로만 세상과 소통하다가 다른 시각으로 만들어진 언어를 이해하는 것이 초반에는 당연히 헷갈릴 수 있어요. 하지만 사고방식을 바꿔 세상을 바라보는 것은 뇌도 젊어지고 좋다고 합니다. 한 스텝씩 이미지를 그려가면서 소화하면 됩니다. 그럼 이미지로 상상하면서 다음 문장을 만들어보세요.

상황) 친구들 중 한 명한테만 말합니다.

#이거 비밀이야. 다른 애들한테는 말하지 마.

> secret [씨크*릿] <

→ This is a secret. Don't tell the others.

그럼 비슷한 상황들로 이미지를 계속 그리면서 others와 the other를 넣어 말해보세요.

10
10 의문문

이번 기둥의 **YN Q**입니다.
다음 문장을 만들어보세요.

#제가 도와드려도 될까요?

→ "Can I help you?"라고 당연히 많이 사용합니다.

하지만 이 말을 MAY 기둥을 써서
May I help you?라 하면 상당히 예의를 차리면서 묻는 겁니다.

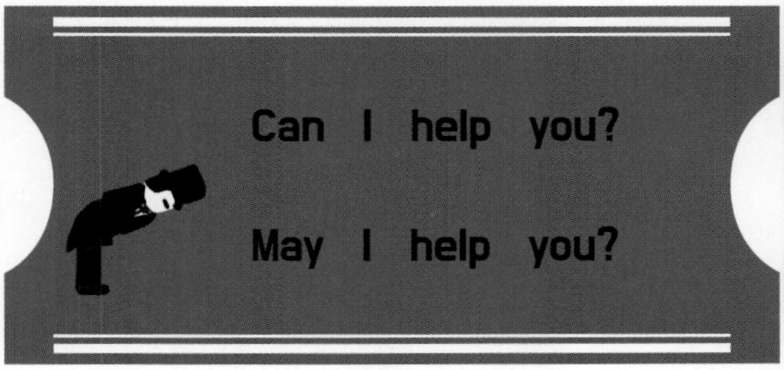

MAY 기둥이잖아요.
싫으면 싫다고 대답하라고 50%의 가능성을 상대에게 주는 겁니다. 내가 예의를 차려 몸을 좀 뒤로 빼며 하는 질문인 거죠.
당연히 'Can I?'라고 질문해도 괜찮습니다. 실제로 원어민들 상당수가 이렇게 사용합니다.

하지만 여러분이 그렇게 말하면 가끔 주위에서
grammar police가 고쳐줄 겁니다.
"그런 말은 'Can I?'가 아니라 'May I?'라고 해야 해"라면서 말이죠.
메시지는 전달되었지만, 문법적으로 틀렸다는 건데, 왜 그런지 볼까요?

상황) 놀러간 집에서 전화를 써야 할 때
전화기 좀 쓸 수 있을까요?
"Can I use your phone?"이라고 하면
grammar police는 "할 수 있느냐고? 손과 귀와 입이 있는데 왜 전화를 못 써? 그것을 나한테까지 물어봐야 하니?"라고 하며 CAN 기둥이면 메시지가 그렇게 전달된다고 말할 겁니다.

"May I use your phone?"이면 '될까? 안 될까?' 확신을 반을 낮추고 물으니 상대의 허락을 받는 질문으로 사용하기에 적절한 거죠. 그래서 이런 허락받는 질문은 MAY 기둥으로 질문하는 것이 어울린다고 하는 겁니다.

재미있는 건 고등교육을 받은 영어 원어민들도 이 상황에서 MAY 기둥으로 질문하지 않고 CAN으로 질문하는 경우가 상당히 자주 있습니다. 우리가 국어 문법을 곧잘 틀리게 말하듯 그들도 마찬가지인 거죠.
오히려 영어를 배우는 한국인이 더 정확하게 문법 및 스펠링을 익히고 있을 때가 있답니다. 우리 입장에서 보면, 말도 안 되는 낮은 레벨을 원어민이 틀리는 경우가 많은데 한번 볼까요?

You're와 Your는 다르다는 것 알죠?
You're는 You are이고
Your는 Your bag 할 때 그 Your죠.
원어민 중에 이거 틀리는 사람들이 의외로 있답니다.

가장 인기 있었던 TV 시리즈 중 하나 〈Friends〉.
둘이 싸우다가 편지의 맞춤법을 틀렸다며 가르쳐주는 장면입니다. 읽고 번역해보세요.

#Oh-oh-oh, and by the way, Y - O - U - apostrophe - R - E means "you are." Y - O - U - R means 'your'!

→ 아아아, 그건 그렇고, Y-O-U 어포스트로피 R-E는 You are 뜻이고, Y-O-U-R 뜻은 Your야!

By the way, Y-O-U-apostrophe-R-E
means "you are."

FRIENDS

Y-O-U-R means "your."

Friends (1994-2004) [TV Series]
Created by D. Crane and M. Kauffman

2015년 영국의 극우당 UKIP이 선거 때 나눠준 팸플릿에서 발견한 틀린 영문법을 한 영어 선생님이 빨간 펜으로 고쳐 온라인에 올렸답니다. 보세요. 이렇게 원어민들도 영문법을 틀린다는 거죠.

그래도 요즘 한국 영어 교과서에서는 'May I?' 대신 'Can I?'로도 잘 쓴다고 명시해주더군요. 솔직히 CAN 기둥도 가능성을 말하는 기둥이기 때문에 완전히 어긋나지는 않고, 가까운 친구 사이에서 작은 걸로 MAY 기둥까지 쓰기에는 과한 느낌도 들 수 있습니다. 그러니 우리는 MAY 기둥 느낌을 좀 더 살리면서 만들어볼게요.

상황) 엄한 아버지가 꾸중을 하십니다. 다 듣고 난 후, 자신의 의견을 말하려고 합니다.

#이제 제가 말해도 될까요?

> speak <

→ May I speak now?

상황) 밥 먹고 나서 먼저 일어나고 싶은데, 부모님께 허락받아야 되는 경우 많죠.

#저 일어나도 돼요?

> leave <

stand 하면 식탁 옆에 서 있기만 하는 겁니다. 식탁에서 떠나기를 원하는 것이니 leave를 써요.

→ May I leave? / May I leave the table?

#저희가 저희 짐을 호텔에 몇 시간 동안 안전하게 맡길 수 있을까요?

> luggage [러기쥐] / hotel / hour=시간 / safely=안전하게 / leave=맡기다 <

extra leave 하는데 '안전하게'이니 safe 뒤에 ly 붙여 safely.

extra 다른 곳이 아니라 호텔이니 포인트 껌딱지가 좋겠죠? at the hotel

extra 몇 시간 동안. 껌딱지 뭐 필요하죠? for a few hours (스텝 08[02])

→ May we leave our luggage safely at the hotel for a few hours?

다 May로 질문하지 Might로 질문하지 않죠. 질문할 때 'May보다는 Might로 하는 것이 더 옳다'라는 옛 이론이 있긴 하지만 MIGHT 기둥은 원래 확신을 30% 정도까지 내리는 것으로 지금 보면 극한 예의여서 MIGHT 기둥 질문은 일반적으로 하지 않습니다. 그러니 여러분은 편하게 May로 질문하세요.

보면 이 이상의 예의를 갖출 수 없죠?
그래서 성인끼리 물어볼 때는 May로 질문은 하지만, 대답을 'Yes, you may. No, you may not'으로까지 하는 경우는 거의 없습니다. 특히 요즘 같은 시대에는 잘 나오지 않는 답변입니다. 답변은 보통,

안 될 때는: I am sorry.
될 때는: 강하게 Of course! Sure!

상황) 회사에서 상사에게 물어봅니다.

#A: 저 오늘 일찍 퇴근해도 될까요?

→ May I leave early today?

#B: 미안한데, 오늘은 좀 더 있어줄 수 없어요?

→ I am sorry, but can't you stay little longer today?

연습장에서 더 만들어보세요.

#선생님 성함을 알 수 있을까요?

Hint: 제가 가져도 되나요? 댁 성함을?

name

.... May I have your name?

#저 화장실 좀 사용해도 될까요?

restroom

.... May I use the restroom?

#저 이제 가도 되죠?

.... May I leave now?

#손님 티켓을 볼 수 있을까요?

.... May I see your ticket?

#주목해주실 수 있나요?

Hint: 제가 여러분의 주목을 가질 수 있을까요?

attention [어'텐션]=주목

.... May I have your attention, please?

상황) 비서가 전화를 받았습니다. 상대방이 묻습니다.

#A: 제임스(James)씨랑 통화할 수 있을까요?

speak

.... May I speak to (Mr.) James please?

#B: 누구신지(누가 전화하는 건지) 여쭤볼 수 있을까요?

Hint: WH 1 들어갑니다! / call

.... May I ask who is calling?

상황) 고급호텔 로비에서 호텔 직원이 묻습니다.

#저희 호텔에서 가장 최상의 신혼여행 방을 제안해도 될까요?

fine=질 좋은 / honeymoon suite [허니문 스윗] / suggest [써제스트]

May we suggest our
.... finest honeymoon suite?

영어는 언어가 단어들의 위치로 보여서 어디서 문법이 틀렸는지 정확히 꼬집어 말할 수 있는 경우가 우리보다 더 많습니다. 그래서 문법을 정확히 아는 사람들이 습관적으로 다른 사람의 말을 고쳐주는 일이 훨씬 더 자주 있죠. 이런 사람들을 grammar police라고 하지만 너무 심해서 상대를 피곤하게 할 때는 grammar Nazi라고도 부른답니다.

"Good이 아니라 Well이야.
Can이 아니라 May야."
영어에서 잘 고쳐주는 문법 중 하나입니다.

읽어볼까요?

#When comforting a grammar Nazi, I always say softly, "There, Their, They're"

영어는 누군가를 위로할 때 어깨를 두드리면서,
"There, there"라고 하거든요. 우리말로 하면 "자~ 자~"인 거죠.

번역해볼까요?
언제 / comforting 동명사 들어갔죠? comfort는 do 동사로 '편안하게 해주다, 위로해주다' / 문법 나치를 위로해줄 때, 나는 항상 말한다. 부드럽게. "There, Their, They're" 소리는 같지만 다 다른 거죠?

When comforting
a grammar Nazi,
I always say softly,
"There, Their, They're"

There는 맞지만,
Their는 My처럼 Their car이고
They're는 You are처럼 They = 무엇인 거죠?
문법 나치는 좋아하는 사람들이 없기에, 그들을 화나게 하려고 일부러 문법을 다 틀리게 말한다고 하는 것이죠. 농담입니다.

한 문법 선생님이 말합니다.

#THEY'RE going over THERE to THEIR table.
이미지 그려졌나요?

#It's just not THAT difficult to get it right.
그렇게 어려운 게 아니야, 맞게 하는 것은.
틀리지 않고 맞게 사용하는 것이 그리 어려운 일이 아니라고 하는 겁니다. 이게 진짜 그리 어려운 게 아니라고, 식의 말투랍니다.

원어민이 저런 기본 스펠링을 틀린다니 신기하죠?

그럼 다시 May로 허락받는 상황을 생각하면서 연습해보세요.

10 11

TO 부정사

#비판하기는 쉬워.

> judge [저쥐] <

뭐가 쉬워요? 비판하는 것이죠. → To judge is easy.

현대 영어는 이렇게 TO를 앞에 빼기보다는 뒤로 가는 경우가 더 많다고 했죠? (스텝 07[21])

→ It's easy to judge.

To judge is easy.

=

It is easy to judge.

상황) 수학 문제를 두고 누가 말합니다.

#이건 풀기 쉬워!

> solve [쏠*브] / easy [이지] <

→ This is easy to solve!

"**모두에게 쉬워**"라고 하면 껌딱지로 간단히 표현 가능해요.

→ It's easy for everyone.

메시지 전달 쉽게 되죠?

모두에게 쉬운 것이 아닌 나한테만 쉬운 것이면?

"It's easy for me"라고 단어만 바꾸면 되겠죠?

그래서 우리가 잘 쓰는 말:

쉬워? 너한테는 쉽겠지!

→ Easy? It's easy for you!

easy for me / 복습

TO 다리는 여러 스텝을 통해서 접했죠? 똑같은 느낌으로 다양하게 쓰일 수 있는 것이라 스텝을 분리해 연습하고 있습니다. 이번 스텝은 아주 쉬운 것을 접하고 전체적으로 복습하는 스텝입니다. 그럼 들어가보죠. 아주 간단합니다.

우리말은 '너한테는'이란 표현으로 껌딱지 to 느낌이 있지만, 영어는 for로 가주는 겁니다. 한 번 더 들어가죠.

이게 네가 풀기에는 쉽겠지!

네가 solve 하는 데 쉬울 거라는 거죠.

It is easy for you~ 하고 you가 뭘 한다는 거죠?

문제를 푸는 거죠? solve만 넣으면 간단하게 해결되니 TO 다리로 연결해서 to solve!

→ It's easy for you to solve!

구조만 보면 어려워 보일 수 있지만 영어는 뒤로 계속 붙여가는 언어이니 "It's easy for you" 다음에 계속 붙은 것뿐입니다.

또 해보죠.

#가장 좋은 방법은 묻는 거예요.

> method [메*쏘드] / ask <

→ The best method is to ask.

이제 '여러분에게'라는 말까지 더해보죠.

#여러분에게 가장 좋은 방법은 묻는 것입니다.

→ The best method is for you to ask.

이 말은 다르게도 말할 수 있겠죠.

→ The best method for you is to ask.

카멜레온 자리에 다 넣어버렸죠?

그럼 하나 더 해볼까요?

#질문이 답하기에 너무 어려웠어.

> question / answer / difficult [디*피컬트] <

→ The question was too difficult to answer.

#질문이 네가 답하기에는 너무 어려웠니?

질문이니 앞에만 뒤집으면 되죠?

나머지는 그대로 내려옵니다.

→ Was the question too difficult for you to answer?

지금까지 배운 것을 응용하면 돼요. 이 틀은 이게 다니까 이제 연습만 하면 된답니다. 문장을 쌓으면서 하다 보면 금방이니 상황을 상상하면서 만들어보세요.

연습

#시험에 합격한다는 것은 기적일 거야!

exam / pass=합격하다 / miracle [미*라클]=기적

.... It will be a miracle to pass the exam!

#제임스가 시험에 합격한다는 것은 기적일 거야!

.... It will be a miracle for James to pass the exam!

#걔는 학교에 오지도 않았잖아!

.... He didn't even come to school!

#엄마는 라디오를 끄셨어.

turn off

.... Mum turned off the radio.

#엄마는 주무시려고 라디오를 끄셨어.

.... Mum turned off the radio to sleep.

#엄마는 내가 잘 수 있게 라디오를 끄셨어.

.... Mum turned off the radio for me to sleep.

#이건 읽어야 될 책이야!

.... This is a book to read!

#이건 네가 읽어야 할 책이야!

.... This is a book for you to read!

#게임을 이기기는 불가능했어.

win / impossible=불가능한

.... It was impossible to win the game.

#우리가 게임을 이기기는 불가능했어.

.... It was impossible for us to win the game.

상황) 집에 돈이 없답니다.

#돈이 없어.

.... There is no money.

#쇼핑할 돈이 없어.

shop

.... There is no money to shop.

#네가 쇼핑할 돈은 없어.

.... There is no money for you to shop.

#Tom[톰]에게는 영어를 마스터하는 것이 어려워.

master=마스터하다, 완벽하게 터득하다

.... It is difficult for Tom to master English.

#영어는 Tom이 마스터하기에는 어려워.

.... English is difficult for Tom to master.

#난 내 남동생 먹으라고 음식 내놓은 거야.

food / serve [썰*브]=음식을 차리다

.... I served the food for my brother to eat.

#필요가 없어. (필요가 존재하지 않아.)

Hint: THERE 기둥으로 가보세요. / need

.... There is no need.

#네가 서둘러야 할 필요는 없어.

hurry / need

.... There is no need for you to hurry.

#이건 기회야!

opportunity [어포'츄니티]=기회

.... This is an opportunity!

#이건 네가 걔(여)를 되찾을 수 있는 기회야!

get her back=그녀를 되찾다

This is an opportunity for
.... you to get her back!

#애들이 그러는 것은 자연스러운 거야.

kids / natural=자연스러운

.... It is natural for kids to do that.

#저희는 일주일 안에 이 일을 끝낼 수 없어요.

finish

.... We can't finish this work in a week.

#그들이 무엇을 요청하고 있죠?

request [*리'크웨스트]=요청하다

.... What are they requesting?

#내가 이 일을 끝내는 데 1시간 걸릴 수도 있어.
(확신 없음)

hour

.... It might take an hour for me to finish this work.

#일주일 안에 이 일을 끝낸다는 건 저희에게는 불가능해요.

week / impossible

.... It is impossible for us to finish this work in a week.

#저희가 요청하고 있는 것을 디자인한다는 것은 저분들한테는 불가능해요.

.... It is impossible for them to design what we are requesting.

#너 뭐 하는 거냐?

.... What are you doing?

#네가 지금 하는 건 퍼즐을 풀고 있는 것이 아니야.

puzzle / solve=해결하다

.... What you are doing is not solving the puzzle.

#퍼즐을 푸는 게 나한테는 어려웠어.

.... It was difficult for me to solve the puzzle.

복잡한 문장은 항상 가장 기초에서 엮여나간 문장들이에요. 기본이 탄탄하면 그다음을 나가기가 쉬워지죠. 그럼 마지막으로 잘 쓰는 말 하나 배워볼게요.

상황) 고민에 처해 있는 나에게, '이렇게 해! 저렇게 해!' 하면서 충고합니다.

야! 그렇게 말하기는 쉽지!

'말이 쉽지!' 우리 이런 말 하죠?

영어로 잘 쓰는 말!

→ It's easy for you to say!

#하기는 어렵고, 말하기는 쉽지. 영어로?

→ It's difficult to do, but easy to say.

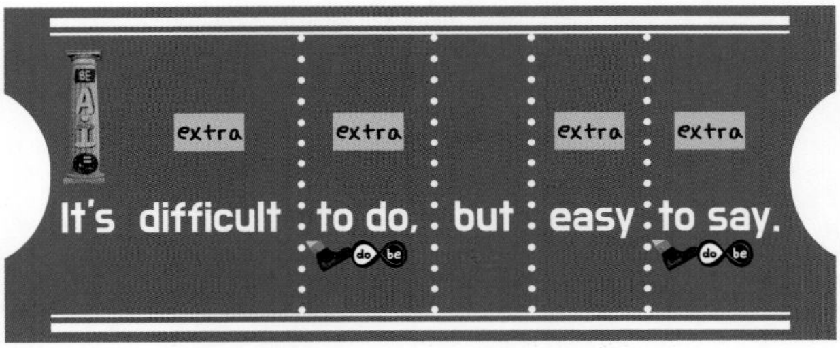

#네가 말을 하는 것은 쉽지! 하는 겁니다.

→ It's easy for you to say.

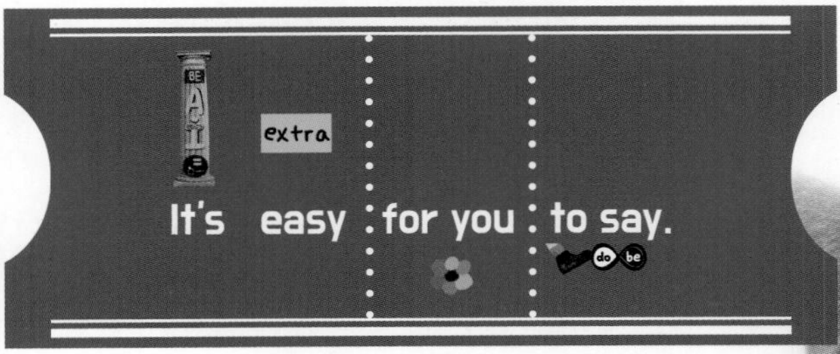

이전에 배운 TO 다리와 이번 스텝에서 배운 것을 같이 연습하는 복습의 시간도 가져보세요! 복습만큼 좋은 게 없습니다! 실력이 확 늘거든요!

10^12 전치사 / 부사

(TO)~WARD

#단어는 영어로? word [워드]
'말'도 word여서 컴퓨터 프로그램 중 '마이크로소프트 워드' 보면 Microsoft Word라고 쓰여 있죠.

아래 문장을 봅시다.

네가 한 말을 지켜!

protect [프*로텍트]는 뭔가에 의해 다칠까 봐 보호하는 것이고 **'약속 지키라'**고 할 때는 keep 써서 "Keep your promise!"와 같이 씁니다.

→ Keep your word!

#넌 네가 한 말을 절대 안 지키잖아!

→ You never keep your word!

#머리는 영어로? → head죠.
#이마는? → forehead [*포어헤드]
fore를 단어 머리에 붙이면 '앞부분'이라는 뜻이 포함됩니다.
왜 이마를 forehead라고 했는지 보이죠?

책 보면 맨 앞에 추천 서문이 있습니다. 책 시작 전에 누군가 본문 앞에 써준 거죠.
#추천 서문은 영어로 뭘까요?

foreword [*포워드]라고 합니다.
fore + word 말 전에 나온 말이라는 거죠.

이번 스텝에서는 발음은 같지만 word가 아닌 ward!
fore 뒤에 ward를 붙인 **forward** [*포워드]라는 날치를 배울 겁니다.
fore + ward = forward
중앙에 불필요한 e는 스펠링에서 사라진 것뿐이에요.

forward는 날치니까 위치를 자유롭게 할 수 있겠죠?
중요한 기둥 문장으로 전달하려는 말을 디테일하게 꾸며줄 뿐입니다. 날치는 항상 그렇게 보면 됩니다.

forward의 ward는 단어 꼬리에 붙는 것으로 우리가 잘 아는 er과 같은 식이랍니다. 그냥 'er'로는 아무 뜻이 안 되지만 teach에 er 붙이면 teacher, 선생님이 되죠?
이런 작은 것은 사전에서 -er -ion 식으로 하이픈 그어서 소개됩니다. 문법 용어로 접미사라고 하죠. 미는 '꼬리 미'입니다.
forward에서 꼬리에 붙는 이 ward는 '방향'을 가리킵니다. 껌딱지 to와는 전혀 달라요. 단어 '프로페셔널'의 반대인 unprofessional에서 un만으로는 아무것도 안 되는 것과 같죠.

그러면 forward는 무슨 뜻일까요?
축구에서 [*포워드]라고 하면 골대와 제일 가까운 최전방에서 공격하는 거잖아요. 앞쪽으로 계속 움직이는 포지션인 거죠.
forward는 앞으로, 앞으로 가는 느낌의 단어입니다. 더 보죠.

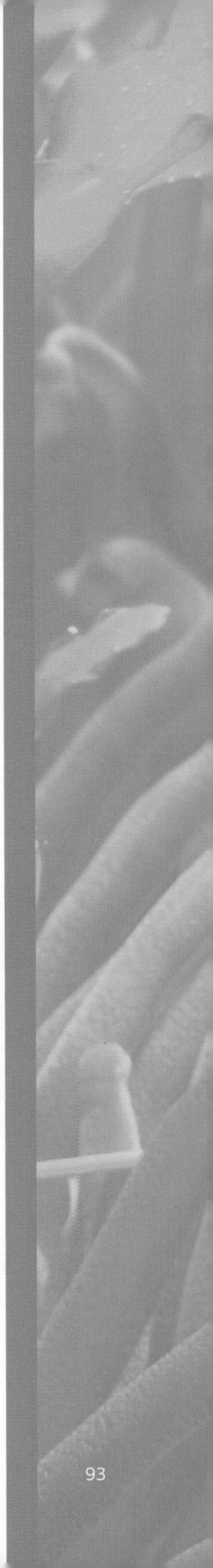

영상, 음악 플레이어에서 볼 수 있는 버튼.
앞으로 빨리 감기, 뒤로 빨리 감기.
빠르게 앞쪽으로 가는 버튼을
fast forward라고 부른답니다.

#빨리 감기 눌러.

> press [프*레스] <

→ Press fast forward.

동영상을 보는데 누가

#Fast forward it! 하면?

같은 단어를 do 동사 자리에 넣어버린 거죠.
뜻은? 앞으로 빨리 돌려!
영어는 같은 단어를 다른 위치에 넣으면 그에 맞게 뜻이 바뀌는 경우가 많죠? 레고처럼 기둥 구조에 넣어버리면 이해할 수 있어요. 자꾸 그렇게 위치로 단어를 보셔야 합니다.

예를 들어 구글 같은 검색엔진을 do 동사 자리에 넣어서 #Google it! 하면 이 말은 "구글에서 검색해!" "검색해!"라는 말이 됩니다.

그럼 forward가 잘 쓰이는 상황을 볼까요?
상황) 타 회사에서 우리에게 돈을 송금했다고 합니다.

#우리 돈 들어왔어?

→ Did we get the money?

#네.

→ Yes.

#농협 계좌로 다시 옮겨줄래? 고마워.

> forward <

Can you~ 다음에 send나 wire, transfer도 됩니다. 다 송금이란 뜻입니다.
하지만 두비 자리에 forward를 쓰면, '이미 자리 잡은 것을 다른 사람 앞쪽으로 다시 보낸다'는 의미가 있습니다.
Can you forward the money~

extra 앞쪽으로 보내긴 하는데,
어느 방향으로? 농협 계좌로,
to the NH account.

→ Can you forward the money to the NH account, please? Thanks.

이메일도 보면 전달 버튼이 있죠.

#그쪽 이메일 주소가 뭐죠?

→ What's your email address?
이메일 주소는 @gmail.com 식으로 생겼죠? 골뱅이 @는 [앳]이라고 읽고 점은 dot [돗트]라고 읽습니다.
이메일 계정을 보면 Forward 버튼이 있답니다. 이 버튼을 누르면?
지금 나에게 온 이메일을 통째로 다른 사람의 앞으로 다시 전달할 수 있는 겁니다.
이메일이 왔는데, 그 내용 전체를 다른 사람과 나누고 싶을 때, 잘 쓸 수 있죠.

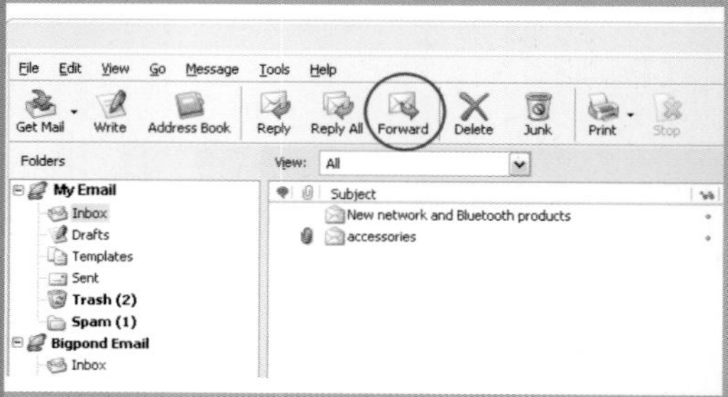

#내가 네 앞으로 이 이메일 보내줄게.

→ I will forward this email to you.

"Send it to you"보다 forward를 쓰면, 이미 있는 것을 다시 네 앞으로 통째로 보낸다는 느낌이에요.

자, **'공간'**은 space라고 합니다. 그래서 **'우주'**도 space.
컴퓨터 자판 보면 공간을 띄는 키 있죠. 영어로 스페이스 바, Space bar.
bar는 초콜릿 바, 술집 바 테이블처럼 길게 생긴 것을 부르는 말입니다.

타이핑 할 때 Space bar를 누르면 공간이 생기는데 그 공간을 없애려 다시 지울 때 누르는 키!
키보드에서 보면 Backspace라고 되어 있죠. back은 '뒤로'라는 뜻이 있잖아요.
뒤로 공간을 이동하는 겁니다. 그래서 지워지는 거죠.

그럼 다음 문장 만들어보세요.

#뒤로 가봐!

back + ward 뒤쪽 방향인 거죠.

→ Go backward!

backwards라고 뒤에 s 붙여서 말할 때도 있는데 없어도 둘 다 똑같으니 편한 걸로 고르세요.

#A: 저희 지금 퇴행하고(후퇴하고) 있는 건가요?

→ Are we going backwards?

#B: 응. 퇴보(역행)하고 있는 것일 수도 있어.

그러는 중이면 BE + 잉.
그럴 수도 있는 중이면 twist 시키면 될 텐데 무슨 기둥 쓸 건가요?

MIGHT 기둥에 BE + 잉 기둥을 꼬면 되겠죠?
MIGHT 기둥 두비 자리에 be 나올 수 있으니 엮을 수 있는 거죠.

→ Yes, we might be going backward.

자, 책의 서문이 foreword였다면 이제 #책의 후기는 뭘 것 같아요?
책 뒤편에 보면 이 책이 어떻게 쓰이게 되었는지, 책의 아이디어가 어떻게 발전되었는지 쓰여 있는 글들 있죠? 그 글을 영어로는?
넵! afterword랍니다.

자! 이번엔 응용해서 4개 동시에 드려볼게요. word가 아닌 ward입니다! 보세요.
downward upward inward outward
afterward처럼 다 똑같은 식입니다.

down이 '아래쪽'이니 downward는 '방향이 밑 쪽으로'라는 메시지가 전달되는 겁니다.
in은 그냥 안이지만 inward는 안쪽으로.

그럼 같은 방법으로 연습해볼까요?

연습

#뒤쪽으로 넘어지지 마. 네 머리 다칠 수도 있어.

fall / head

Don't fall backwards.
You might hurt your head.

#이 법안은 퇴보적이고 야만적인 법률입니다.

bill=법안 / backward / barbaric [발'베*릭]=야만적인 / act=법률

This bill is a backward and barbaric act.

#저는 이 법률을 허락할 수 없습니다. 왜냐면 이 법률이 보여줄 것이거든요—이 나라가 아직도 매우 퇴보적이고 아직도 매우 야만적이라는 것을.

allow [얼'라우]=허락하다 / show / country

I cannot allow this act because this (act) will show that this country is still very backward and still very barbaric.

#그는 일곱 발자국 앞으로 갔어요.

take a step=한 걸음 나아가다

He took seven steps forward.

#제 사장님은 항상 위쪽을 보시면서 한숨을 쉬세요. 왜 그러시는지 모르겠어요.

Hint: 모르겠어요. 왜 그것을 하시는지요.

boss / sigh

My boss always looks upward and sighs.
I don't know why he does it.

그럼 마지막으로 자주 접하게 될 **toward**.
to는 이미 방향인데, to + ward는 그쪽 방향으로? 무슨 뜻일까요? 보세요.

#저 기둥으로 운전해서 가.

> pillar <

→ Drive to that pillar.

#저 기둥 쪽으로 운전하고 골목에서 왼쪽으로 꺾어.

→ Drive toward that pillar, and turn left at the corner.

toward는 저쪽 방향일 뿐이지 거기가 목적지가 아닙니다. 간단하죠?

끝으로 번역 한번 해볼까요? 영국 《The Guardian》 신문의 헤드라인입니다.

#In Ukraine, the US is dragging us towards war with Russia.

안에 / 우크레인 안에, 대문자니까 이름인 거죠. 바로 우크라이나입니다. 영어로 Ukraine 우크라이나 안에, 미국이 / dragging을 하고 있다. 단어 모르면 계속 진행 / 우리를 / 어느 방향 쪽으로? towards war, 전쟁 쪽으로 / 러시아와.

theguardian
Winner of the Pulitzer prize 2014

UK election world sport football opinion culture business lifestyle fashion environment tech travel ≡ all

home › opinion columnists

Ukraine Comment is free

In Ukraine, the US is dragging us towards war with Russia
John Pilger

Washington's role in Ukraine, and its backing for the regime's neo-Nazis, has huge implications for the rest of the world

미국이 현재 자신들을 러시아와의 전쟁으로 dragging 하고 있다는 말인데 drag를 몰라도 대충 메시지가 전달되죠? 확실히 알기 위해 단어를 찾아보면,
drag는 질질 끌고 간다는 뜻입니다. 헤드라인만 읽어도 어휘력이 늘죠? 곧바로 적용해볼게요.

#너 발 그만 질질 끌어!

> foot <

→ Stop dragging your foot!

#너 연설 좀 그만 질질 끌어.

> speech <

→ Stop dragging your speech.

어렵지 않죠? 이제 스스로 다양하게 섞어서 만들어보세요.

10 13

혼동되는 동사

Expect vs. Look forward to

forward는 '앞쪽으로~'인데
그럼 look forward란 단어는
어떤 이미지가 그려지세요?

보는데, 앞쪽으로 보는 거죠.
여기까지 이미지 그려지죠?

오케이! 그럼 이번 스텝 들어가죠.
많은 분이 정말 잘못 쓰는 것 중
하나니까 이번 기회에 확실히
자기 것으로 만듭시다!

전 이번 여행 기대돼요!

우리 이런 말 자주 하죠. 여행이 기대된다! 축제를 기대하고 있다!
그런데 많은 분이 단어만 딸랑 외우는 바람에,
expect [익스펙트] = 예상하다, 기대하다.
이렇게 외운 후, expect 단어를 "기대돼요!" 문장에 써버리는 경우가 많습니다.
뭐가 문제냐고요?

저희 부모님은 저에게 기대하시는 것이 큽니다. 기대치가 높으세요.

여기도 '기대하다'라는 단어 나오죠?
여행 기대되는 것과 부모님이 나에게 기대한다는 것은 동일한 느낌이 전혀 아니죠?

여행 기대는 '아싸!'라면 부모님의 기대는 압박감! 'pressure!'죠. 확실히 다른 '기대'여서 영어는 이 둘을 분류해서 사용한답니다.
expect의 '기대하다'는 pressure 느낌이에요.

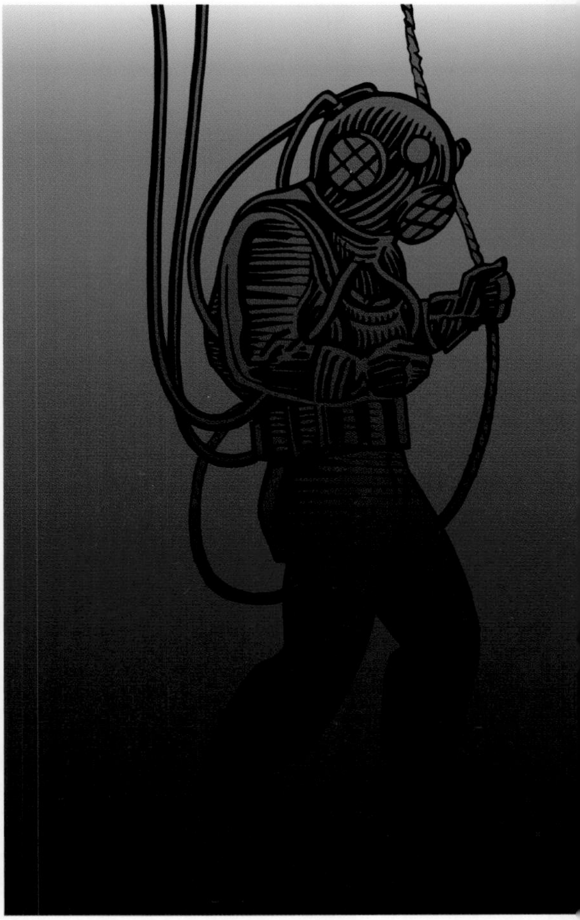

"이번 여행이 기대된다!"는?
I am looking~ 보고 있어요.
내 타임라인을 보면 여행이 잡혔거든요.
시간상 앞으로 봐야 하죠, forward.
그런데 앞쪽 방향에 있는 모든 것을 마냥 바라보는 것이 아니라, 여행이 잡혀 있는 그날을 바라보고 있습니다.
그래서 방향 껌딱지 to 붙여주고 여행이라고 합니다, forward to the trip.
이 말이 바로
"저 이번 여행 기대돼요!"랍니다.
→ I am looking forward to this trip!

지금까지 look forward to = '기대하다, 고대하다'라고 암기만 하면 그때뿐, 시간 지나면 안 쓰게 된 분들 많을 텐데요.

저 간단한 '기대된다'는 말에 look forward to, 이렇게 세 단어가 연결된다는 것이 우리 뇌에는 입력이 잘 안 되는 것 같지만 영어에서는 굉장히 자주 쓰이는 말이에요. 중요합니다.

이제 같은 방식으로 예문을 드릴 테니, 연습장에서 익숙해지세요.

연습

#이번 주말이 기대된다.
weekend

.... I'm looking forward to the weekend.

#난 여름에 보통 짧은 여행을 가거든, 그래서 항상 그건 기대해!
Hint: 기둥! 매년 올 때마다 기대한다면?
summer / short trip

I usually take a short vacation during(in)
.... summer, so I always look forward to that.

#Nicole[니콜]이 저녁 식사가 기대된대요.
dinner / say

Nicole said that she is looking
.... forward to the dinner.

#나는 스노보드 타는 거 완전 좋아해서 겨울을 항상 기대하고 있지.
Hint: 기둥 조심! 겨울을 매년 기대하는 거면~

I love snowboarding, so I always
.... look forward to the winter.

#너 보는 거 기대돼!

I am looking forward~ 방향이 어디로? **'너 보는 것'**이죠. 껌딱지니 뒤에는 무조건 명사로 와야죠. **너를 보다.** '보다'는 see잖아요. 이거 명사로 바꾸면 되죠. 동명사 [잉], to seeing you.
→ I am looking forward to seeing you.

말이 거의 이미지 언어죠? 영어가 정말 그런 것 같아요. 동명사가 헷갈리면 스텝 07[02]로 돌아가서 필요한 만큼 반복해보세요. 중요하니 정확히 알아두면 새로운 것이 덜 헷갈릴 겁니다.

그럼 바로 연습장 가서 동명사와 같이 만들어보죠.

연습

#나 영어 배우는 거 기대하고 있어.
learn

.... I'm looking forward to learning English.

#가족이랑 함께할 시간이 기대되네요.
family / spend / time

.... I'm looking forward to spending time with my family.

#모두가 너 다시 보는 거 정말 기대하고 있어.

.... Everyone is really looking forward to seeing you again.

#저희 모두 대학에서 졸업하는 것을 기대하고 있어요.
college / graduate [그*라쥬에잇트]=졸업하다

.... All of us are looking forward to graduating from college.

#너랑 대화하는 거 기대돼!
talk

.... I'm looking forward to talking with(to) you.

많은 사람이 look forward to를 외운 후 많이 틀리는 것이 to를 껌딱지로 안 보고 TO 다리로 보는 겁니다.

그래서 "I am looking forward to see you"라고 쓰는데 틀린 문법입니다. 그런데 맞는 것처럼 보이거든요. 타임라인에서 앞으로 간다는 느낌이 들잖아요. 앞쪽으로 보고 있다, 너를 만나기 위해서 ~ 이런 식으로 이해하는 거죠.

하지만 저 to는 어느 방향을 향해서 바라보고 있느냐의 방향 껌딱지 to라는 것 기억하세요.
껌딱지 뒤니까 명사가 붙어야 한다는 것!
→ I am looking forward to~ seeing you.
그럼 다음 문장들을 만들어보세요.

#나 이번에는 명절이 기대된다.
> holiday <

→ I am looking forward to the holiday this time.

#우리 엄마가 당신 만나는 것 기대하고 계셔.
My mum is looking forward~
우리 엄마가 기대하긴 하시는데, 뭘 기대하죠?

extra to meeting you.

→ My mum is looking forward to meeting you.

자! 그럼 이제 "야호! 기대된다" 말고,
"난 좋은 점수를 기대하고 있으니 잘해라" 하는 그 기대. expect [익스펙트]로 가볼까요?
부모님은 저에 대한 '기대치'가 높으세요. 변형이 많은 우리말. '예상하고 있다' 느낌에도 expect를 쓰죠. "네가 잘할 거라 예상한다" 식으로요. 쉬워요. 만들어보세요.

#애걔! 이게 다야?

→ What! Is this all? = Is this it?

it은 지금 말한 것을 it이라 하는 거죠.

#난 더 많은 것을 기대했는데.

'예상하다'는 머리가 하는 거니까 두비에서 do 쪽으로 가줍니다.

기둥은? DO 기둥 쓰면 계속 기대하는 거죠?

기대를 했던 것이니 DID 기둥 써서.

→ I ( ) expected more.

이것이 expect예요.

다음 문장도 만들어보세요.

#난 너에게 더 많은 것을 기대했는데.

'더니까' more 쓰면 되겠죠?

extra 껌딱지 필요해요, from you.

→ I expected more from you.

그냥 단순한 do 동사로 특별한 것 없죠?

#저에게 너무 많은 것을 기대하지 마세요.

do be Do not expect~

extra 뭘 기대해요? 너무 많은 것을, too much.

extra '저'에게 기대하는 거니까 껌딱지 뭐예요? from me

→ Do not expect too much from me.

#전화기 사용하지 마!

→ Do not use the phone!

#Mr. K한테서 전화 올 거야.

전화한다고 했으니 예상하는 겁니다.

expect가 가능한 거죠.

→ I am expecting a phone call from Mr. K.

#서로에게서 너무 많은 것을 기대하지 마.

Do not expect~ too much~

extra from each other.

→ Don't expect too much from each other.

이제 look forward to와 expect를 섞어 쓰면서 연습장에서 직접 만들어보세요.

연습

#저 남자 못됐어! 재(남)한테서 뭘 기대해?

mean [민]=못된

That man is mean!
What do you expect from him?

상황) 야간 근무 중인 병사 2명이 얘기 중입니다.

#병장: 난 이곳에서 나가게 되는 거 정말 기대하고 있어.

place / get out

I am so looking forward to
getting out of this place.

#일병: 언제 끝나십니까?

When do you finish?

#병장: 146일 뒤에.

After 146 days.

병장이 손가락으로 입을 가리며 조용히 하랍니다.

#일병: 뭐 하십니까?

What are you doing?

#병장: 뭘 예상하며 기다리고 있어. 뭔가 오고 있어
3…2…1. 이제 145일.

I am expecting something.
Something is coming 3…2…1. Now 145 days.

#A: 네가 나타날 줄은 몰랐어. (올지 예상 안 하고 있었음)

Hint: 기둥 조심 / expect

I wasn't expecting you.

#B: 누굴 기대하고 있었는데 그럼?

Who were you expecting then?

#C: 오늘 밤 데이트가 정말 기대된다.

I am really looking forward to tonight's date.

#D: 네가 여자랑 데이트가 있다고?

You have a date with a girl?

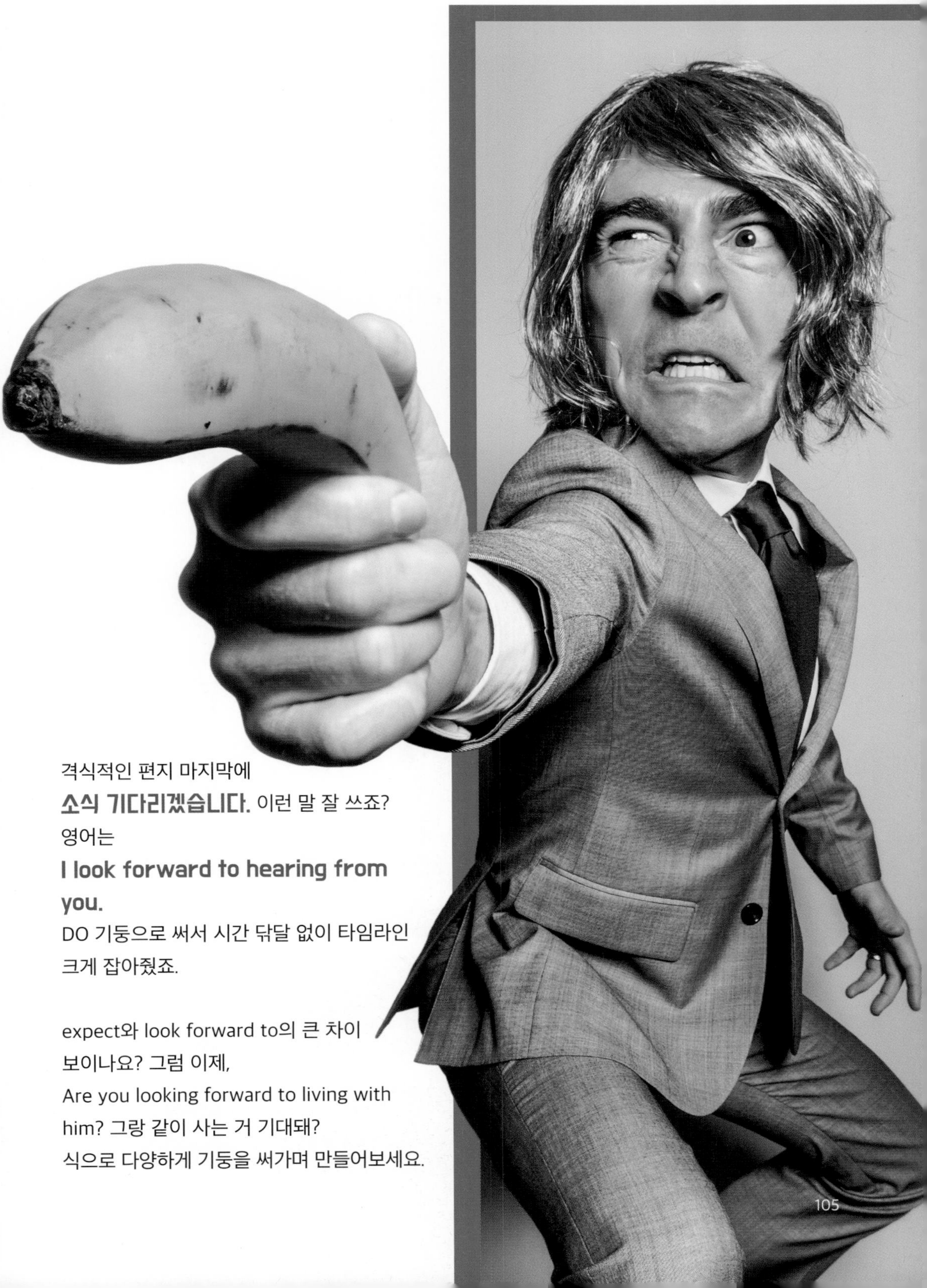

격식적인 편지 마지막에

소식 기다리겠습니다. 이런 말 잘 쓰죠?

영어는

I look forward to hearing from you.

DO 기둥으로 써서 시간 닦달 없이 타임라인 크게 잡아줬죠.

expect와 look forward to의 큰 차이 보이나요? 그럼 이제,

Are you looking forward to living with him? 그랑 같이 사는 거 기대돼?

식으로 다양하게 기둥을 써가며 만들어보세요.

10

14

의문사 의문문

WH Question!

대신 MAY 기둥은 허락받는 것 이외에는
질문이 다양하게 많지는 않습니다.
그러니 자주 사용되는 것들만 접해보죠.

상황) 가게에서 손님에게 묻습니다.

#도와드릴까요?

당연히 도울 수는 있지만 손님에게 방해되고 싶지 않은 마음이니 물러서서

→ May I help you?

주문 받는 경우는

→ May I take your order?

여기서 order는 '주문하다'가 아닌 '주문'이 되겠죠?

May로 질문하면 예의 있게 돌려 말하는 것이라서 친한 사이끼리 'May I?' 질문은 잘 안 하게 된다고 했죠?

자! 이제 위의 문장에서 더 쌓아볼게요. 만들어보세요.

레스토랑이나 가게에 가면 처음 듣는 말 중의 하나!

#어떻게 도와드릴까요? 만들어보세요.

→ How may I help you?

그냥 WH 붙이기만 하면 끝이에요!

상황) 아빠 동료분이 저녁 식사에 오신다는데 식사가 길어질까 봐 따로 방에서 영화 보며 먹고 싶어 묻습니다.

#A: 오늘 저녁에 아빠 동료분과 집에서 식사하죠, 그렇죠?

> colleague [컬리그] <

→ We are having a dinner with your colleague tonight, aren't we?

#전 언제 일어나면 돼요?

> 식사하고 자리에서 일어나다=leave the table <

→ When may I leave the table?

#B: 오늘은 네 방에서 먹어도 돼.

허락해주는 것이니 그대로 대답해요.

→ You may eat in your room today.

#A: 아싸! 감사합니다!

→ Yes! Thank you!

상황) 누가 뭔가를 빌려줬는데 갖고 싶어요.

#A: 저 이거 가져도 될까요?

→ May I have this?

have 대신 keep도 잘 씁니다.

keep은 손에 잡고 계속 이대로 유지하면 안 되느냐는 거죠.

→ May I keep this?

#B: 아, 그래요. 가지세요.

→ Yes, sure. Keep it.

자, 물어보니 곧바로 내 것이 됐죠? 농담으로 더 말합니다.

#A: 쉽네요. 또 뭐 가져도 돼요?

→ That was easy. What else may I have?

What에서 What else로 갔죠?

#이거 가져도 될까요?

→ May I have this one?

#B: 하하, 구경은 할 수 있는데 그건 못 드려요.

→ Haha, you can have a look, but I can't give you that.

#다른 사람 거예요.

→ That is someone else's.

제인 거. Jane's처럼

다른 사람 거. someone else's로 쓴답니다.

MAY 기둥 질문은 허락받는 느낌이 강하니 카멜레온이 I나 we로 많이 나옵니다.
그럼 다음 것 해보죠.

비가 올 것 같기도 하고 안 올 것 같기도 해요.
영어로는 "It might rain". 가능성을 좀 더 올리면 "It may rain"이라고 해도 됩니다.
그런데 상대에게 물을 때는 MAY 기둥으로 하면 이상해요.
'비가 올지도 혹은 안 올지도 모를까?' 같은 질문이니 이상해지죠?

When will it rain?

이렇게 질문해도 되지만, 상대의 생각을 물을 때는

#A: 네 생각에는 비가 올 것 같아? 식으로 묻습니다.

만들어보세요.

→ Do you think that it will rain?

#언제 올 것 같아?

When~ 나머지 그대로 내려와요.

→ When do you think that it will rain?

#B: 오늘은 안 올 수도 있어.

→ It might not rain today.

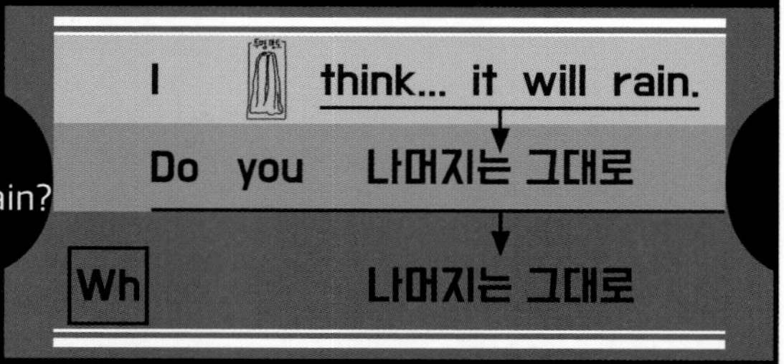

좀 더 해보죠.

#A: 그 여자분 다시 오실까?

→ Do you think that that lady will come back?

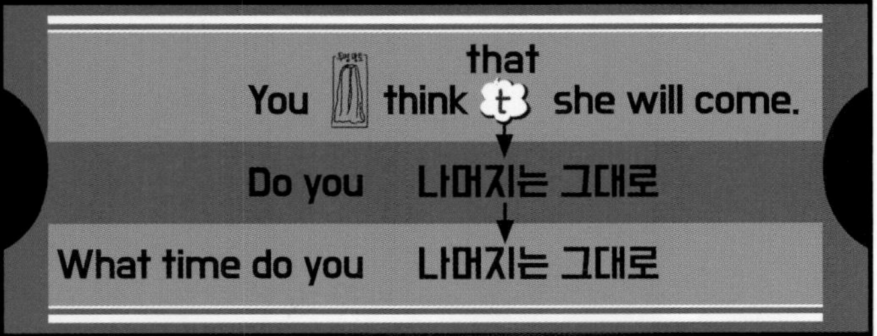

You think that she will come.
Do you 나머지는 그대로
What time do you 나머지는 그대로

#B: 잘 모르겠어.

(확신이 없는 거죠.)

→ I am not sure.

#오늘 오후에 오실 수도 있어.

→ She may come this afternoon.

#A: 몇 시에 오실 것 같아?

→ What time do you think she will come?

서로 연결되는 게 이미지로 보이나요? 항상 같은 식으로 이렇게 이어가는 겁니다. 이어갈 수 있는 부분들을 보고 나면 별것 아닙니다.

원맨쇼 하듯 계속 만들어보세요. 두비랑 기둥을 잘 골라 만든 다음 가이드를 읽어보세요.

#언제 비가 올 것 같아요?

→ When do you think it will rain?

상대방의 생각을 묻는 거죠.

#우산 좀 빌려도 될까요, 비가 오면?

> umbrella / borrow <

'빌리다'는 두비에서 do 쪽인데, 누가 빌려도 되느냐고 묻고 있죠? 저죠! 항상 두비를 보면 카멜레온이 보인다! 아시죠?

→ May I borrow your umbrella if it rains?

#어떤 거 빌리면 돼요?

→ Which one may I borrow?

우산이 많으니 그중 one.

#이건 비싸 보이는데.

→ This one looks expensive.

내 눈에 그렇게 보인다니까 look으로 했죠?

#전 잃어버릴 수도 있거든요.

> lose [루즈] <

아닐 수도 있고~ 그래서 MIGHT 기둥.

→ I might lose it.

#제가 항상 잃어버려서.

→ I always lose them.

두비에서 do 쪽인데 항상 그런다니까 타임라인 큰 DO 기둥.

어렵지 않죠? 항상 모든 문장에서 예상할 수 있는 것이 바로 두비, 카멜레온, 기둥입니다. 이거 셋만 고르면 나머지는 어렵지 않아요!

MAY 기둥은 여기서 제공된 것만 먼저 연습해 보고, what do you think~ 식으로 비슷하게 다양한 질문을 만들어보세요!

10 15

사역동사

Let

Let's go [렛츠 고]!

무슨 뜻이죠? '가자!'라고 할 때 잘 쓰죠?

'마시자!' 하면 Let's drink!

Let's는 이런 식으로 이미 많이 아는데 무슨 기둥일까요?

let은 실제로 다양하게 많이 사용되는 단어랍니다.

뜻은 '뭔가 하게 내버려두다, 허락하다'입니다.

'내버려두다'는 바로 행동으로 할 수 있죠?

그래서 이것도 do 쪽입니다.

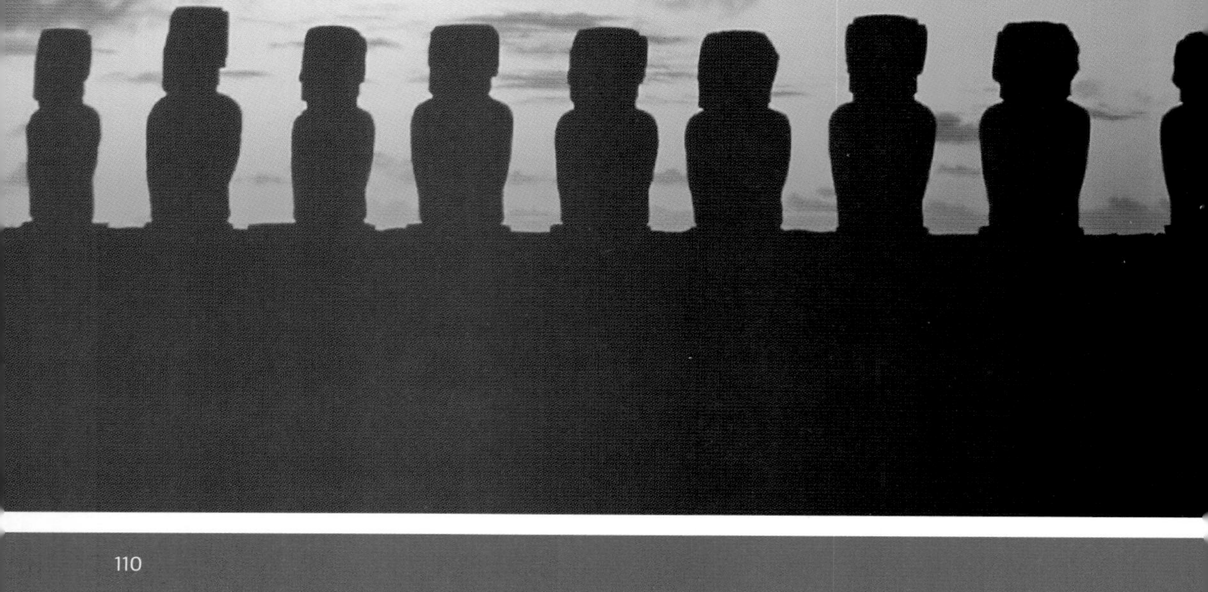

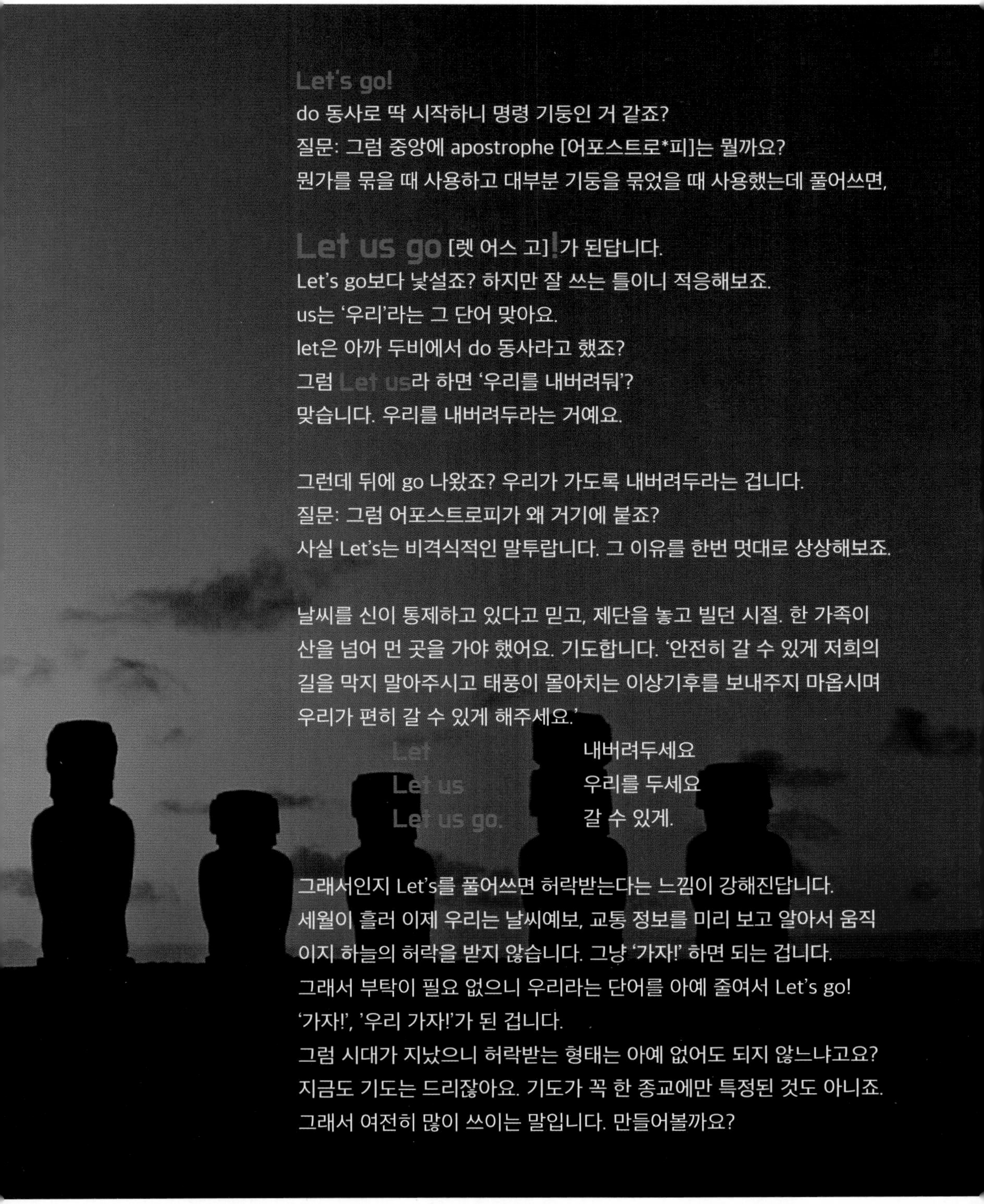

Let's go!
do 동사로 딱 시작하니 명령 기둥인 거 같죠?
질문: 그럼 중앙에 apostrophe [어포스트로*피]는 뭘까요?
뭔가를 묶을 때 사용하고 대부분 기둥을 묶었을 때 사용했는데 풀어쓰면,

Let us go [렛 어스 고]**!**가 된답니다.
Let's go보다 낯설죠? 하지만 잘 쓰는 틀이니 적응해보죠.
us는 '우리'라는 그 단어 맞아요.
let은 아까 두비에서 do 동사라고 했죠?
그럼 **Let us**라 하면 '우리를 내버려둬'?
맞습니다. 우리를 내버려두라는 거예요.

그런데 뒤에 go 나왔죠? 우리가 가도록 내버려두라는 겁니다.
질문: 그럼 어포스트로피가 왜 거기에 붙죠?
사실 Let's는 비격식적인 말투랍니다. 그 이유를 한번 멋대로 상상해보죠.

날씨를 신이 통제하고 있다고 믿고, 제단을 놓고 빌던 시절. 한 가족이 산을 넘어 먼 곳을 가야 했어요. 기도합니다. '안전히 갈 수 있게 저희의 길을 막지 말아주시고 태풍이 몰아치는 이상기후를 보내주지 마옵시며 우리가 편히 갈 수 있게 해주세요.'

Let	내버려두세요
Let us	우리를 두세요
Let us go.	갈 수 있게.

그래서인지 Let's를 풀어쓰면 허락받는다는 느낌이 강해진답니다.
세월이 흘러 이제 우리는 날씨예보, 교통 정보를 미리 보고 알아서 움직이지 하늘의 허락을 받지 않습니다. 그냥 '가자!' 하면 되는 겁니다.
그래서 부탁이 필요 없으니 우리라는 단어를 아예 줄여서 Let's go!
'가자!', '우리 가자!'가 된 겁니다.
그럼 시대가 지났으니 허락받는 형태는 아예 없어도 되지 않느냐고요?
지금도 기도는 드리잖아요. 기도가 꼭 한 종교에만 특정된 것도 아니죠.
그래서 여전히 많이 쓰이는 말입니다. 만들어볼까요?

#저희가 공포를 극복하게 해주세요.

> fear [*피어]=공포 / overcome [오버컴] <

Let us~ '극복하다'는 overcome,

→ Let us overcome the fear.

명령 기둥으로 말하면 되죠?

저희가 overcome을 할 수 있게 허락해달라며 let을 쓰는 겁니다.

help는 도와달라는 말이지만 let으로 말하면 우리가 할 테니 방해 말고 지켜봐 달라, 내버려둬 달라는 느낌이 더 드는 거죠.

그럼 양쪽으로 연습해볼까요?

#저희가 이 세상을 다시 짓게 해주세요.

> rebuild [*리'빌드] <

우리가 할 테니 지켜봐 달라.

→ Let us rebuild this world.

#우리 같이 이 세상을 다시 지읍시다.

→ Let us rebuild this world together. / Let's rebuild this world together.

우리 말고 다른 사람을 위해 기도할 때도 잘 쓰이겠죠? 사용해볼게요.

상황) 큰 사고가 생긴 곳에 있던 아이들이 연락두절이에요.

#그 아이들이 안전할 수 있게 해주세요.

> children / safe <

Let the children~ 어떻게 내버려둬요? 안전하게, be safe.

안전하게 있던 그대로 내버려두라는 겁니다.

→ Let the children be safe.

safe는 be 쪽이니 be가 같이 나와요. 걔네들의 상태가 계속 그렇게 될 수 있게 두세요. 무슨 일을 일으키지 말아주세요.

#그들이 안전할 수 있게 해주세요.

→ Let them be safe.

extra

Let the children be safe!

실제로 이 세상에는 인간을 몰살할 정도의 무서운 재해가 많죠? **지진, 해일, 가뭄, 화산, 홍수, 모래폭풍, 태풍** 등. 원인을 모를 때는 시뻘건 모래폭풍이 엄청 무서웠을 것 같지 않나요? 일상이 있는 그대로가 소중하니까 신에게 '있는 그대로 두세요'라고 빌 수 있는 상황이 생길 수 있겠죠.

하지만 이 let은 꼭 하늘에만 요구하는 것이 아닙니다. 자기 통제 밖의 힘에게 뭔가를 요구할 때도 let을 쓴답니다.

상황) 사람들이 시위를 하고 있어요.
#시위는 영어로? protest [프*로테스트]
#A: 우리를 살게 해달라!
우리가 사는 데 방해 말라는 거죠.
→ Let us live!
제3자가 소리칩니다.
#B: 맞다!! 저들을 살게 하라!
→ Yes! Let them live!

어렵지 않죠? 좀 더 통제력을 낮춰볼까요?

상황) 어린 아들이 할머니네 전원주택에서 정신없이 뛰어다니니 아빠가 멈추게 합니다.

#아빠: 왜 이렇게 집 안에서 뛰어다녀?

→ Why are you running around in the house?

그러자 옆에 있던 할머니가 말합니다.

#할머니: Let the boy be a boy.

단어가 반복된다고 이상한 영어라고 생각하지 마세요. 영어는 구조대로 움직이는 것 이제 아시죠?

Let the boy ~ 아들을 말하는 거죠. 애를 내버려둬라.

~ be a boy. 애로 있게.

그냥 a boy죠. 애들이 하는 일이 뛰어다니는 건데,

그것을 멈추게 하지 말고 그냥 애로 놔두라는 겁니다.

Let the boy be a boy!

그럼 바로 응용해볼까요?

#날 그냥 나대로 살게 해줘!

→ Let me be me!

똑같은 구조인 겁니다.

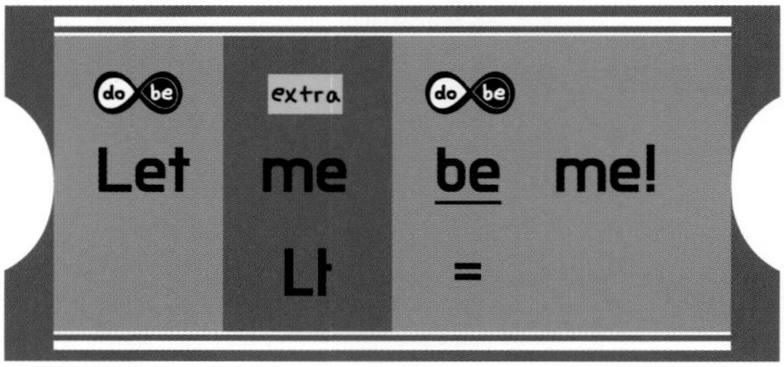

이번에는 강도를 아예 낮춰 누군가 내가 하는 것을 못 하게 막는 상황으로 가보죠.

상황) 내가 가려는데 상대가 못 가게 막습니다.

#A: 가지 마!

→ Don't go!

#B: 나 좀 가게 내버려둬!

명령 기둥이죠? 내가 뭔가 하게 내버려달라, 허락해달라는 것이니 let을 쓰는 겁니다.

do be Let~

extra 내버려둬! 뭘요? 날 내버려둬 달라는 겁니다. Let me!

날 어떻게 내버려둬 달래요?

extra 가게 내버려둬 달라는 거죠? go!

→ Let me go!

잠깐! 그런데 let이 do 동사여서 명령 기둥으로 계속 만들었고 그 뒤에 또 go가 나오는데 왜 TO 다리가 안 붙은 거죠?

그렇죠? 지금까지 계속 안 붙었죠?

단어가 어려울 때는 그냥 따라오기 바빴지만 이렇게 쉬운 단어 go를 보니 'TO 다리 안 붙었네' 하면 무슨 말인지 이해가 가죠? 이래서 영어의 틀을 확실히 익힐 때는 먼저 여러분에게 익숙한 영어 단어로 익히는 것이 좋답니다. 그래야 틀이 달라지는 것이 보이거든요. 자! 이 let 구조에서는 왜 TO 다리가 안 붙을까요?

이유는 의외로 아주 간단해 보입니다.
누군가가 let을 해줘야 동시에 go를 할 수 있는 것이죠?
뭔가 동시에 일어나는 것이어서 TO 다리가 어울리지 않는다는 느낌이라 사용하지 않는 것 같습니다. 여러분이 아는 것 중에 "Make me smile!"도 있었죠.
역시 동시에 일어나는 느낌이잖아요.

이렇게 TO 다리 없이 가는 상황은 손가락으로 꼽을 만큼 적답니다. 묶음으로 암기하는 것보다 스텝에서 나올 때마다 말하며 적응하는 편이 더 빠르게 내 영어로 만드는 방법이에요.

상황) 자고 있는 남자 동료를 누가 깨우려 합니다.

#A: 자게 내버려둬!

그가 sleep 하고 있는데 계속 그대로 두라는 거죠.

→ Let him sleep!

자는 동료가 여자라면?

→ Let her sleep!

let은 당연히 do 동사에서 온 것이니 명령 기둥뿐 아니라 모든 기둥에 다 사용될 수 있겠죠. 그럼 다른 기둥과도 섞어볼까요?

#B: 자게 둘 수가 없어! 곧 미팅 있어.

"Let him sleep"을 할 수가 없다는 거죠. CAN 기둥으로 간단하게

→ I can't let him sleep! He has a meeting soon.

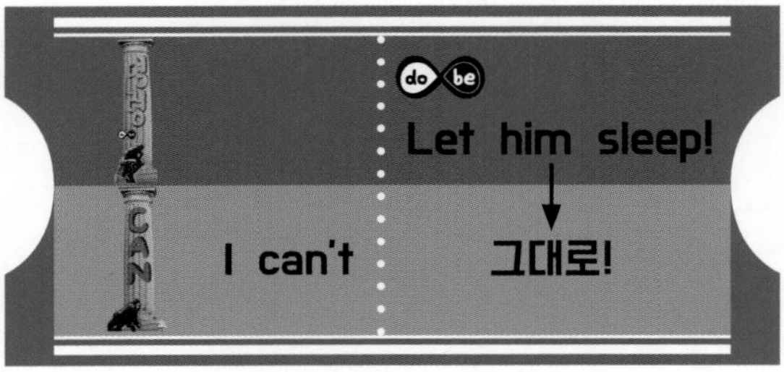

또 만들어보죠.

#쟤네들 행복하게 그냥 둬라.

쟤네들을 그대로 두라는 거죠?
Let them! 어떻게 내버려둬요?
행복하게. be가 같이 나와야죠? 이건 두비가 나와야 하는 구조니까요. 쟤네들의 상태가 계속 그렇게 될 수 있게 내버려둬! Be happy!

→ Let them be happy.

상황) 길에서 물건을 주웠는데 형이 뺏으려 합니다.

#형: 내놔!

→ Give it!

#아이들: 좀!! 우리가 갖게 해줘!

→ Come on! Let us keep it!

find 했으니 keep 할 수 있게 해달라는 거죠.
"Let us have it!"도 된답니다. 대신 원래 내 물건이 아니니 keep을 잘 쓰게 되죠.

하지만 이 상황에서 형이 "Let's keep it!"이라 하면 형도 포함해서, "우리 갖자!" 이렇게 되는 거겠죠?

형한테 허락을 받아야 하는
"Let us keep it"의 us와
"Let's keep it"의 us는 같은 us가 아닌 거죠.
그래서 허락을 받아야 하면 묶지 않고 정확하게 분리해준답니다.

상황) 상대가 내 말을 방해하며 끼어듭니다.

#말할 때 자르지 마!

> interrupt [인터*럽트]=방해하다 <

말을 자르는 것을 영어는 '방해하다'라고 합니다. 잘 흘러가고 있는 말에 방해를 하는 거죠.

→ Don't interrupt me!

명령보다 예의 차리며 좀 돌려 말할 수 있는 것이 바로 let이에요.

#나 말 좀 할게요.(나 말 좀 하자.)

→ Let me talk!

내가 말하고 싶으니 넌 let만 해달라!

하지만 굳이 let 몰라도 다른 말 많죠?

#내가 말해도 될까?

→ Can I talk?

이제 연습장에서 허락받는 느낌과 '우리끼리 하자'의 느낌을 구별하면서 만들어보세요.

상황) 가이드가 관광객들한테 말합니다.

#호텔 앞에서 아침 식사 후에 만납시다.

breakfast / meet

.... Let's meet in front of the hotel after breakfast.

#CIA: 정보를 공유합시다. 우리 둘 다 이 녀석을 잡아야 하잖아요. (필요가 있음)

information / share=공유하다 / catch=잡다

Let's share the information.

.... We both need to catch this guy.

#MI6: 당신들의 도움 필요 없습니다.

help

.... We do not need your help.

#CIA: 우리 여기선 좀 솔직하게 굴죠. 이건 우리 도움 없이 못 하잖아요.

honest

Let's be honest here.

.... You can't do this without our help.

상황) 친구가 자기 아들이 선택한 진로가 마음에 안 든다고 말하네요.

#그냥 자기가 되고 싶은 거 되게 내버려둬.

Hint: 뭐가 되고 싶어 하는 것은 WH 1으로 연결하면 해결

.... Just let him be what he wants to be.

상황) 클럽의 경호원이 미성년자인 우리의 출입을 막기에 묻습니다.

#그냥 우리 좀 들어가게 해줄 수 없어요?

.... Can't you just let us in?

#오늘은 우리가 뭘 찾을 수 있는지 보자.

find / see

.... Let's see what we can find today.

#그냥 지금 우리 이거 합의합시다.

settle=분쟁, 논쟁 등에서 '합의하다, 해결하다'로 잘 쓰이는 단어

.... Let's just settle this now.

상황) 어느 평화 캠페인 포스터에 있는 말

#나쁜 사람들은 나쁜 짓을 합니다—당신이 그들을 (나쁜 짓을 하게) 내버려둬서요.

bad

....Bad people do bad things because you let them.

상황) 친구 한 명이 나쁜 짓을 하려고 합니다.

#미안하지만, 네가 그걸 하게 (내버려)둘 수 없어.

....I'm sorry, but I can't let you do that.

Genesis

Incipit liber Genesis qui dicitur hebraice bresith. Capitulum I

In principio creavit deus celum et terram.

Explicit prefatio.

국내 승용차 이름 중에 '제네시스'가 있죠. 성경책의 〈창세기〉가 영어로 Genesis랍니다. '뭔가의 기원, 탄생' 등을 격식적으로 genesis라고 쓰죠.

〈창세기〉 1장을 시작하는 유명한 말

하나님이 이르시되 빛이 있으라 하시니 빛이 있었고.

#God said, "Let there be light," and there was light.

충분히 이해할 수 있죠?

Let there be light. 유명한 말입니다. 빛이 있게 하라. 빛이 오는 데 방해하지 말라는 거죠.

Let the boy be a boy.

'He is a boy' 하게 내버려두라는 것이고

Let there be light.

'There is light' 되게 두라는 겁니다.

let은 같은 느낌으로 다양한 상황에 쓰이죠? 하지만 결론은 뭔가 요구하고 있는 겁니다. 그것이 좀 더 '신성한' 요구일 수도 있고, 간단한 '요구'일 수도 있는 거죠. 자! 또 만들어보죠.

상황) 잘 살고 있는데 누가 와서 좋게 해주겠다더니 오히려 망치기 시작합니다.

#그냥 우리를 그대로 둬!

let으로 만들어보세요.

→ Let us be!

굳이 "Let us be us"라 하지 않고,
"Let us be!"까지 하는 것은 이 상태 be 그대로 내버려두라는 뜻입니다.

자! 똑같은 틀에서 단어만 바꿔볼까요?

Let it be.

어디서 본 글귀 아닌가요?
비틀스의 유명한 노래 〈Let it be〉.
무슨 뜻일까요?
우리말로 하면 있는 그대로 내버려둬라, 혹은 순리에 맡겨라. 그대로 두라는 겁니다.

let 앞에 don't를 붙이면?
Don't let us go!
가야 하는데 가기 싫으니 막아달라는 겁니다. 우리가 가게 내버려두지 말라는 거죠.

내가 해외발령이 났는데 애인이 안 붙잡아요.
"나 좀 붙잡아. 나 가게 하지 마" 할 때 "Don't let me go"라고 한답니다.

그럼 우리끼리 결정하는 **'Let's go'의 반대인 '가지 말자!'고 할 때는?**

우리끼리 결정하는 것이니, Let's
가자는 게 아니라 가지 말자! Let's not go!
Let's not go! 구조는 다르지만 이해가 되죠?
확실히 Let's와 Let us의 차이점 보이나요? 더 해보죠!

편하게 일상에서 친한 사람들끼리 말할 때,

#우리 그거 하지 맙시다!

→ Let's not do that!

Let's는 비격식이기도 해서 격식적인 자리(연설, 회의)에선 'Let us'로도 잘 풀어씁니다.

상황) 회의실: 격식을 차려서.

#우리 성급하게 굴지 맙시다.

> hasty [헤이스티]=서두른, 성급한 <

→ Let us not be hasty.

회사 사무실: 친한 동료끼리 말합니다.

#우리 성급하게 굴지 말자고!

→ Let's not be hasty!

상황) 하늘에 대고 말할 때도 쓸 수 있겠죠?

#우리가 잊어버리지 않게 해주소서.

→ Let us not forget.

격식적인 말투로는:

#우리가 잊지 않도록 합시다.

→ Let us not forget.

지인들끼리는: Let's not forget.

그럼 격식적인 자리에서 Let's로 말하면 이상할까요? 아니요.
오히려 편한 동료들 사이에서 Let us라고 말하면 괜히 고상한 척하는 느낌을 줄 수도 있답니다.
그래서인지 일상에서는 Let's가 훨씬 더 자주 사용됩니다.
그러니 헷갈리는 분은 허락받는 상황이 아닐 때는 전부 Let's로 가버려도 전혀 상관없어요.

이제 다른 것들과도 섞어볼까요?

#우리가 무슨 짓을 했는지 엄마한테 말하지 말자!

Let's not tell Mum~

extra 뭘 말하지 말아요?

우리가 무슨 짓을 했는지. 뭔지 모르죠?

What we did.

→ Let's not tell Mum what we did.

extra | extra

Let's not tell Mum what we did!

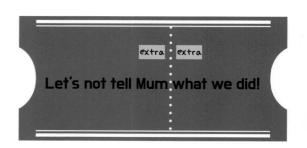

그럼 이제 연습장에서 부정인 NOT을 넣어 좀 더 연습해보세요!

연습

상황) 동료 직원들을 초대했는데, 남편이 어젯밤 다퉜던 일을 꺼냅니다.

#아내: 자기야(Honey), 지금 그걸 논의하지 말자고. 우리 손님 있잖아.

discuss [디스꺼스]=논의하다 / guest [게스트]=손님

Honey, let's not disscuss that now.
.... We have guests.

#나 혼자서는 못 하겠어! 내가 포기하지 않게 해줘!

give up

.... I can't do it alone! Don't let me give up!

상황) 취하기 시작해서 친구에게 부탁합니다.

#내가 좀 이따 옛날 애인한테 전화하고 싶어 할 수도 있어. (아닐 수도 있고) 내가 못 하게 해.

ex / call

I might want to call my ex.
.... Don't let me do that.

#우리가 서로를 돕는 데 망설이지 않게 해주세요.

help / hesitate [헤씨테이트]=망설이다

.... Let us not hesitate to help each other.

#우리 패닉하지 말자.

panic

.... Let's not panic.

#우리가 왜 여기에 있는지 잊지 맙시다.

Hint: 우리가 왜 여기 있죠? WH 1 / forget

.... Let's not forget why we are here.

#우선 이거에 대해 생각을 해봅시다.

think

.... Let's think about this first.

have, get, take, put처럼 여러 곳에 쓰이는 단어들 있었죠?

let도 꽤 다양하게 쓰여서 다양한 예문을 접해보면 좋습니다. 마지막으로 자주 쓰는 예문 접하고 정리할게요.

하늘에 대고 부탁할 때!
우리끼리 결정할 때!
나를 막을 수 있는 이에게 요구할 때!
let을 썼습니다.
다음 것 보죠.

상황) 할머니가 무거운 짐을 들고 있어요. 뒤에서 누가 말합니다.

#Let me~

뻔히 뭘 let 해달라는지 보이죠?
자신이 돕고 싶으니 그렇게 해달라는 거죠.
끝까지 말해볼까요?
→ Let me help!

요구인데 이건 내용이 좋죠? 왜 "I will help"로 가면 되지, 굳이 "Let me help!"라고 할까요? 이렇게 let으로 말할 때는 "막지 마세요. 그만큼 돕고 싶습니다"라는 뜻입니다. 저 말을 하면 그냥 상대가 원하는 대로 하게 해준답니다.

#A: 우리 딸이 정말 다운이네.

> daughter <

→ Our daughter is really down.

#B: 내가 애랑 대화해볼게.

내가 대화할래~도 아니고 내가 할게!
거기서 끝! 받아들여! 명령 기둥으로~
→ Let me talk to her.

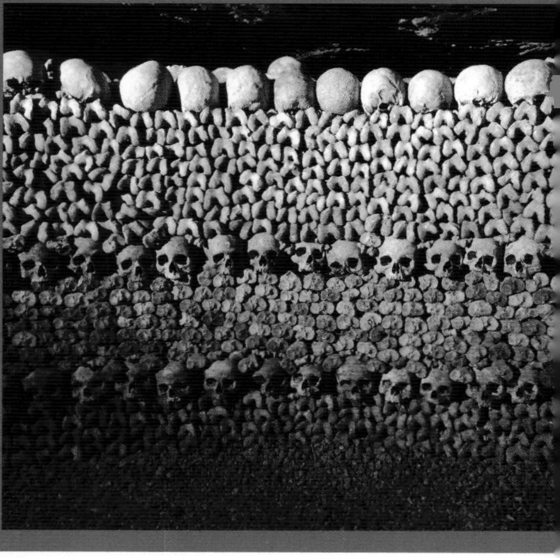

다음 두 문장을 비교해볼까요?
제가 이야기를 하나 말씀드릴 겁니다. 내가 하겠다는 의지가 느껴지죠?
다음 문장.
제가 이야기 하나 말씀드릴게요. 뭔가 상대한테 들어달라는 느낌이 들죠? 이것이 let!
→ **Let me tell you a story.**

let은 자유자재로 사용하는 데 시간이 걸리는 단어랍니다. 이렇게 접해보고 상황 속에서 예문을 자꾸 만들다 보면 감을 잡기 시작할 겁니다. 재미있는 let 하나 보여드릴까요?

상황) 다른 의견을 두고 서로 다투기 시작할 때 영어에서 잘 쓰는 말이 있습니다.
#Let's agree to disagree.
동의하자~ to disagree.
엑스트라 자리에 TO 다리 붙였죠?
disagree는 agree의 반대말! 동의하지 않다.

우리가 동의합시다 — 동의하지 않는 데.
'서로 동의하지 않는 데에 동의하자!'라는 말입니다.
서로 다른 생각으로 인해 중요치 않은 대화의 끝이 보이지 않을 때 이렇게 말하면서 그 대화를 정리한답니다. 재미있죠?
그럼 마지막으로 접하고 정리해보죠.

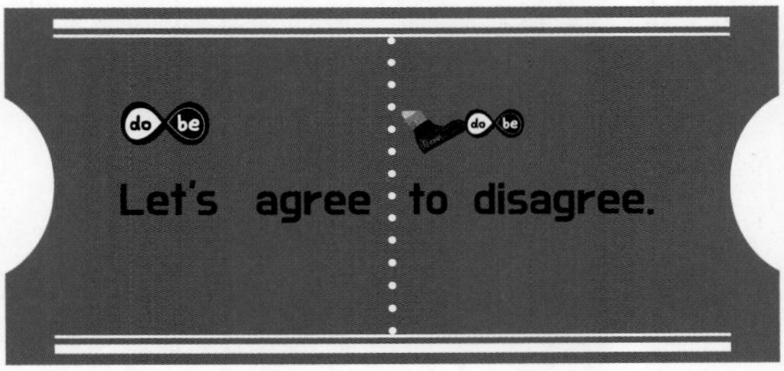

#우리 상사가 네 결과에 대해 알 수도 있어.
> boss / result / know <
→ My boss might know your result. / My boss might know about your result.
#내가 알아내면 알려줄게.
> find out <
→ If I find out, I will. "I will tell you"도 돼요. 또 잘 쓰는 말!
#내가 네가 알게끔 해줄게!
→ I will let you know!
네가 알 수 있게 내가 let 하겠다는 거죠. 우리말로는
#알려줄게!
→ I will let you know!

참 다양하게 쓰이죠? 그럼 천천히 지금까지 나온 것들 복습하고 섞어가며 말해보세요.

10-16 숙어

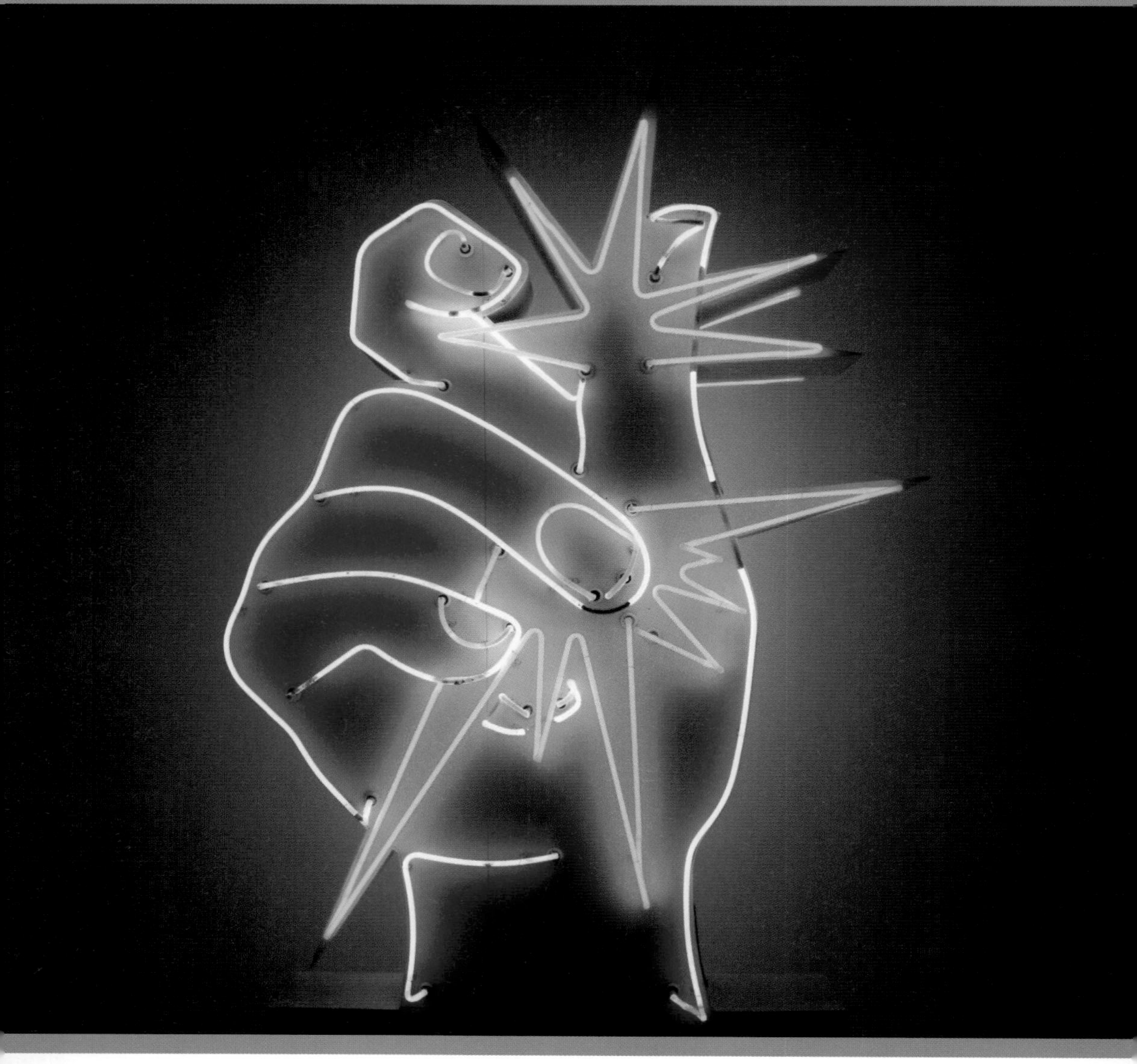

might as well

이번 스텝은 통째로 외우세요. 쉽습니다.
우리말로는
안 하는 것보다 나을 테니, 그냥 하지 뭐.
어차피 하는 거 그냥 하지 뭐.
하는 느낌으로 쓰이는 표현입니다. 비격식적인 말투죠?

영어로 might as well 아니면 may as well, 거의 똑같이 사용되니 입에 편한 대로 골라 쓰면 됩니다. might를 실제로 좀 더 잘 쓴다고 했죠?

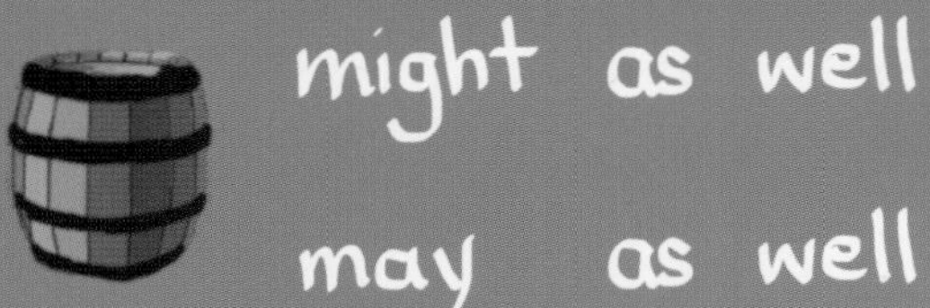

이건 기둥에 딸려서 통째로 넣어버리면 됩니다. 먼저 다음 문장부터 만들어보죠.

#나 할 거야!

→ I will do it!

#나 할 수도 있어. (안 할 수도 있고)

→ I might do it.

내가 그냥 하지 뭐!
I **might as well** do it!
이러면 안 할 수도 있지만, 그냥 하겠다는 겁니다. 이렇게 기둥이랑 딸려서 통째로 나온 후에 필요한 두비 단어 그대로 넣으면 되니 입에 익숙해지는 연습만 하면 돼요.

#피할 수 없다면 즐겨라!

> avoid [어'*보이드]=피하다 <

→ If you can't avoid it, enjoy it!

IF 배웠죠? 그다음 문장 만들어보세요.

#내가 피할 수 없다면, (어차피 할 거 그냥) 즐기지 뭐!

→ If I can't avoid it, I might as well enjoy it!

계속해보죠.

#어제 걔(남)한테 무슨 일이 있었느냐고?

→ What happened to him yesterday?

#내가 말해주지!

→ I will tell you about it!

이 말과 비교해보세요.

#어제 걔한테 무슨 일이 있었느냐고?

→ What happened to him yesterday?

#어차피 알게 될 거 내가 다 말해주지 뭐!

'어차피 누군가 할 거 그냥 내가 하지 뭐~' 식의 대충 하는 느낌을 'might as well'로 쓰면 메시지가 간단하게 전달돼요!

→ I might as well tell you about it.

또 해보죠.

#너도 조만간 알게 될 거야.

> '조만간, 머잖아'=sooner or later / find out <

soon은 '곧'인데, 뒤에 er 붙었죠. '곧'보다 더 빨리 알게 되든지, late '늦은'에 역시 er 붙어서 더 늦든지. 결국 그 시간은 올 것이니 멀지 않다고 말하는 겁니다. 느낌 살려서 sooner or later.

→ You will find it out sooner or later.

find out 배웠죠?

#진실을 알아내! → Find out the truth!

#알아내라고! → Find it out!

단어가 아닌 함축된 it은 "Keep it simple!"처럼 항상 중앙에 들어간다고 했습니다.

#그래? 그럴 거면 네가 그냥 나한테 지금 말해.

> tell <

→ Yeah? Then you might as well just tell me now.

상황) 말을 해도 반응이 없는 사람.

#넌 사람 말을 전혀 듣지를 않아!

→ You never listen!

#내가 그냥 벽이랑 말하고 말지!

> wall <

어차피 너도 안 들을 거 그냥 벽에다 한다.

→ I might as well talk to a wall!

영어에도 저런 말이 있답니다.

#너 지금 내 말 안 듣고 있잖아, 그렇지?

기둥? 지금 당장이니 BE + 잉 기둥 쓰면 되겠죠?

→ You are not listening to me right now, are you?

#벽에다 대고 말하는 것 같아!

카멜레온 조심! 뭐가 그런 것 같아요? 지금 이 상황이죠.

It으로 가면 되는 겁니다!

→ It is like talking to a wall!

like는 껌딱지니까 뒤에 명사가 붙죠?

“Talk to a wall!”은 벽에 대고 말해!

명사로 만들려면

“Talking to a wall!”

영어도 참 말이 다양하죠?

다 잘 쓰는 말입니다!

그럼 이제 연습장에서

천천히 만들어보세요!

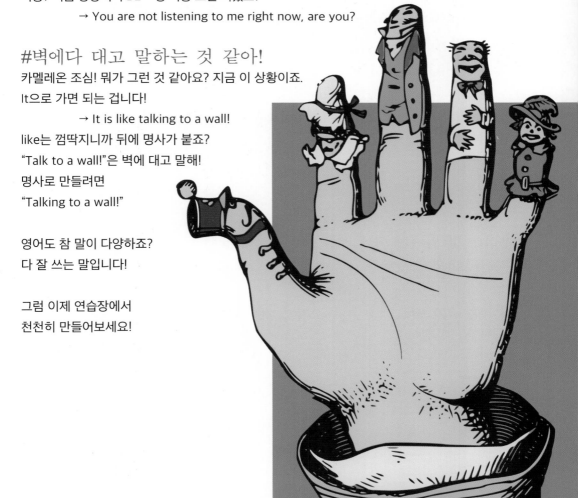

#아무도 이거 안 할 거야. 그러니 그냥 내가 하지 뭐.

.... Nobody will do this. So I might as well do it.

상황) 물건을 빌려줬는데 이제 오래되어서 돌려 받기도 뭣합니다.

#그렇게 된 거 그냥 네가 가져.

.... You might as well keep it.

#어차피 알게 될 거 내가 너한테 말해줄게, 쟤(남)가 하기 전에.

.... I might as well tell you before he does.

상황) 범인한테 결정적인 증거를 보여주면서 말합니다.

#이왕 이렇게 된 거 자백하시죠.

confess [컨'*페스]

.... You might as well confess.

상황) 주말에 잠깐 사무실에 들렀는데 월요일에 해야 될 일이 있답니다.

#사장: 왔잖아. 온 김에 그냥 지금 하지.

.... You are here. You might as well do it now.

#직원: 아뇨! 전 괜찮습니다. 월요일에 뵐게요.

.... No! I am okay. I will see you on Monday.

#우리 이럴 바에는 아예 서로 못 본 척해버리지.

ignore [이그'노어]=무시하다, 못 본 척하다

.... We might as well ignore each other.

#아무도 여기 없네. 나도 그냥 집에 가지 뭐. (여기 있어서 뭐 하겠어.)

.... Nobody is here. I might as well go home.

#저기에 주유소 있다. 우리 내일 일찍 출발하잖아. 그냥 나온 김에 지금 기름 넣지 그래.

gas station / early=일찍 / leave / gas / fill=채우다

There is a gas station over there. We are leaving early
.... tomorrow. We might as well fill the gas now.

영어로 읽으면서 타임라인을 이미지로 그려보세요.

#I will be going to China next year.

내가 내년에 중국에 가고 있을 거라는 얘기죠. 그냥 중국에 갈 거야, "I will go to China"도 되는데, "I will be going~"이라고 하면 미래에 '난 가는 중일 거다'라고 강하게 말하는 겁니다.

기둥 트위스트 시키는 것 배웠죠? 그럼 같은 스타일로.

#우리 내년에 중국 갈 수도 있어. (안 갈 수도 있고)

→ We might be going to China.

어차피 가는 거. 홍콩에서 친구도 만나고 오지 뭐.

'어차피 가는 거'라는 말 안 하고도 간단하게,

I might as well meet up a friend in Hong Kong.

meet도 되는데, meet up이라고 했죠? 오래 못 본 사람을 만나기 위해 약속 잡고 만날 때는 meet up이라고도 잘 씁니다.

might as well은 생각해보면 논리적으로 그게 더 나으니까 식의 느낌이 있는 거죠. 우리말의 다양한 변형 아시죠? 느낌으로 기억하면서 적용하면 됩니다. 마지막으로 다음 말을 쭉 만들어보세요.

#여기 북극이야! 여기서 우리 아무것도 못 찾아! 이곳을 봐봐! 여기에 아무것도 없잖아! 여기서 그걸 찾는 건 짚더미에서 바늘 찾는 것과 같다고! 이럴 바에는 산타클로스를 찾는 게 나을 수도 있어!

> North Pole [놀*스 폴]=북극 / haystack [헤이스탁]=짚더미 / needle [니들]=바늘 <

→ This is the North Pole! We can't find anything here! Look at this place! There is nothing here! Looking for that here is like looking for a needle in a haystack! We might as well be looking for Santa Claus.

서양에서는 산타클로스가 북극에 산다고 말한답니다.

We are looking for that.
We might as well~ be looking for Santa Claus.
그걸 찾는 중이다. 어차피 찾을 바에는 산타클로스를 찾는 것이 더 나을 수도 있다, 의 느낌인 거죠.
might as well을 넣고 나머지를 다 붙였죠? BE + 잉 기둥이 꼬인 겁니다.

자, might as well은 설렁설렁, 대충 이런 느낌이 들면서 말하는 톤이 느껴졌나요?
이제 그 느낌을 살려서 단어를 바꿔가며 연기해보세요.

10 17

부사

AWAY

이번 것은 딱 보면 껌딱지처럼 생겼지만 껌은
to school, from Korea, in the world, at 3 이렇게 앞쪽도 붙고, 두비 뒤에 붙어서
Sit up! Give in! Don't throw up! 식으로 새로운 뜻이 생기기도 하죠?

		do be	
to	school	Sit	up!
from	Korea	Be	up!
in	the world	Give	in!

이번 스텝에서 배울 껌딱지는 딱 뒤에만 붙습니다. 기억할 필요도 없이 간단해요. 다양한 문장을 말하면서 자연스레 익혀나가면 됩니다.

#가! → Go!

저리 가!

"Go there!"는 저 장소로 가라는 거지만, '저리 꺼져' 느낌으로 "저리 가!"면?

→ **Go away [어웨이]!**

away 중심이 있고 거기서 멀어진다는 느낌이 있습니다. 다음 상황 보세요.

상황) 도로가 복잡해서 응급차가 지나가지 못합니다.

#앰뷸런스가 지나갈 수가 없어요.

→ The ambulance cannot go through.

→ The ambulance cannot get through.

이렇게 get도 자주 씁니다. through 할 수 있는 상태를 얻지 못하는 거죠.

#옆으로 좀 비키세요!

> move <

영어는 이 말을 옆이란 단어도 필요 없이 간단하게,

내가 가는 길이 있고 (중심) 그 선에서 나오라는 거죠. 그래서,

→ Move away! 간단하죠?

내가 가는 길을 막고 있는 사람에게

#뒤로 나와봐요! → Move away!

#옆으로 빠져요! → Move away!

away 하나면 내가 가려는 길에서 나오라고 말할 수 있는 겁니다.

#성냥은 영어로? → match
여러 개가 들어가 있는 것은?
뒤에 [즈] 소리 나게 스펠링 붙이면 되겠죠.
→ matches

성냥갑에 쓰여 있는 말을 볼까요?

#Keep away from children.

두는데 / 떨어져 두라는 거죠 / 중앙이 어디인데? from children
→ 아이들로부터 멀리 두라는 겁니다.
다음 읽어볼까요?

#Close before striking.

무슨 기둥? 명령이죠. 닫아라! / 뭐 전에? 스트라이킹 하기 전에.
strike는 '세게 때리다, 세게 치다'. 명사로 바꾸면 뒤에 [잉] 붙여서 striking.
→ 세게 켜기 전에 닫아라.
안 그러면 다른 성냥개비에 불이 다 옮겨 붙을 수 있겠죠?
자! 다음으로 넘어가볼게요.

wash와 **wash away**의 차이점 보세요.
"자기 전에 씻었어요" 하는 상황에 'wash away' 하면 "더러웠었나 보지?"가 같이 전달됩니다.
아무 이유 없이 작은 단어들이 붙어 있는 게 아닙니다.
wash away는 흙, 땀 등 뭔가 내 몸에서 away 시켜야 할 것들을 씻어내는 겁니다.

그래서 **'죄를 씻다~'**도 away로 잘 써요.
당신의 죄를 씻어내시오. Wash away your sin.
sin은 '법적 죄'가 아닌 종교적으로 말할 때 쓰는 '죄'입니다.

다음은 surprise quiz! 이미지 그리면서 무슨 뜻인지 맞혀보세요.

Give up! → 포기해!
Give in! → 고집 부리지 말고, 내줘! 포기해!
Give out! → 나눠줘!
Give over! → 넘겨줘!

참 다양하죠? 그럼,
Give away! 뭘 것 같아요? 거저 줘버리라는 겁니다. 다음 문장 만들어보세요.

#내 물건들 그만 퍼줘!

Stop~ 퍼주는 행동을 그만하라는 거죠?

→ Stop giving away my things!

away가 사용되는 경우를 계속 볼까요?

제 친구들이 가출을 했어요.

가출하다. '집 가', '나갈 출'. 그래서 '가출'.
영어는 풀어쓴답니다. 도망간 거예요. 우리 도망갈 때 달리죠?
run~ 어딘가를 두고 거기서부터 멀어지기 위해 달려서 run away. 이게 가출입니다.
이미 가출을 했으니 DID 기둥이죠? 그러면 run은 ran으로 바뀌어요. 불규칙이잖아요.

do be ~ ran away~
extra 중심이 어디죠? 자기들 집에서부터죠. ~from their home

→ My friends ran away from their home.

#지금 걔네가 어디 있는지 전 몰라요.

WH 1 있어요.

→ I don't know where they are now.

다음 대화 만들고 연습장 들어가보죠.

#A: 안녕하세요, 제가 좀 도와드릴까요?

→ Hello, may I help you?

#B: 네, 제가 Fiona를 찾고 있는데요, 안에 계신가요?

→ Yes, I am looking for Fiona. Is she in?

#A: 그분 지금 여기 안 계신데.

→ She is not here right now.

#휴가 가셨어요.

> holiday <

→ She is on a holiday. 이렇게도 잘 쓰지만,

→ She is away on a holiday. 이렇게도 말합니다.

여기서 지금 떨어져 있다. 여기에 없다는 메시지가 더 강하게 들어간 거죠.
설명 안 해도 이미지 그려지시죠?

#B: 아시나요? — 언제 돌아오실지?

→ Do you know when she will be back?

#A: 잘 모르겠네요. 멀리 가셔서.

→ I am not sure. She went far.

#그곳이 여기서 멀거든요.

→ The place is far away from here.

어렵지 않죠?
연습장에서 더 만들어보세요.

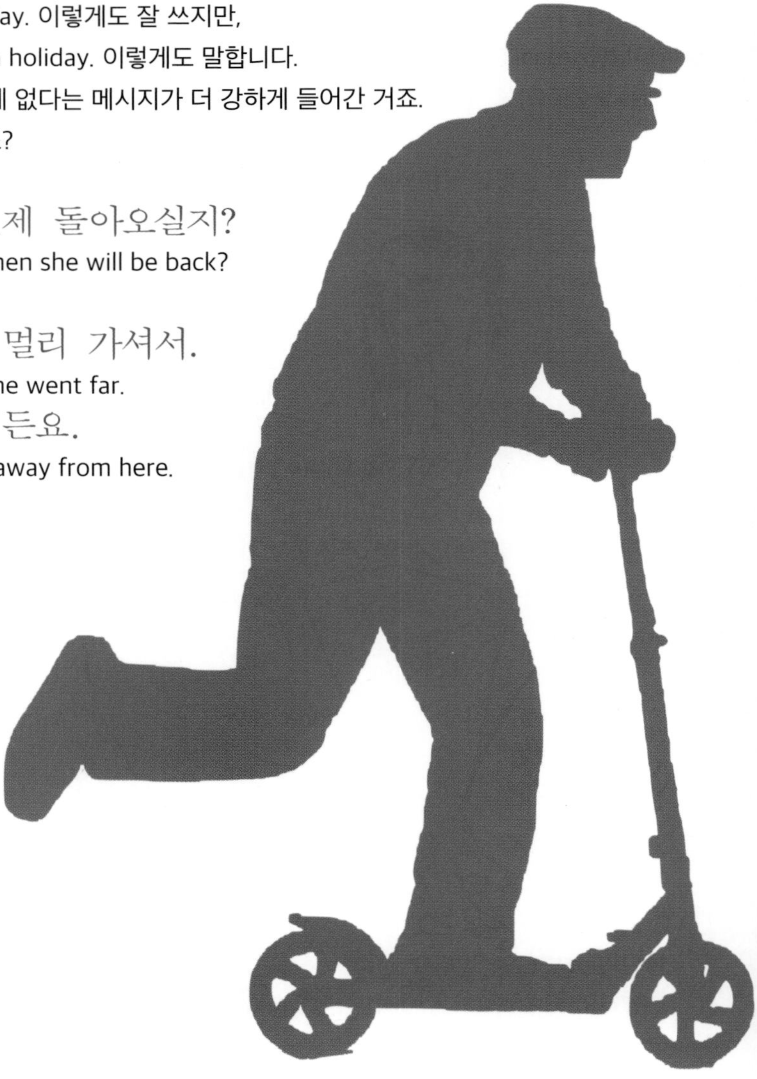

#거기 여기서 멀리 있지 않아?
far

.... Isn't that far away from here?

#그냥 집에서 벗어나고 싶었어요. 그래서 여기로 왔어요.
come

.... I just wanted to get away from home, so I came here.

상황) 경찰이 범인에게 소리칩니다.
#차량에서 떨어져!
Hint: 차량에서 한 발자국씩 천천히 떨어지라고 할 때 잘 쓰는 단어 step.
vehicle [*뷔히클]=차량 / step away

.... Step away from the vehicle! / Step away from the car!

#A: 너네 도망쳤어?
run away

.... Did you run away?

#B: 우리 당연히 도망쳤지!

.... Of course we ran away! / Of course we did!

#너희 학교 너희 집에서 1시간 거리 아니야?

.... Isn't your school one hour away from your house?

#너 지금 네 돈 거저 주고 있어.
give away

.... You are giving away your money.

#Hey! Get away from her!

야! 얻으라는 건데, 떨어지는 것을 얻으라고?
떨어지라는 겁니다.
너의 상태를 떨어뜨리라는 거죠. 뭐에서?
from her.
→ 걔(여)한테서 떨어져!

#한 번만 더 그 애 건드리면 너 죽는다.

> touch / kill <

die 생각하셨나요? 메시지는 전달되겠죠?
우리는 "죽는다!"라고 하지만, 영어는 "내가 너 죽인다!"로 더 잘 씁니다.
→ If you touch her again, I will kill you.

#진짜야.

→ I mean it.
내가 한 말이 진심이라는 것. 배웠죠?
(스텝 08[20])

#나 지갑 가지고 오는 거 까먹었어. 잠깐 집에 들러서 가져올게.

> wallet / forget / pop=들르다 / bring <

→ I forgot to bring my wallet. I will just pop home and bring it.

#우리 집 딱 1분 거리야.

> place <

→ My place is only a minute away.

#그곳이 어디야?

→ Where is it?

#멀어.

→ It's far.

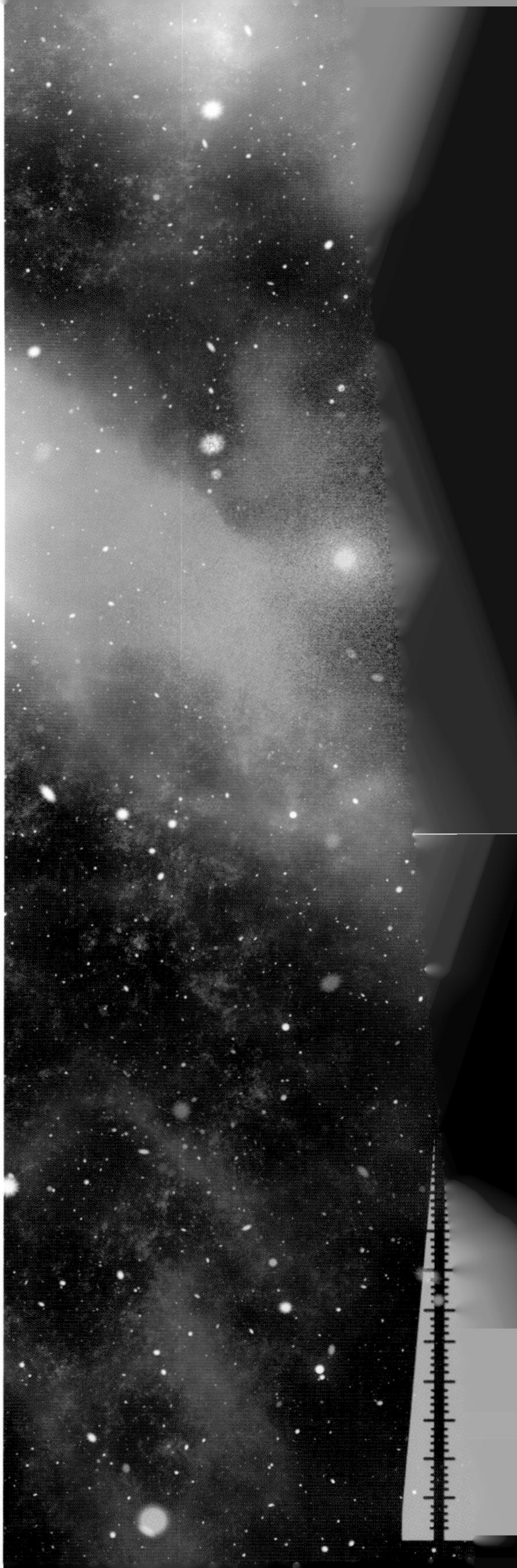

Galaxy 은하
A long time ago in a galaxy far, far away. . .
FAR
FAR
away

정리해볼까요?
조지 루카스가 감독한 영화.
〈Star Wars [스타워즈]〉 좋아하는 분들 많이 계시죠? 모른다고 해도 이 영화에 나오는 캐릭터들 중 하나 정도는 어디선가 본 적이 있을 겁니다.

영화 1탄이 나온 것은 1977년도로 그 시대에는 굉장히 신선한 스토리와 이미지였겠죠.

이 영화의 시작 부분은 유명합니다.
#A long time ago in a galaxy far, far away~

A long time ago 오래전에,
in a galaxy 갤럭시 안에?
어? 갤럭시는 삼성 핸드폰 이름 아닌가? 맞습니다. galaxy는 '은하계'를 말합니다. 알고 보니 핸드폰 이름이 '은하계'였던 거죠.

A long time ago in a galaxy far, far away~
오래전 / 한 은하계인데 / 멀리멀리 떨어진 은하계에서, 어디서부터 far far away인 거예요?

우리 지구로부터 멀리 떨어진 곳이라고 말하는 거죠. 오래전, 한 은하계에서, 멀리 저 멀리 떨어진 은하계에서.

한국어 자막은 아래처럼 쓰였더군요.
오래전에, 멀리 떨어진 은하에서, 아주 멀리 떨어진 은하에서…

away 감 잡히시죠? 그럼 "여기서 멀리 있어?" 식으로 질문하면서 연습해보세요.

10 18

숙어

AT ALL + AFTER ALL

통째로 익히는 것은 이미 아는 단어들끼리 모여서 다른 뜻을 만드는 거였죠? 이제 스텝을 많이 밟았으니 이렇게 통째로 익히는 것들이 곧잘 나올 겁니다.
이번 스텝에서는 아주 간단한 것을 접해보죠.
다음 문장 번역!

#I don't remember this at all.
무슨 기둥? DO 기둥이죠.
내가 / 기억 안 나 / 이게 기억 안 나 / 포인트 해서, 모두? 모든 것에 포인트 하면서 기억이 안 난다. 무슨 뜻일 것 같아요?
전부 다 기억이 안 난다고 하는 것 같죠?

여러분은 at도 알고, all도 알아요. 그런데 **at all**이 붙어 있는 것은 처음 봤죠? '**전혀**'라는 뜻입니다. 어렵지 않죠? 또 볼게요.

감사합니다. "Thank you!" 인사했는데
"Not at all!"이라고 말하네요.
전체를 가리키며 전혀 감사할 필요 없다고 말하면서
"No problem!"보다 더 강하게 예의를 차리는 겁니다.
천만에요! Not at all!
어렵지 않죠? 그럼 비슷하게 생긴 다른 것도 접해보죠.

after가 뭐죠? 뭐 '이후에, 뒤에'라는 의미가 있죠.
after all 둘을 나란히 쓰면 무슨 뜻일 것 같아요?
우리말로는 '결국'이라는 말로 가장 많이 씁니다.
왜 그러는지 문장 한번 볼까요?

#I tried but I don't think I can help you after all.

노력했는데, 제 생각에는 도와드리지 못할 것 같아요. 전부 이후에?

모든 것을 다 해봤지만 — after all, 그 이후 얻게 된 결과가 "I can't help you"라고 하는 겁니다. 그래서 우리말로 가장 어울리는 단어는 '결국'인 거죠.

결국 못 도와드리겠네요.

다음 문장을 만들어보세요.

#더 공격적이 돼!

> aggressive [어'그*레씨브] <

→ Be more aggressive!

#결국은 그게 사람들이 원하는 거야!

→ That is what the people want after all!

after all은 상황을 설명해주는 것이니 배경으로 깔아줘도 돼요. 다시 만들어보세요.

#결국은 그게 대중들이 원하는 거야!

> public [퍼블릭]=대중 <

→ After all, that is what the public want!

어렵지 않죠? 다음 문장 번역해보세요.

#She might be little out there but she is a lovely person, after all.

She might be little out there.

might be를 없애고 간단한 기둥으로 바꾼 후 액세서리인 little도 빼서 문장을 분해해보죠.

She is out there. 우리가 흔히 말하는 3차원인 사람을 뜻합니다. 좀 정신이 밖에 나가 있는 거죠.

개성이 너무 강해서 정신이 약간 이상해 보이는 사람에게 little out there라고도 합니다.

그녀가 3차원일 수도 있지만,

그래도 사랑스러운 사람이잖아, after all.

이러나저러나, all 모든 것이 다 지난 후에도,

결국은 사랑스러운 사람이라는 겁니다.

at all이나 after all이나 복잡한 것이 아니에요. 서로 비슷하게 생겼다고 연결시키지 마세요! 껌딱지들이 얼마나 다른 차이를 불러오는지 알죠? 나란히 있어도 각각의 느낌으로 분리해서 보도록 훈련하세요.

그럼 '전혀'와 '결국'의 차이를 잘 생각하면서 간단한 문장들을 스스로 만들어보세요.

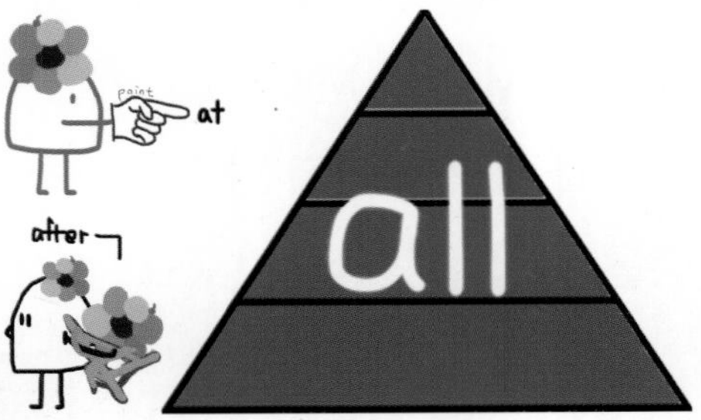

10 19

의문사 / 부가의문문

WH 주어 / Tag Q

이번 스텝은 WH 주어와 Tag 질문이 같이 들어갈 겁니다. MAY와 MIGHT 기둥은 특성상 질문이 그렇게 많이 생기지 않으니 편하게 보세요.

다음 문장을 만들어보세요!

#이 일이 일어날 수 있어.
(가능성이 있다고 말하는 거죠.)
→ This can happen.
#이 일이 일어날 수도 있고, 아닐 수도 있어.
(확실히 모르겠고, 50% 확신만 말하는 겁니다.)
→ This may happen.

#다음 몇백 년 안에 무슨 일이 일어날 수 있을까?
미래는 모르죠? 모른다고 확신을 낮추면서 질문할 때 MAY 기둥을 쓰면 어울려요.
→ What may happen in the next few hundred years?
미래는 모르니까 알아맞히라는 식으로 50% 확신을 낮춘 MAY 기둥으로 잘 질문합니다.

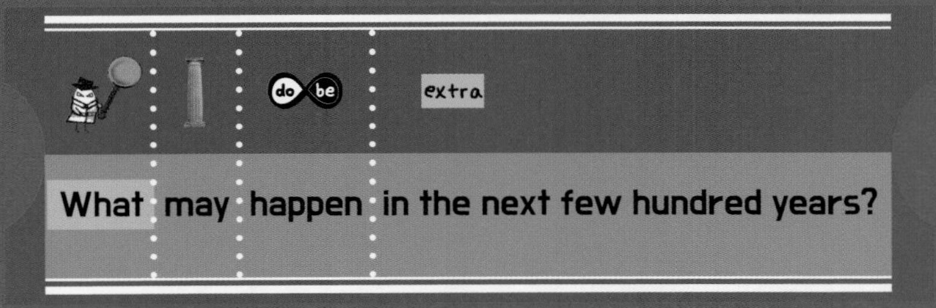

같은 질문을 CAN이나 WILL로 할 수 있을 것 같지만 MAY/MIGHT 기둥을 쓸 때 전달되는 메시지는 그만큼 확실히 잘 모르겠다는 겁니다.

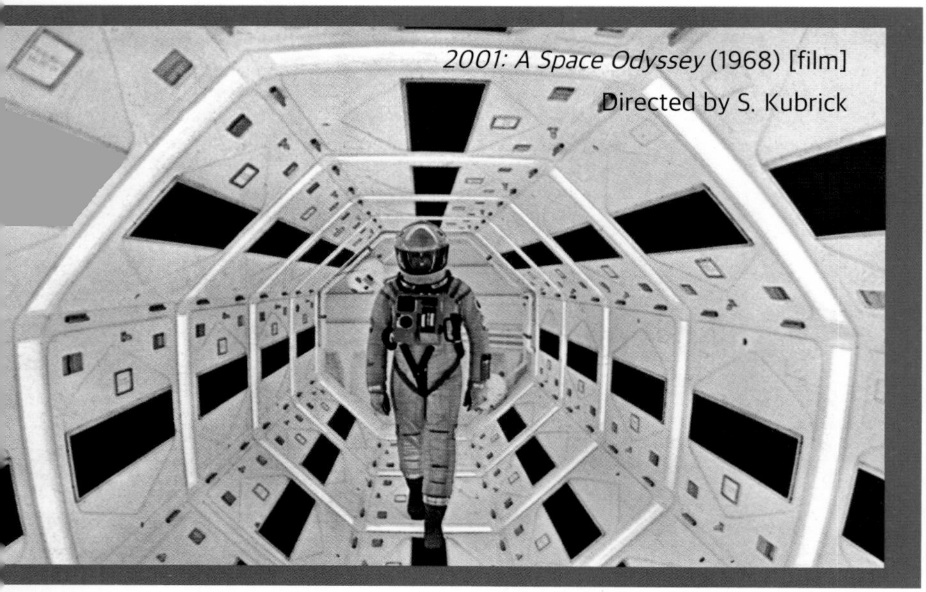

2001: A Space Odyssey (1968) [film]
Directed by S. Kubrick

미국 시트콤 중 〈솔로몬 가족은 외계인〉이란 프로그램이 있습니다.

#이 제목의 오리지널 버전은 뭐일 수 있을까요?

> title [타이틀]=제목 / original version <

완전 때려 맞히는 거죠. MIGHT나 MAY 기둥으로 질문하면 돼요.

→ What might be the original version of this title?

#알아맞혀 보세요!

> guess [게스] <

→ Guess it!

〈솔로몬 가족은 외계인〉의 실제 제목은 **〈3rd Rock from the Sun〉**이랍니다. 읽어보세요.
세 번째 바위 / 태양에서부터. rock은 큰 돌을 가리킬 때 씁니다. 태양에서부터 세 번째 rock은 뭐죠?

수성~ 금성~ 다음 지구를 말하는 겁니다. 태양으로부터 떨어진 세 번째 돌.
한국에서 번역한 〈솔로몬 가족은 외계인〉과 제목에서 전달되는 느낌이 상당히 다르죠?
〈3rd Rock from the Sun〉이라고 하면 과학적인 사실이 들어가잖아요. 그러면 듣는 사람은 생각하게 되겠죠. 그게 뭔데? 지구를 말하는 건가?

'과학'은? → science
'소설'은? → fiction [*픽션]
공상과학소설 → science fiction 줄여서 sci-fi [싸이*파이]

#A: 저 로켓이 지금 금성 쪽으로 가고 있는 거야?

> rocket / Venus <

무슨 기둥이죠? 지금 가고 있는 중이냐니까 BE + 잉 기둥!

Is that rocket going~

금성! 영어로? Venus. 비너스 여신 배웠죠? 금성으로 가는 거면 to Venus지만 금성 쪽으로, 그쪽 방향으로 갈 때는 towards라고 한다고 했어요, towards Venus.

→ Is that rocket going towards Venus?

#B: 화성 쪽으로 가는 것일 수도 있어.

> Mars <

확실치 않을 때는 기둥만 바꿔주면 되는 거죠.

It might~ 하고 두비 그대로.

be 한 다음에 그대로 연결해주는 거죠, be going towards Mars.

→ It might be going towards Mars.

#금성과 화성 → Venus and Mars

붉은 행성이어서 우리말로 '화'성.

로마인들은 붉은 행성이라 평화를 지키기 위해 싸우는 전쟁의 신인 Mars를 이름으로 붙였답니다.

지구를 사이에 두고 사랑의 여신과 전쟁의 남신. 행성 명칭을 로맨틱하게 지었죠?

여자와 남자의 서로 너무 다른 차이에 관한 책. 오래전에 미국의 한 상담사가 쓴 유명한, 《화성에서 온 남자, 금성에서 온 여자》. 원서 제목을 볼까요?

Men are from Mars, Women are from Venus

BE 기둥으로 만들어졌죠? 구글 검색하면 원본 파일을 쉽게 구해 볼 수 있습니다.

다음 상황 들어가보죠.

상황) 면접장소의 waiting room에서 기다리는데 면접관 한 명이 나오더니 말합니다.

#A: 지금 들어오시면 됩니다.

> enter <

→ You may enter now.

기다리던 여러 명이 서로 쳐다보다 그중 한 명이 다시 묻습니다.

#B: 죄송한데 누가 들어가도 된다고요?

→ I am sorry, who may enter again?

상대가 한 말을 못 들었을 때 문장을 다시 말하면서 again을 붙여줄 수 있습니다.

#A: K 씨! 들어가셔도 됩니다.

Mr. K, you may~ 다음에 영어는 또다시 enter를 반복하기 싫어하니까 다른 단어 go in.

→ Mr. K, you may go in.

그러자 다른 사람이 묻습니다.

#C: 무작위 선발인가요?

> random[*란덤]=무작위 / selection [셀렉션]=선발 <

→ Is it a random selection?

#A: 네. 여러분의 순서를 기다려주세요.

> turn / wait <

순서는 내 차례가 돌아오는 거죠. 그래서 일렬적인 순서는 order지만, 내 '차례'는 turn이라고 부른답니다. 영어는 이 둘을 다르게 본 거죠.

→ Yes. Please wait your turn.

#C: 이거 긴장되네.

> nerve-racking [널*브 *락킹] <

nervous [널*버스] 말고 다른 어휘를 하나 드리면 nerve-racking.

nerve는 신경, rack은 원래 고문대로 사람을 비트는 형벌대를 말합니다. nerve-racking이라고 하면 신경이 고문받는 것처럼 안절부절 못한다는 느낌인 겁니다.

자주 쓰이는 말이에요. 불안하거나 긴장되어 안절부절못하는 상황에서

→ This is nerve-racking!

#C: 누가 다음일 수 있는지 말해주시면 안 돼요?

> next <

→ Can't you tell us who might be next?

자! may는 50% 확신에서 나오는 말들이라고 했죠. 그래서 예의를 차리면서 허락을 받으려 할 때 MAY 기둥으로 잘 쓴다고 했습니다.
곧바로 Tag Question 같이 들어갑니다.

#재 안 갈 수도 있어.

→ He might not go.

그렇지?

자! 원래 룰대로라면 "Mightn't he?"가 맞겠죠? 그런데 우리 이번 기둥에서 기둥 묶는 것 안 했었죠? 여러분이 발음해보세요. [마잉트] 발음이 허접하고 입에 잘 안 붙잖아요. 그래서 실제 거의 사용 안 합니다.

19세기 책에나 나왔을 법한 언어라서 더 이상 사용하지 않는 거죠.
그러면 MAY나 MIGHT 기둥으로 말해놓고, "그렇지?"는 못 하느냐고요? 할 수 있습니다. "right?"로 확인을 받으면 간단하죠.
He might not go, right?

#저 가도 되죠? 그렇죠?

→ I may go, right?

간단하죠? 더 볼게요.

저 가도 되죠, 안 되나요?

이런 느낌일 때는

→ I may go, can't I?

이렇게 CAN 기둥으로도 꼬리표 질문을 잘 합니다.

실제 MAY 기둥보다 허락받는 것은 CAN 기둥으로 더 자주 말한다고 말씀드렸죠? 룰이 있지만 현실은 자연스러우면서 실용적인 것을 더 원하는 겁니다. 언어는 불편하면 사람들에 의해 제거되고 변화된다고 했죠?

좀 더 보여드릴게요.

허락받는 질문 말고 그냥 확신이 없는 질문.

재 안 갈 수도 있지, 아닌가?

He might not go, 다음에 확실한 답을 원해서 상대방에게 질문할 때는 좀 더 강한 will로 다시 질문하는 경우도 많습니다.
→ He might not go, will he?

이런 것들은 룰로 기억하는 것이 아니라, 상식적으로 기둥의 느낌을 살려보면 충분히 스스로 알게 됩니다. CAN 기둥과 WILL 기둥의 느낌을 정확히 안다면 저렇게 룰 밖으로 나가는 것이 어색하지 않을 겁니다. 기본을 쌓은 후 그 안에서 말을 만들어나가면서 필요할 때 변화시키는 거죠.

만들어보세요.

#우리 내년 겨울에 알프스에 스키 타러 갈 수도 있어.

→ We may go skiing in the Alps next winter.
그러고선 파트너에게 묻습니다.

#맞지?

→ Right?

이번 스텝 정말 간단하죠?
여기 나와 있는 예문으로만 단어 바꿔가며 연습하면서 감을 쌓아보세요. 자주 쓰이지 않으니 복잡하게 생각하지 말고 감 잡는 부분에만 신경 써보세요.

10 20

전치사

지금까지 다양한 스텝들을 접하며 문장을 만들고 있습니다. 혼자 있을 때도 스스로 할 수 있는 것들은 만들어보고, 단어를 모르면 찾아보면서 계속 입 밖으로 내뱉으세요.

이번 스텝은 고등학교 레벨 영어 단어장에서 가장 첫 페이지에 나오는 것 중 하나입니다. 바로 **according to** [어코딩 투]. 단어장에는 '~따르면, ~에 의하면'이라고 뜻이 나옵니다. 알아도 사용 못 하는 분들이 많죠?

<According to you>라는 노래가 있습니다.
가사를 한번 보죠. 영어로 만들어보세요.

#나는 멍청하고,

→ I am stupid,

#나는 쓸모없고,

> useless [유즐러스] <

→ I am useless,

#나는 아무것도 제대로 할 수가 없다고.

→ I can't do anything right.

네 말에 따르면.

→ According to you.

to가 방향 껌딱지인 거죠.

according은 '~에 따르면'이라는 뜻이 있고,
'누구에 따르면' 해서 방향 껌딱지 넣고
to you, 너에게로 가는 거죠.
'너에 따르면, 네 말에 따르면'이란 뜻이에요.

가사를 계속 만들어볼까요?

#하지만 그의 말에 따르면,

→ But according to him,

#나는 아름답고,

→ I'm beautiful,

#굉장해.

>'굉장하다'라는 말은 종류가 많죠.
incredible [인크*레더블]=믿기 힘든 <

→ I'm incredible.

#He can't get me out of his head.

좋아하는 사람에게 잘 쓰는 말입니다. 이미지 그려지세요?

나를 머리 밖으로 뺄 수가 없는 거죠.

우리말로 가장 잘 어울리는 느낌은

→ 내 생각이 머릿속에서 떠나지 않는다네.

가사가 더 있네요. 계속 만들어보세요.

#그의 말에 따르면

→ According to him

#나는 재미있대.

→ I'm funny.

노랫말이 전부 다 according to him인 거예요.

#이 남자 말에 따르면.

→ According to this guy.

계속 보죠.

#네 말에 따르면,

→ According to you,

#나는 재미없고(지루하고)

> boring [보*링] <

→ I'm boring,

#툭하면 토라지고

> moody [무디] <

mood는 기분. moody는 기분 변화가 심한 성격을 말합니다.

→ I'm moody.

이렇게 노래 가사로 쭉 만드니까 어땠나요?

그럼 이번에는 다르게 해보죠.

#내 소식통에 따르면, 재 여자 친구가 오늘 한국으로 돌아온대.

> source [쏠스]=소식통 <

→ According to my source, his girlfriend is coming to Korea today.

인터넷 페이지에 '출처' 표기하죠. 영어도 마찬가지로 source라고 적혀 있습니다. 원점, 원천지를 그렇게 부른답니다. 소식통이랑도 어울리죠?

이제 according to가 언제 쓰이는지 보이죠?
배경으로 맨 앞에 깔아도 되고, 말을 다 한 후 더해지는 것처럼 맨 뒤에 붙여도 됩니다.

그럼 연습장에서 쉬운 것으로 속도 올리면서 만들어보세요. 상황을 상상하면서 느낌을 기억하세요.

연습

#이 지도에 따르면, 우린 이태원에서 그렇게 멀리 있진 않아.

map / far

According to this map, we're not that far from It-tae-won.

#전설에 의하면, 이 산은 예전에 살아 있는 거인이었대. (나도 몰랐어.)

legend [레전드] / mountain [마운튼] / live / giant [자이언트]=거인

According to legend, this mountain used to be a living giant apparently.

#박 씨의 증언에 의하면, 당신은 방에 있었습니다.

testimony [테스트모니]=증언

According to Mr. Park's testimony, you were in the room.

#네 말에 따르면, 난 항상 심각하잖아.

serious [씨*리어스]=심각한

According to you, I'm always serious.

#나의 새 추적 장치에 의하면, 걔(여)는 우리 바로 앞에 있어!

tracking device [트*락킹 디*바이스]=추적 장치

According to my new tracking device, she is right in front of us.

#아무도 당황하지 않아, 일(thing)들이 '계획대로' 진행되면.

panic / plan=계획 / go=진행되다

Nobody panics when things go according to 'plan'.

번역해볼까요? 실제 기사입니다.

#The layout and decor of your bedroom, according to feng shui, can affect the quality of your sleep.

The layout 레이아웃
and decor 그리고 데코
of your bedroom. 너의 방의 레이아웃과 데코는
according to feng shui. 가운데 이렇게 콤마로 나오니까 따로 눈에 띄죠. '펭슈이'에 따르면, 펭슈이가 뭔지 모르니 계속 가죠.
can affect 영향을 줄 수 있다.
the quality 품질에 영향을 줄 수 있다는 거죠.
of your sleep. 한 번 더 들어가서 너의 잠. 너의 잠의 품질? 잠을 얼마나 잘 잤는지, 수면의 질을 말하는 겁니다.

→ 당신 침실의 레이아웃과 데코는, 펭슈이에 따르면, 당신의 수면의 질에 영향을 줄 수 있다.
웬만한 메시지 다 전달되었죠?

그럼 놓친 것. '펭슈이'가 뭘까요? 외래어처럼 보이죠? **feng shui.**
풍수를 말합니다.

영어권에는 '풍수'라는 개념이 없었기 때문에 단어를 원어 그대로 쓰는 겁니다.
우리는 한국어 단어를 영어로 억지로 바꾸는 경우가 있죠. 떡을 떡이라고 하지 rice cake라 부를 필요가 없어요. cake와 맛, 질감도 전혀 다르니까요. 오히려 외국인들이 더 '떡'이라고 부르더군요.

다음 문장을 만들어보세요.

#이건 떡이야.

→ This is Dduck.

#디저트 같은 거야.

→ It's like dessert.

이미 서양에서는 김밥을 보여주면 "Sushi!"라고 합니다. 다시 "Gim-bab"이라고 정정해줘야 하죠.

#이건 한국 음식이고,

→ This is a Korean dish,

Korean food라고 해도 되고, 한 접시로 나가는 음식은 dish라고도 잘 말합니다.

#김밥에는 회가 없어.

→ and there is no raw fish in Gim-bab.

다른 기사 하나 더 읽어보죠.

#Eating your fat at breakfast (say with bacon and eggs) is the healthiest way to start the day, according to the International Journal of Obesity.

Eating 먹는 것은,

your fat 너의 fat을

at breakfast 포인트 해서 아침 식사에

(say with bacon and eggs) 말하자면 / with 베이컨이랑 계란이랑

Is =

the healthiest way 가장 건강한 방법이다.

to start the day. 시작하기에 하루를.

according to the International Journal

어디에 따르면? 국제저널. 보면 대문자로 시작하죠? 매체 이름인 것을 알 수 있죠. 어떤 것을 설명하는지 읽어보면,

of Obesity. 한 번 더 들어가서 Obesity에 관련한 국제저널이죠? 《오비씨티국제저널》에 따르면.

obesity가 뭔지 몰라도 결론은 아침에 fat을 먹어야 건강하다는 주요 메시지는 전달된 거죠.

#obesity는?

'비만'을 말합니다. '비만국제저널에 따르면, 아침 식사로 지방이 있는 음식을 먹는 것이 가장 건강하게 하루를 시작하는 것이다'라는 뜻이죠.

#Eat your fat.

네 몸의 지방을 빼서 먹으라는 말이 아니죠. your fat은 하루에 네가 섭취해야 할 지방을 말하는 겁니다. 진짜 네 지방을 빼서 아침 식사로 먹으라는 건 상식적으로 이상하니까 스스로 추론할 수 있죠. 영어의 이런 면을 코미디에서 활용하기도 합니다.

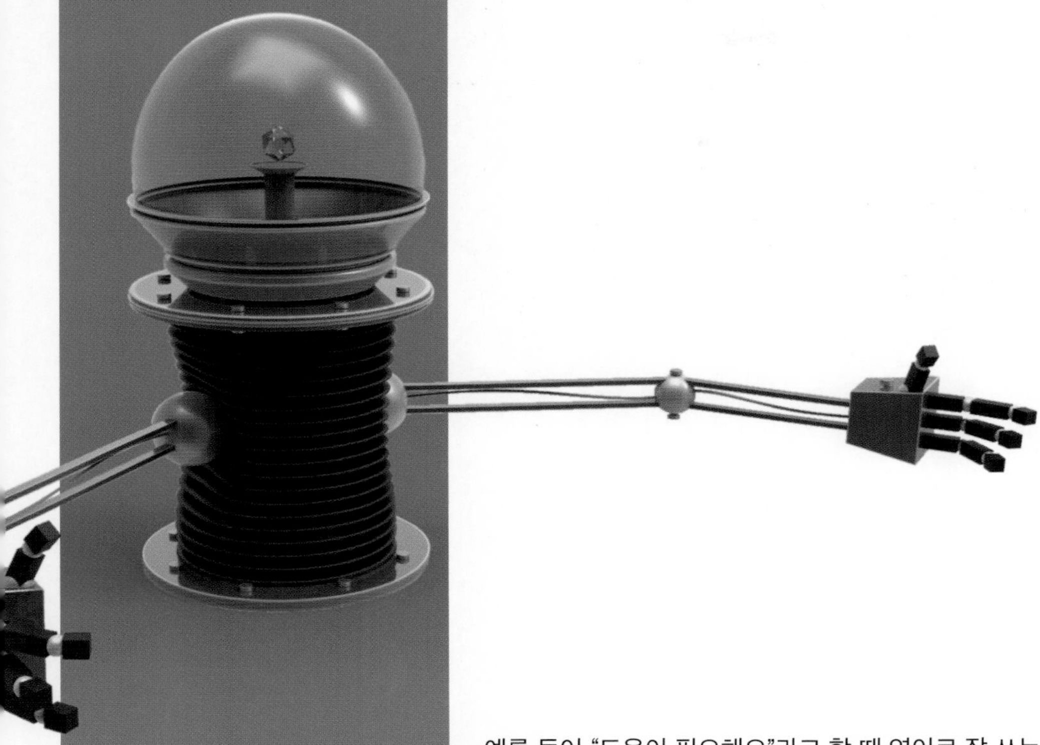

예를 들어 "도움이 필요해요"라고 할 때 영어로 잘 쓰는 말.

#I need a help. Can you give me a hand?

손을 달라는 거죠.

이럴 때 누군가가 마네킹 손을 뜯어 앞에 놓아두고 가버리면 도움이 필요해서 급했던 사람은, 손을 보면서 어처구니없는 표정으로,

That is very funny!

라고 한답니다. 웃기지 않지만 비꼬아서 말하는 겁니다.

according to 자체는 어렵지 않죠? 이제 쉬웠던 예문들을 골라서 직접 만들어보세요.

TO 21

의문사 + TO 부정사

WHAT TO DO

노하우, 영어로는? 이미 아는 단어예요.

know-how

안다 — 어떻게

웃기죠?

'노하우'는 어떤 일을 하면서 터득한 기술을 말해요.

경험이 있어 어떻게 하는지 안다는 거죠. 영어도 같은 뜻으로 쓰인답니다.

노하우	know-how

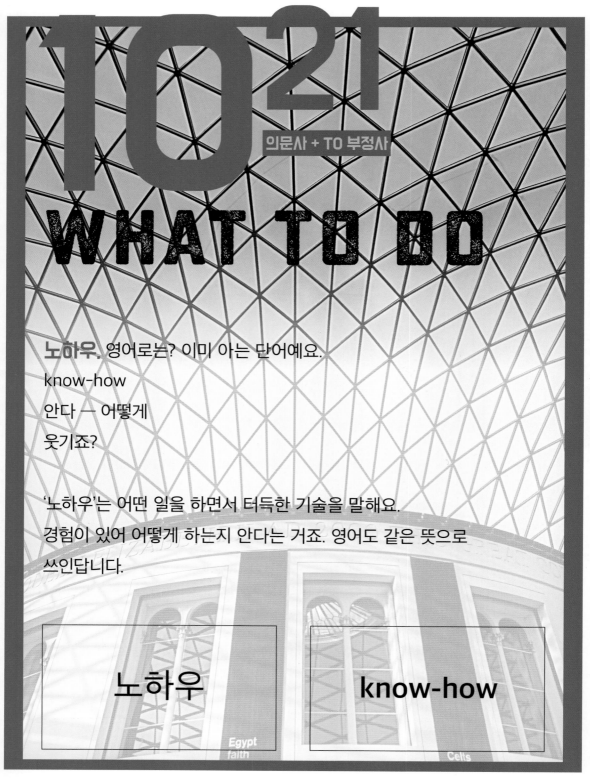

다음 영어로 만들어보세요.

상황) 난 안 되는 것을 남자 동료는 항상 잘해 냅니다.

#A: 재는 저걸 어떻게 하는 거지?

지금 어떻게 하는지를 묻는 게 아니라, 항상 어떻게 잘하는지 물을 때는 무슨 기둥이죠?

→ How does he do that?

#B: 난 아는데, 재가 저거 어떻게 하는지.

→ I know how he does that.

WH 1이죠?

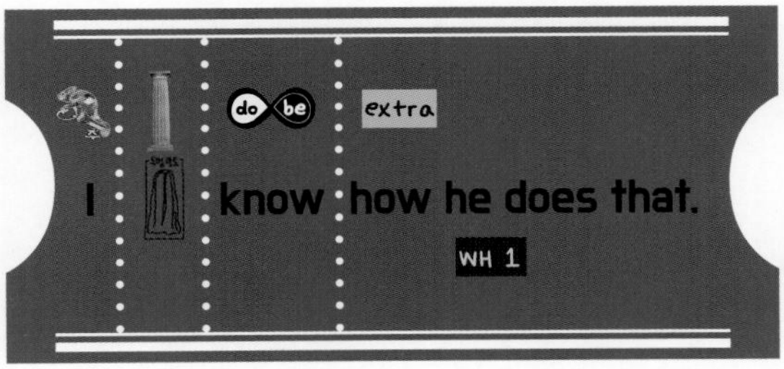

#A: 나 이 새 태블릿 샀는데.

→ I got this new tablet.

#이건 어떻게 세팅하는 거야?

세팅 방법은 항상 같겠죠? DO 기둥 선택하면 됩니다. 카멜레온이 필요한데 이렇게 일반적으로 모든 사람을 말할 때는 you로 쓰면 된다고 했습니다.

→ How do you set this?

B: 나 어떻게 하는지 알아!

→ I know how!

이렇게 말하면 우리말로는 '어떻게'까지만 말하는 셈이지만 영어는 뻔하니 how에서 멈출 수 있습니다.

I know how!

know-how가 여기서 생겨난 거죠.

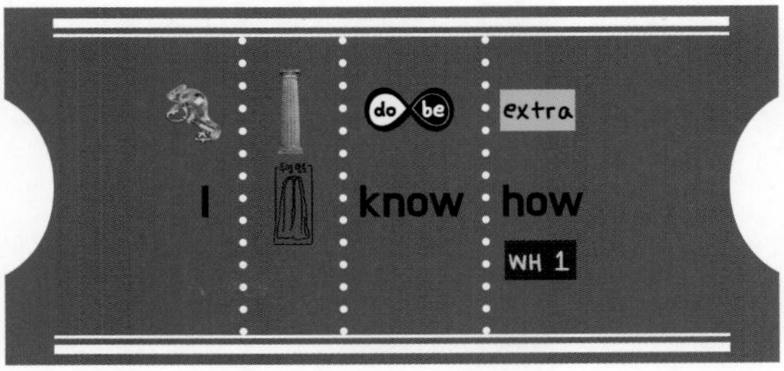

상황 계속 이어갑니다.

누군가가 들어오더니,

#C: 뭘 안다고?

라고 묻습니다. 영어로 말해보세요.

→ Know what?

들은 말 이후의 궁금한 부분을 "what?"으로 말할 수 있죠?

B: 이거 어떻게 세팅하는지 안다고.

I know how~ 하고서

TO 다리로 바로 연결할 수 있어요, to set this.

이것을 세팅하는 법을 아는 거죠.

→ I know how to set this.

간단하죠? 이것이 이번 스텝에서 배울 내용입니다.
간단하게 how 한 후 TO 다리로 연결해버린 거죠.
다음 예문 보세요.

#I know how to speak Spanish.
나 알아 / 어떻게 / 말하는지 / 스페인어를.
스페인은 Spain, **스페인어**는 Spanish [스파니쉬]라고 합니다.

같은 뜻으로 질문해볼게요.
#너 스페인어 어떻게 하는지 알아?
질문이니까 앞에 기둥만 뒤집으면 되죠?
Do you~ 하고 나머지 그대로.
do be know~ how to speak Spanish?
→ Do you know how to speak Spanish?

또 다른 방법도 있습니다.
#알아?
→ Do you know?
extra 뭘요?
#영어 하는 법. 그대로 내려가면 되는 겁니다.
→ How to speak English.

우리 이미 TO 다리에서 했죠. (스텝 07[21])
to learn. 배운다는 것.
TO 다리는 이렇게 명사처럼 사용할 수 있으니 카멜레온이나 엑스트라 자리에 들어갈 수 있어요.

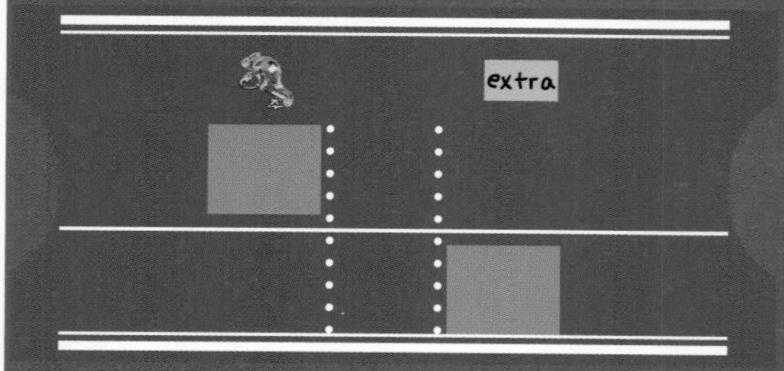

뭔가를 하는 방법을 노트 맨 위에 적기도 하죠?

#팬케이크 만드는 법 영어로 쓴다면?

→ How to make pancakes

영어로 이렇게 검색하면 블로그 정도가 아니라 인증된 많은 전문 사이트에서 요리법부터 동영상까지 무료로 제공된답니다. 영어로 검색할수록 인터넷 공간이 얼마나 다른지 느껴지실 거예요.

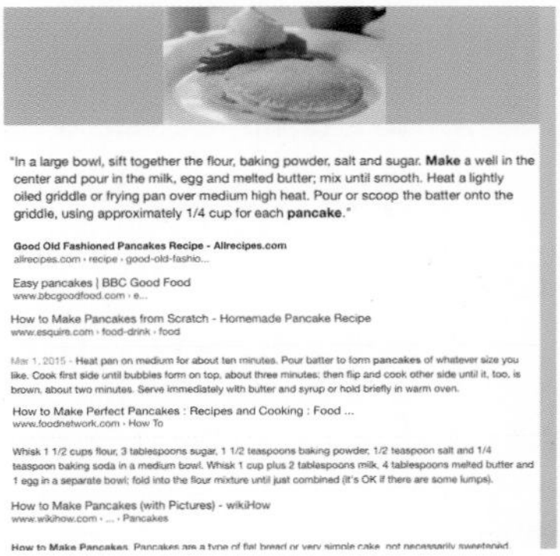

"In a large bowl, sift together the flour, baking powder, salt and sugar. **Make** a well in the center and pour in the milk, egg and melted butter; mix until smooth. Heat a lightly oiled griddle or frying pan over medium high heat. Pour or scoop the batter onto the griddle, using approximately 1/4 cup for each **pancake**."

Good Old Fashioned Pancakes Recipe - Allrecipes.com
allrecipes.com › recipe › good-old-fashio...

Easy pancakes | BBC Good Food
www.bbcgoodfood.com › e...

How to Make Pancakes from Scratch - Homemade Pancake Recipe
www.esquire.com › food-drink › food

Mar 1, 2015 - Heat pan on medium for about ten minutes. Pour batter to form **pancakes** of whatever size you like. Cook first side until bubbles form on top, about three minutes; then flip and cook other side until it, too, is brown, about two minutes. Serve immediately with butter and syrup or hold briefly in warm oven.

How to Make Perfect Pancakes : Recipes and Cooking : Food ...
www.foodnetwork.com › How To

Whisk 1 1/2 cups flour, 3 tablespoons sugar, 1 1/2 teaspoons baking powder, 1/2 teaspoon salt and 1/4 teaspoon baking soda in a medium bowl. Whisk 1 cup plus 2 tablespoons milk, 4 tablespoons melted butter and 1 egg in a separate bowl; fold into the flour mixture until just combined (it's OK if there are some lumps).

How to Make Pancakes (with Pictures) - wikiHow
www.wikihow.com › ... › Pancakes

How to Make Pancakes Pancakes are a type of flat bread or very simple cake, not necessarily sweetened

· All recipies
· BBC
· Esquire
· Food network
· wikihow

#행복해지는 법

어떻게 해야 행복해질 수 있는지 그 방법인 거죠?

영어는 간단하게 WH Q에서 배웠던 6하 원칙을 재활용합니다.

→ How to be happy!

직역하면 'Be happy 쪽으로 어떻게 가냐' 식인 거죠.

어렵지 않죠? 다음 문장!

#자신감 있어지는 방법

> confident <

→ How to be confident

TO 다리는 앞으로 나아가는 느낌이 들죠? 말만 만들지 말고 자신감 있어지는 방향으로 어떻게 가는 법~ 해서 그 감에 익숙해지세요.

자신감 있어지는 방법도 검색해보니 다양한 정보와 팁이 가득하더군요. 항상 궁금한 것은 구글에서 영문으로 타이핑해보세요.

일자리 얻는 법, 이력서 잘 쓰는 방법, 자기 진로 찾는 방법, 면접 잘 보는 방법, 사업 확장하는 방법 등등. 그렇게 영어 자료에 친숙해지세요.

다음 문장도 만들어볼까요?

#투자를 잘하는 방법이 뭔지 아세요?

> invest <

→ Do you know how to invest well?

How to invest well만 검색해도 팁이 나온답니다.

《월스트리트저널》에서 검색된 headline을 보죠.

#How to invest well and sleep better

→ 투자를 잘하고 잠을 더 잘 자는 방법

THE WALL STREET JOURNAL.

Subscribe Now | Sign In

US $12 FOR 12 WEEKS

Home World U.S. Politics Economy Business Tech Markets Opinion Arts Life Real Estate

Fairness of SEC Judges Is in Spotlight | Global Stocks Slip | Swiss Bank Data Thief: 'I'd Do It Again'

GETTING GOING SUNDAY

How to Invest Well and Sleep Better

By JONATHAN BURTON

Updated Nov. 16, 2008 12:01 a.m. ET

In this devastated market, "risk tolerance" is an oxymoron. Those little tests the online investing sites give you to assess how much risk you can handle in your investments don't do justice to the kind of crash we're living through.

Most of us can't stomach 40% free-falls in our fortunes, and we

그럼 이제 직접 응용해서 만들어보세요.

#넌 네 돈을 어디에 투자할지 알아?

→ Do you know where to invest your money?

WH만 바뀐 거죠? 번역이 살짝 달라질 수는 있지만 영어로 보면 다 같은 방식입니다. 간단하게 생각하세요. 투자를 하려고 '한 발자국' 움직이는데, '어디로' 투자하나~ where로 가는 거죠.
그럼 연습장으로 가보죠.

연습

#뭐라 말해야 될지 모르겠네요.

say

.... I don't know what to say.

#A: 무슨 생각 하세요?

What are you thinking? /
.... What are you thinking about?

#B: 언제 몰래 나갈지 생각하고 있었어요.

sneak out [스닉 아웃]=몰래 나가다

I was thinking about when to sneak out. / I was thinking when to sneak out.

#엄마가 너한테 어떻게 이기는지 가르쳐줬지! 어떻게 패배자가 되는지는 가르치지 않았잖아!

win / teach / loser=패배자

I taught you how to win! I didn't teach you how to be a loser!

#어떻게 하느냐가 무엇을 하느냐보다 중요하다.

How to do is more important than what to do.

#난 내가 어떤 선물을 먼저 열어야 할지 알고 있어!

Hint: 선물들이 앞에 있으니 선택권이 좁죠? which를 써도 됩니다.

I know which present to open first!

#어떤 사람들은 언제 그만둬야 되는지를 몰라.

quit

Some people don't know when to quit.

#제가 필요하면, 저 어디서 찾아야 하는지 아시죠.

If you need me, you know where to find me. / You know where to find me if you need me.

#일어나기 전에, 어디로 갈 것인지 결정합시다.

stand up / decide

Before we stand up, let's decide where to go.

#널 행복하게 하기 위해 뭘 해야 될지 모르겠어!

I do not know what to do to make you happy.

#어떻게 사느냐가 인생에서 가장 중요한 거야.

How to live is the most important thing in life.

WikiHow 같은 사이트는 그 어떤 것이든 방법을 보여주는 사이트입니다.

#How to do anything

→ 어떤 것이든 할 수 있는 방법

영어로 쉽게 쓰여 있고 복잡하지 않아 소개합니다. 웃긴 것까지 세세하게 보여주더군요.

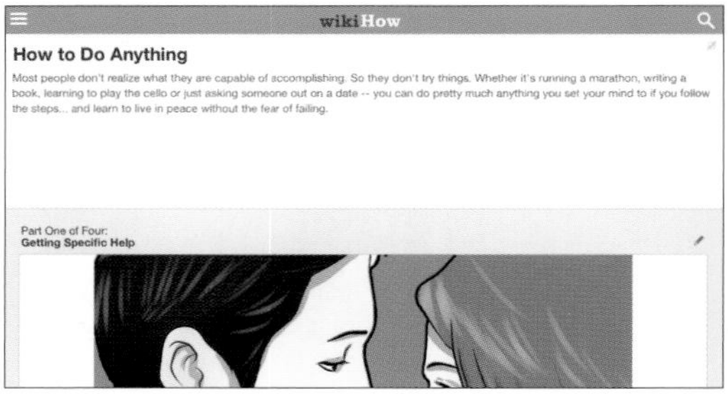

예를 들어

#How to put your arm around a girl

어떻게 / 놓는지 / 너의 팔을 / 여자 주위에?

이미지 그려지셨나요? 여자 어깨에 손을 올려놓는 법. 그것을 가르쳐줍니다.

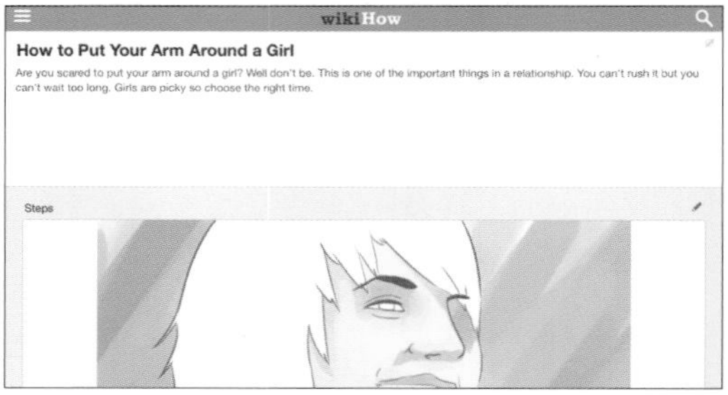

#당신 인생의 목적을 찾는 법

> purpose [펄포스] <

→ How to find your life's purpose

→ How to find your purpose in life

얼마나 이해되는지 구경해보세요. 무조건 앞에서부터 이해하며 소리 내 읽고 이해되지 않는 문장들은 버리면서 대충 감을 잡아보세요.

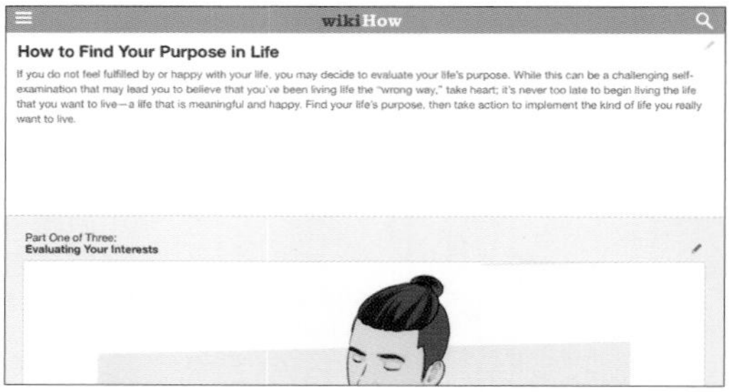

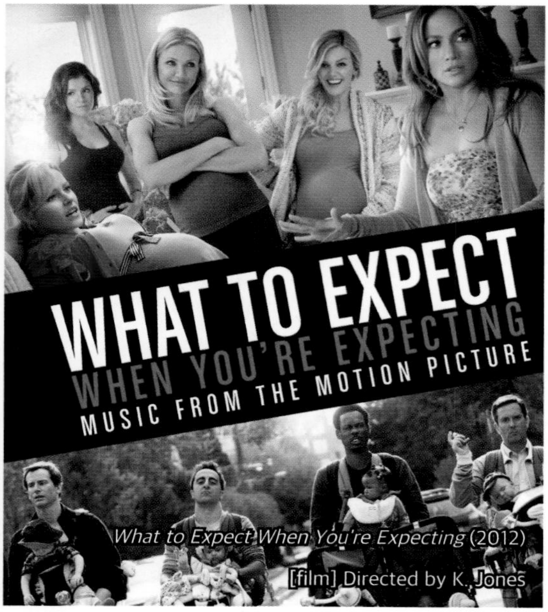

What to Expect When You're Expecting (2012)
[film] Directed by K. Jones

다음 영화 제목을 읽어보세요.

#What to expect when you're expecting.

expect 배웠죠? 예상하다.

무엇을 / 예상해야 할지 = 예상해야 할 것들 /

언제 / 당신이 예상할 때?

여자가 배를 만지며

"I am expecting"이라고 하면 임신했다는 겁니다. 애가 나오는 것을 예상하며 기다리고 있는 거죠.

제목을 보니 당신이 임신했을 때 예상해야 할 것들을 말하는 영화겠죠? 우리말로 어떻게 번역되었나 볼까요?

〈임신한 당신이 알아야 할 모든 것〉

다음 문장은 WH 1으로 만들어보세요.

#가장 가까운 병원에 어떻게 갈 수 있는지 보여주실 수 있나요?

> near / hospital / get / show <

→ Can you show me how I can get to the nearest hospital?

Can you show me

WH 1

how I can get to the nearest hospital?

이 말을 더 간단하게 할 수 있는 것이

Can you show me

extra how~ to get to the nearest hospital?

뻔히 생략할 수 있는 구조죠.

Can you show me

how to get to the nearest hospital?

do be

꼭 do 쪽만 되는 건 아니죠? 다음을 볼까요?

#전 근면해질 수 있는 법을 배우고 싶어요!

> diligent [딜리전트] <

I want to learn~ 뭘 배워요?

extra how~ to be diligent!

다른 것도 해보죠.

#해야 할 것!

WH 1으로

What I need to do! 이 말도 되지만

더 간단하게

→ What to do란 말도 되는 겁니다.

#살 것

이런 목록 적죠? 영어로?

→ What to buy

WH가 뻔히 보일 때는 더 간단하게

To buy. 이렇게 쓰기도 한답니다.

둘 다 메시지 전달이 가능하니 양쪽 중 어느 것을 써도 상관없는 거죠.

해야 할 일의 목록을 적을 때도 지금 하고 있는 게 아니라 '할 것들'인 거잖아요. 그래서 종이에 처음 쓰는 말이 To do입니다. 그리고 그 목록을 적은 리스트를 'To do list'라고 부른답니다.

연습하면 쉽게 적응할 수 있는 스텝 같죠?

그럼 내가 해야 할 것들, 어떻게 해야 잘하고, 언제 해야 하고, 어디서 해야 하는지 등등 각자의 리스트를 만들면서 이 스텝에 익숙해지세요.

10 22 숙어

may your dreams come true

새해 인사말, 생일 인사말, 조문 인사말 등
정해진 문구들이 있죠.

새해에는 이루고자 하는 모든 일을 성취하시는 한 해가 되기를 바랍니다.

그중에서 잘 쓰이는 것 볼까요?

새해 인사!

Happy New Year!

Happy Birthday처럼 사용되는 거죠?

좀 더 거창하게 연결될 때는

Happy New Year and May All Your Dreams Come True.

계속 대문자로 시작되면 확실히 읽기가 힘든데 디자인처럼 예쁘게 꾸민 겁니다.

쉽게 읽을 수 있게 다시 쓰기 글처럼 바꿔보죠.

May all your dreams come true.

아래 문장 먼저 보세요.

#All your dreams may come true.

모든 너의 꿈이 진실로 올 수도 있다.

꿈이 거짓이나, 허황된 것이 아닌 **true**로 오는 거죠.

그런데 **May all your dreams come true.**는 질문 형식으로 이루어져 있죠?
누구에게 빌든 간에 부정 탈까봐 조심스레 질문처럼 희망하는 겁니다.
May, 50%로 낮춰서 말이죠.

생일 때도 잘 쓰니 여러분이 한번 만들어보세요.

#생일 축하드립니다! 여러분의 모든 꿈이 이루어지시길!

→ Happy birthday! May all your dreams come true!

희망과 소망, 꿈은 우리도 조심스럽게 여기죠.
영어도 마찬가지입니다.
부정 탄다, 소금 뿌려라, 다 '징크스'를 막기 위해서죠, jinx [징스].

영어는 너무 확신을 가지고 말하면 그 행동이 오히려 부정 탄다고 합니다.
예를 들어,

#난 절대 병에 안 걸려. 항상 건강해.

→ I never get sick. I am always healthy.

이러면 불운을 부르는 행동이라 여깁니다. 스스로 화를 자초한다고 생각하는 거죠.

그럼 누군가 #Never say 'never'!라고 말해줍니다.
명령 기둥이죠. "Don't say 'never'"에서 더 강하게!
절대 '절대'라는 말을 하지 말라는 겁니다.
그렇게 자신 있게 말하는 순간 지금까지의 너의 행운에 불운이 낀다며 막아주는 거죠.

불운, bad luck을 떼라고 할 때 권하는 또 다른 것:
#Touch wood! 혹은 #Knock on wood!
나무를 건드리라고? 노크하라고?
넵! 맞아요. 불운을 떼기 위해 주위에 있는 나무를 건드리라고 합니다.

영어권 일상에서 쉽게 들을 수 있는 말입니다.
"Touch Wood, Knock on wood!"를 들으면 상대방은 실제 행동으로 옮깁니다. 주위에 나무로 만들어진 것을 찾아서 '똑똑' 이렇게 건드립니다. 재미있죠?
자신에게 불운이 오는 것은 미신이건 아니건 막고 싶은 것이 사람 마음이겠죠.

이번엔 소원까지 같이 집어넣어 만들어보세요.
#생신 축하드립니다!
→ Happy Birthday to You!
#선생님의 모든 꿈과 소원이 이루어졌으면 합니다!
> dream / wish <
→ May all your dreams and wishes come true!

우리말에 새해 인사말 등 상용 문구가 있듯이 영어는 MAY 기둥으로 만든 고정된 문구가 있습니다. 구글로 검색해서 이미지만 봐도 잔뜩 나옵니다. 그럼 누군가에게 이런 카드를 받았다고 생각하면서 번역해볼까요? 핸드폰 사전 열어서 모르는 단어는 직접 찾아보세요.

#May this New Year bring many sweet memories and peaceful times.

새해가 / 가지고 오길 바란다 / 많은 달콤한 기억과 평온한 시간을

sweet memories는 연인의 '달콤함'뿐만이 아닌 기분 좋은 기억들을 말합니다. New Year가 bring 한다고 하죠? 뭔가 새로운 것을 가지고 오는 것이 새해의 기능 중 하나인 거죠.

다른 것도 구경해보죠.

#I wish you a prosperous new year.

무슨 기둥? DO 기둥이에요.

> prosperous [프*로스페*러스]=번영한, 번창한 <

난 / 바란다 / 당신 / 번창한 새해를

→ 여러분께 번창한 새해가 오기를.

#This new year, may God bless you with all his love, luck and care.

이번 새해에 / 신이 축복하기를 / 여러분을 / 뭐와 함께? 그의 모든 사랑과, 운과, 보살핌으로.

우리말에 어울리게 바꾸면

→ 새해에는 신이 사랑과, 복과 보살핌으로 당신을 축복해주기를.

점점 더 격식체로 가볼까요?

#May you have new hopes, aspirations, and resolutions for the coming year!

> **희망**=hope / **포부**=aspiration [아스피*레이션] / **결심**=resolution [*레졸'루션] <

당신이 가지길 바란다 = 당신에게 생기길 바란다

새로운 희망과, 포부와, 결심이 / 오는 해를 위하여!

→ 새해에는 다가오는 한 해를 위해 새로운 희망과 포부와 결심이 함께하기를!

심플한 것도 있죠.

#Merry X-mas and Happy New Year!

X-mas는 크리스마스를 말합니다. 왜 새해 인사인데 X-mas냐고요?

서양은 크리스마스카드를 줄 때 새해 인사까지 같이 한답니다.

그럼 정해진 문구 말고 다른 것도 볼까요?

#이 사람이 누구인지 아세요?

→ Do you know who this is?

Nelson Mandela. 세계 인권운동의 상징적인 존재죠. 그가 2013년에 서거하자 전 세계 대통령들이 남아프리카공화국에 모여 추모했습니다.

그가 남긴 어록을 보죠.

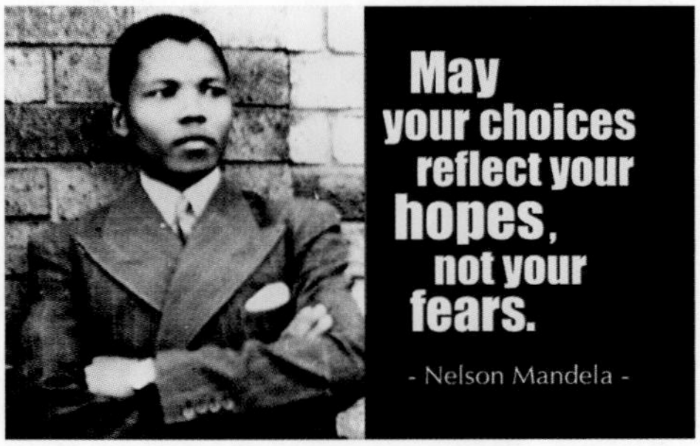

#May your choices reflect your hopes, not your fears.

여러분의 선택이 / 반영하기 바란다 / 여러분의 희망을 / 여러분의 두려움이 아니라.

당신의 선택이 당신의 두려움을 반영하지 않고, 당신의 희망을 반영하기를.

두려움이 바탕이 아닌, 희망을 바탕으로 행동하라는 거죠. 용기 있는 자가 되라는 겁니다.

Nelson Mandela의 장례식 때, 미국 대통령 오바마가 한 감동적인 연설도 유명합니다.

검색하면 백악관 사이트: the WHITEHOUSE에서 읽을 수 있답니다.

Remarks by President Obama at Memorial Service for Former South African President Nelson Mandela

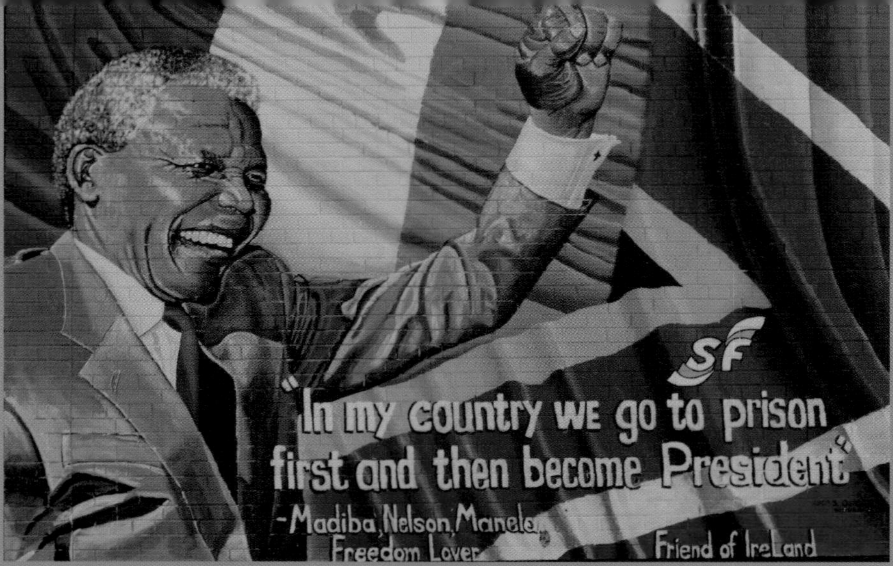

연설 속에서 짧게 몇 문장만 빼서 번역해보죠.

#He makes me want to be a better man.
그는 / 만든다 / 나를 — 내가 원하게 만든다 / 뭘 원해요? / 더 나은 남자가 되고 싶게 나를 만든다.
그는 내가 지금보다 더 좋은 사람이 되고 싶게 만듭니다. 동기부여를 해준다는 거죠.

#He speaks to what's best inside us.
그는 / 말한다 / 우리 안의 가장 최고인 것들에게.
우리 안의 최고인 것이라면, 정의, 용기, 인내, 비전, 희망, 자비 등을 말하는 거죠. 그는 그것들에 말을 건다, 그것들을 깨운다는 겁니다.

#We will miss him deeply.
우리는 그를 깊이 그리워할 것입니다.

#May God bless the memory of Nelson Mandela.
신이 축복하길 / 넬슨 만델라의 기억을.

#May God bless the people of South Africa.
신이 축복하길 / 남아프리카공화국의 국민들을.

#May your soul rest in peace.
당신의 영혼이 / 쉴 수 있기를 / 평화 속에서
우리말에 어울리는 것은 '평온'이죠.

자! 소원과 죽음까지 많은 말들을 접했네요.

#이 소원들 마음에 드셨나요?

→ Did you like these wishes?

#내 꿈은 뭘까? 내 소원들은 뭘까요?

→ What's my dream? What are my hopes?

#빌어보세요! 얻을 수도 있잖아요.

→ Wish for it! You might get it.

자! 드디어 10번 기둥을 끝내셨습니다. 축하드립니다!
MIGHT 기둥 이제 낯설지 않죠?

이제 10개의 말을 통제할 수 있게 되었어요. 더 빠르고 쉽게 컨트롤하고 싶다면 그만큼 연습하면 됩니다. 항상 혼자서 연기하듯 원맨쇼를 하세요.
말을 빨리하고 싶으면 지름길인 기둥만 먼저 알아도 수월할 겁니다. 하지만 탄탄하게 영어의 전반적인 부분을 알고 싶다면 시간 내서 스텝들을 하나하나 꼭 밟으세요.
희망하고 비는 것은 Wish for it! 그것을 위해 비는 겁니다. 영어에는 이런 말도 있습니다.

#Don't wish for it, work for it! You only get one life!

바라지만 말고, 몸을 움직여 일을 해서 얻으라는 거죠. 당신에게 한 번의 인생만 있다는 겁니다!

11번 기둥 역시 많이 사용되는 기둥입니다.
다음 트랙에서는 지금까지의 Planet들을 더 업그레이드할 겁니다.
갈수록 영어가 점점 더 고급화될 거예요! 기대하세요!

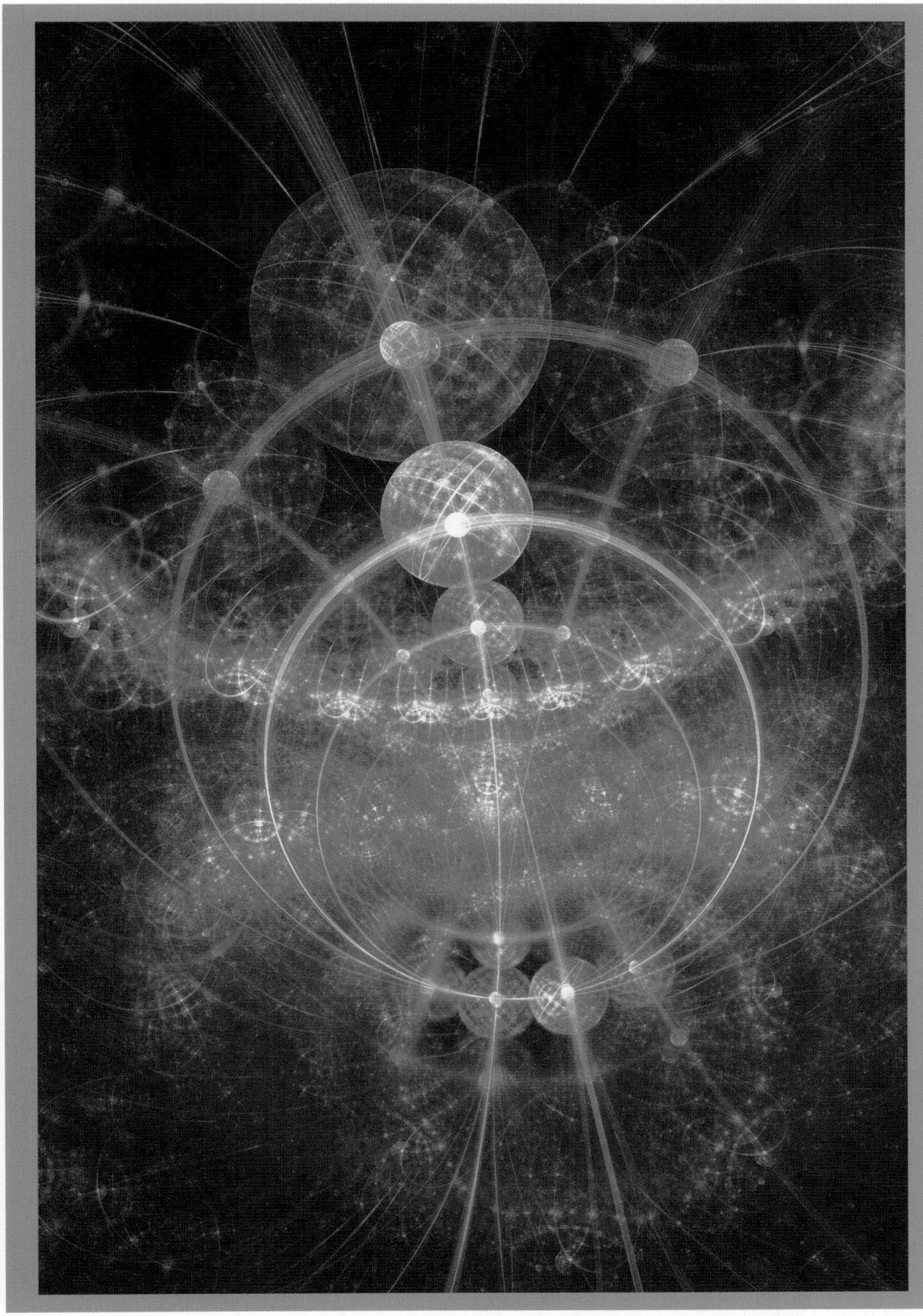

WOULD 기둥
11

11이

조동사

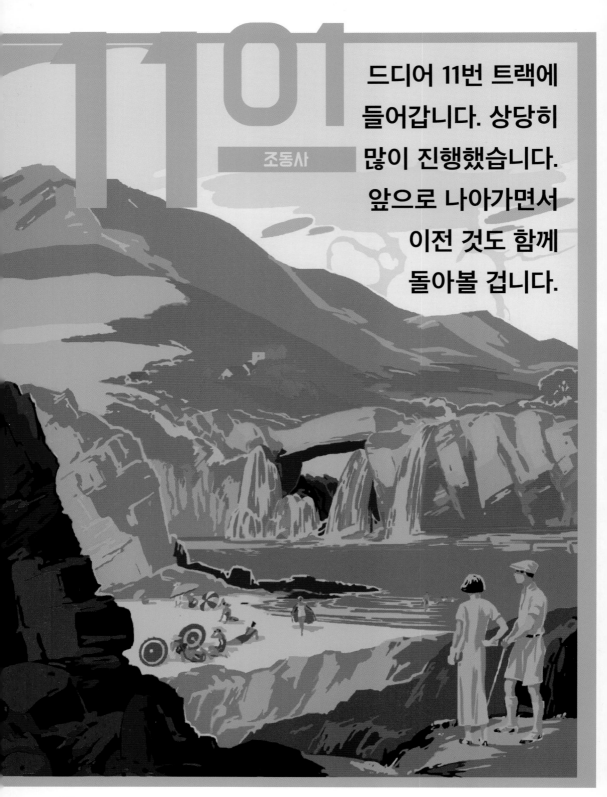

드디어 11번 트랙에
들어갑니다. 상당히
많이 진행했습니다.
앞으로 나아가면서
이전 것도 함께
돌아볼 겁니다.

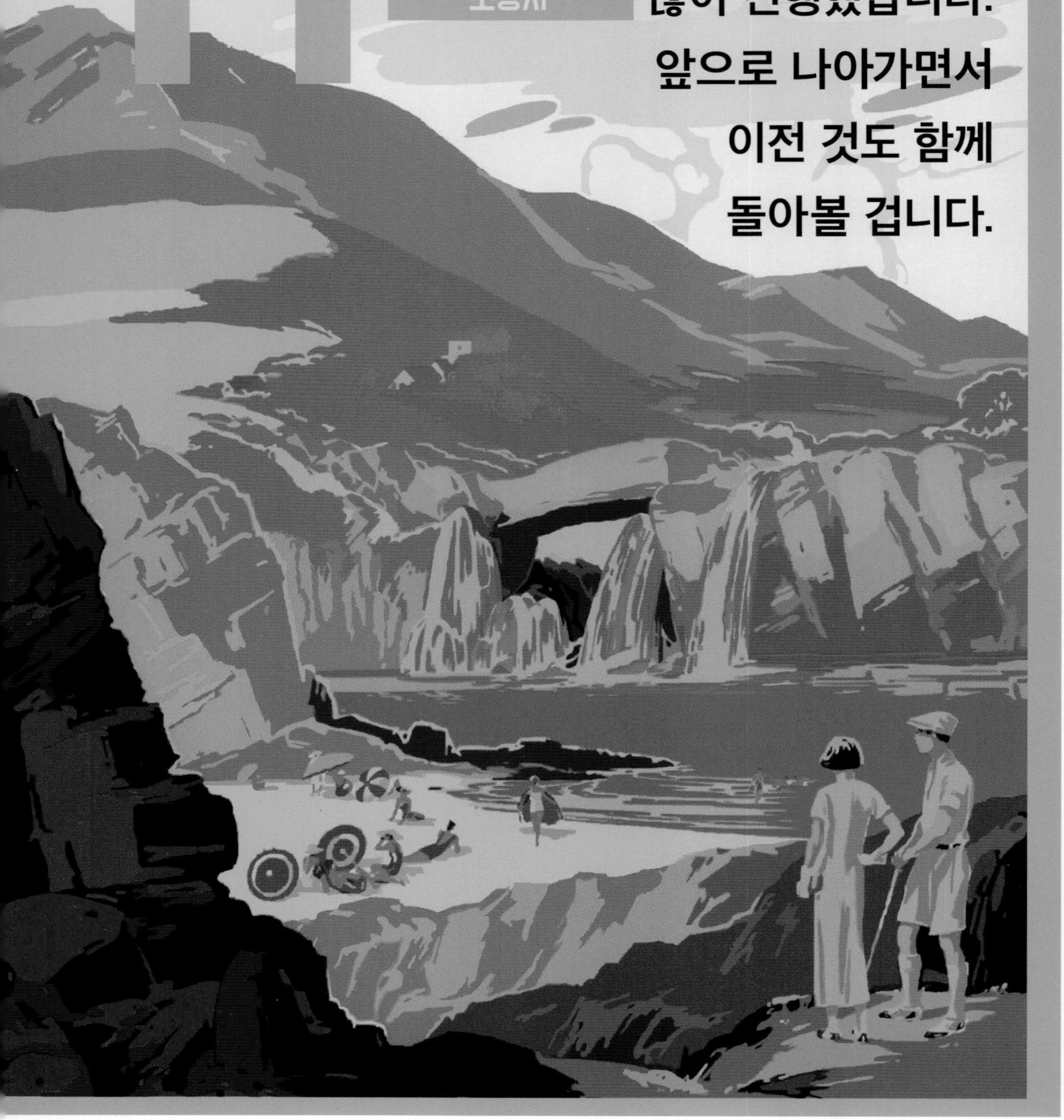

이번 기둥은 이미 터득한 기둥의 동생뻘이라 굉장히 쉬워요. 다음 문장을 만들어보세요.

#나 내일 집에 가야지.

→ I will go home tomorrow.

#나 내일 집에 가. (확실히 갈 때)

→ I am going home tomorrow.

#나 내일 집에 갈 수도 있어. (안 갈 수도 있고)

→ I might go home tomorrow.

영어는 이렇게 다른 강도의 말을 기둥으로 표현한다고 했죠?

#이 영화 봐봐. 네 마음에 들 거야!

> movie <

→ Watch this movie. You will like it!

→ Try this movie. You will like it!

그런데 상대가 마음에 들어 할 것 같긴 하지만 확신할 수 없을 때는 WILL까지는 못 하겠죠. MIGHT까지 낮춘다면 반반이니 완전한 확신 없이 추천하는 거고요.

하지만 그것보다는 확신이 높을 때, 상대가 좋아할 거 같긴 한데~ 그럴 땐 어떻게 말할까요? 이럴 때는 WILL 기둥보다 살짝 약한 기둥이 있습니다. 소개합니다.

바로 **WOULD** [우드] 기둥.

스펠링에 L이 들어가지만 발음은 간편하게 [우드].

방법은 WILL 기둥을 WOULD로만 바꾸면 자동으로 확신이 줄어듭니다. 그럼 만들어보죠.

#이 영화 봐봐.

(확신 좀 낮추면서) 네 마음에 들걸.

→ Watch this movie. You would like it.

간단하죠? WILL 기둥보다 살짝 약한 것이니, MIGHT 기둥보다는 확신이 높은 거겠죠.

우리말로 번역이 비슷하거나 똑같이 나오더라도 영어에서 WILL 기둥과 WOULD 기둥은 확실히 다릅니다.

어떤 기둥을 선택하느냐에 따라 듣는 이에게 얼마 정도의 확신을 가지고 말하는지가 전달된답니다.

그럼 더 만들어보죠.

#A: 소화기가 어디 있죠?

> fire extinguisher [*파이어 익스팅구이셔] <

→ Where is the fire extinguisher?

#B: 출입구 근처에 있습니다.

> entrance / near <

→ It is near the entrance. 확실히 출입구 근처에 있다는 걸 아니까 BE 기둥으로 써주죠? 항상 기둥을 잘 고르세요. 지금까지 배운 기둥들을 머릿속에 인지하거나 앞에 펼쳐두고 어떤 기둥과 어울릴까 고르세요. 보면서 고르면 훨씬 더 수월해질 겁니다. 추천해드려요.

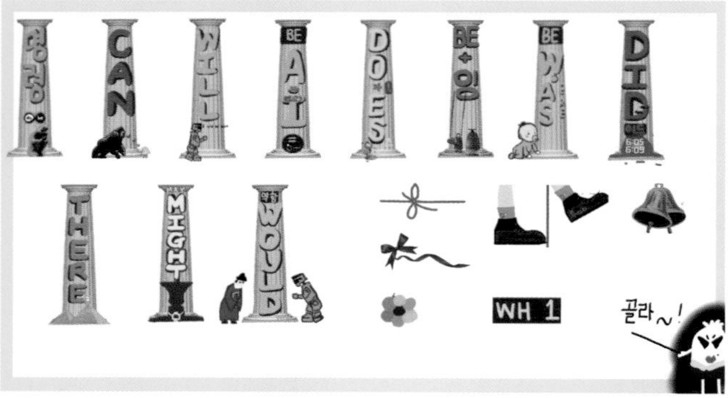

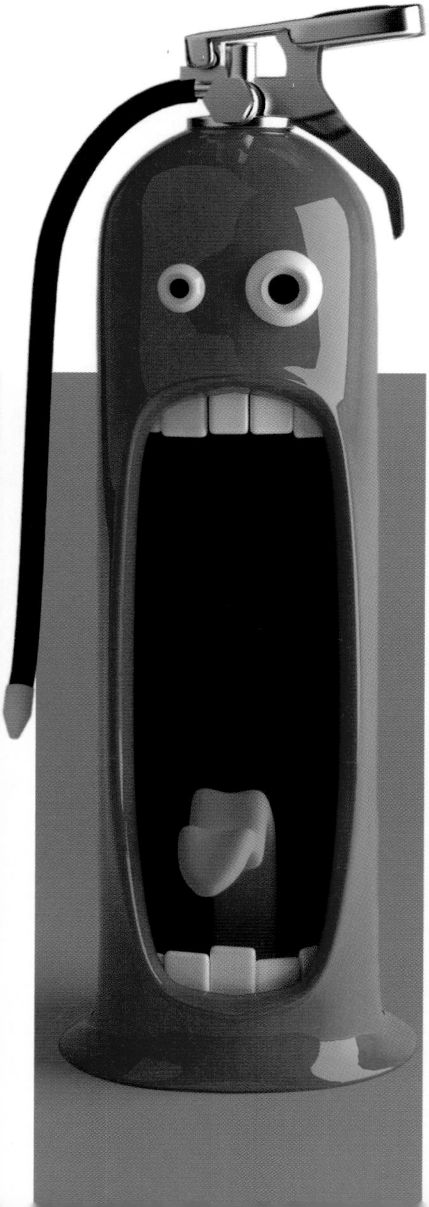

그럼 같은 말을 WILL 기둥으로 말해볼까요?

#It will be near the entrance.

출입구 근처에 있을 겁니다.

이번에는 있다고는 생각하는데 완전히 확신하진 않아요. 아마 출입구 근처에 있을 겁니다.
'아마' 필요 없이 WOULD 써주면 그 느낌이 전달됩니다.

It would be near the entrance.

그러니 선택은 말하는 사람이 하는 겁니다.
얼마나 확신이 있는지는 말하는 당사자만 알 수 있으니까요.

그럼 바로 연습장에서 그 느낌을 기억하면서 말해보세요. 기둥 섞이니까 잘 선택하세요!

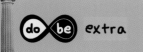

#미래를 아는 건 정말 좋을 수도 있어. (아닐 수도 있고)

future / know

.... Knowing the future might be great.

#미래를 안다는 건 정말 좋을 거야. (확실해)

.... Knowing the future will be great.

#미래를 안다는 건 정말 좋을 거야. (덜 확신)

.... Knowing the future would be great.

#코치가 널 주장으로 만들 수도 있어. (아닐 수도 있고)

coach / captain [캡틴]=주장

.... Coach might make you captain.

#코치가 널 주장으로 선정할 거야. (아마)

.... Coach would make you captain.

#난 그거 상관없는데, 너희 엄마는 상관할 거다.
(아마 그럴 거야.)

Hmm, I don't care about that,
.... but your mother would.

#난 그거 상관없는데, 네 엄마는 할 수도 있을걸. (반반)

I don't care about that,
.... but your mother might.

#난 그거 상관없는데, 네 엄마는 할 거야. (분명히)

.... I don't care about that, but your mother will.

#걔(남)는 이곳에서 우울할지도 몰라요.

place / miserable [미져*러블]

He might be miserable in this place. /
.... He might be miserable here.

#걔(남)는 이곳에서 우울할 거예요. (나름 확신)

.... He would be miserable in this place.

#난 널 위해서라면 총알도 대신 맞아줄 거야.
(상황이 오면 아마 그럴 거야.)

bullet=총알 / take

.... I would take a bullet for you.

WOULD 기둥 어렵지 않죠? 이제 스텝 진행하면서 다양하게 접하게 될 겁니다. 좀 더 만들어보세요.

#오직 바보만이 저 광고가 하는 말을 믿을 거야.

> fool / commercial [커머셜] / believe <

누가 믿을 거래요?

바보죠, a fool도 되고 an idiot [이디엇]도 됩니다. idiot은 '멍청이'란 느낌이 좀 더 있어요. 그런데 '오직' 바보라고 스포트라이트 비춰줬죠? → Only a fool~

믿을 거래요. 확실치는 않으니 확신 낮춰서, would

~ believe.

뭘 믿어요? 광고가 하는 말. adverts [아드벌츠]도 되고, TV 광고는 commercial이라고도 합니다. '상업적인' 것을 commercial이라고 하거든요.

extra 저 광고가 하는 말. 그 말이 뭔지는 모르죠? 그럼 질문으로 만들어보세요.

#저 광고가 뭐라고 말하는데?

→ What does that commercial say?

여기서 WH 1 뒤집으면 되는 겁니다!

What that commercial ( ) says.

명칭을 붙인 거죠. 이래서 WH 1도 명사라고 했죠?

What does that commercial say?

What that commercial says.

엑스트라 자리에 그대로 넣으면 돼요. 다시 만들어보세요.

#오직 바보만이 저 광고가 하는 말을 믿을 거야.

→ Only a fool would believe what that commercial says.

#오직 바보만이 저것을 믿을 거야.

→ Only a fool would believe that.

I would believe it.

I would believe what that commercial says.

그럼 다음을 준비하면서 새로운 것 하나를 소개할게요. 바로 로또!

로또는 복권에 상호를 붙인 것으로 실제 **'복권'**은 lottery [롯터*리]라고 합니다.

영국의 lottery 상징은 이렇게 생겼답니다.
왜 로고 모양이 이렇게 생겼을까요?
다음 문장을 만들어보세요.

#손가락을 꽈라!

> finger / cross <

→ Cross your fingers!

손가락을 꼬는 이 행동.
Crossing your fingers.

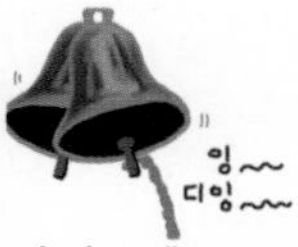

두 가지의 의미가 있는데 하나는 “Good luck!”이란 뜻.
행운을 빈다, 잘되길 빈다! 말할 때 실제 손가락을 이렇게 꼬면서 보여주기도 한답니다.
‘로또’야말로 운이 필요하니 사용한 거죠.
다음을 말해보세요.

#넌 운이 전혀 필요 없어! 잘 해낼 거야!

> luck / great <

→ You don’t need any luck! You will do great!

#Your dream might come true.

이렇게 말하면 네 꿈이 실제로 안 올 수도 있다는 가능성을 반은 내포하면서 말하는 거죠.
듣는 입장에서는 ‘그래~ 내가 허황된 꿈을 꾸고 있는 것처럼 보이나 보지?!’ 생각이 들 수 있고요.

그래도 꿈을 이야기하는데, 좀 더 가능성을 높일까요?

#Your dream would come true.

이러면 “일어날 거야, 아마 그렇게 될 거야.” 동시에 이렇게 말할 수 있겠죠.

#그러니 희망을 잃지 마!

> hope / lose <

→ So don’t lose hope!

그런데 다른 한 사람. 이 사람은 확실히 꿈이 성취될 거 같아요. 이뤄질 모든 징조가 다 보입니다.

#네 꿈은 이뤄질 거야! 확신하면서 말하면?

→ Your dream will come true!

차이점 느껴지죠?

이제 마지막 문장 만들고 정리해보죠.
힘들게 어린 시절을 보낸 Walt Disney가 한 말이에요.

#All your dreams can come true if you have the courage to pursue them.

All your dreams — 너의 모든 꿈
can come true — 올 수 있다 진실로
if you have the courage — 너에게 용기가 있다면
to pursue them — pursue [펄쑤~]는 '추구하다, 얻기 위해 뒤쫓다'라는 뜻이 있답니다.
좋은 말 번역은 여러분의 몫!

당신의 모든 꿈은 당신이 그것들을 추구할 용기가 있다면 이루어질 수 있다.
이런 뜻이죠.
courage [커*리쥐]는 '용기'라는 뜻. 배짱이 있어야 하고, 남들이 뭐라든 신념을 가지고 두 발로 설 수 있는 용기. courage는 이런 데 쓰입니다.

그럼 다음 스텝에서는 '내가 만약 로또가 된다면'부터 '내가 만약 능력이 있다면' 식의 상상을 해보죠. WOULD 기둥이 많이 나올 겁니다.

02

가정법 과거

WOULD 기둥이 빛을 발하는 스텝입니다. 기둥과 좀 더 친근해져보죠.

스텝 09[18]에서 처음 IF를 배웠죠?
WHEN 리본 같지만 대신 IF는 일어나지 않을 가능성이 있는 것을 분류해 사용했죠. 국내에서 IF 문법을 검색하면 대개 어렵게 설명되어 있지만 어려워할 필요 없어요. 편하게 보세요.

그럼 IF 2탄 시작해봅시다.

상황) 로또광 친구가 로또에 당첨되었습니다! 질문해보죠.

#돈 받으면, 넌 뭐 할 거야?

항상 #이 나오면 먼저 스스로 만들어보세요. 돈 확실히 받을 거죠. IF가 아니라 WHEN이죠?

→ When you get the money, what will you do?

다른 상황) 로또를 사기는 하지만 아직까지 한 번도 당첨이 안 된 다른 친구가 말합니다.

#난 로또 되면 이탈리아에 집 사야지!

아직 WHEN으로 말하기에는 미래가 뻔하지 않죠? WHEN이면 듣는 입장에서는 '로또 1등 확률이 얼마인지 아나?' 생각할 수 있으니 IF가 어울리겠죠?

→ If I win the lottery, I will buy a house in Italy.

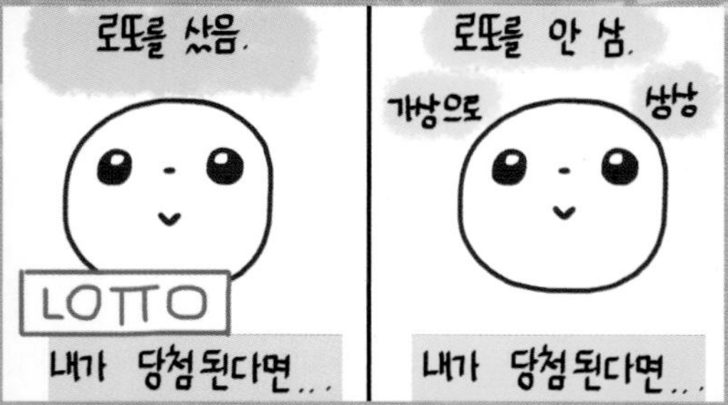

IF와 WHEN의 차이가 이제 보이죠?

친구 둘을 두고 우리는 WHEN과 IF를 접해봤습니다.

그런데 이렇게 '된다면'으로 가상의 상황을 상상할 때 한 종류의 가상이 더 있답니다.

로또를 손에 쥐고 '내가 당첨된다면'하는 상상 세계가 있는 반면, 전혀 로또를 사지도 않고 쳐다보지도 않는 사람이, '내가 당첨된다면' 하면서 가정하고 대화하는 경우도 있잖아요.

영어는 이 둘을 다른 상상의 세계라 여깁니다. 로또를 사면서 IF를 말할 때는 혹시 될 수도 있는 상황에서 말하는 것이지만, 사지도 않고 IF를 할 때는 그냥 설정만 그럴 뿐 이루어질 수 없는 것을 말하는 거잖아요. 이 둘을 분리해주는 거죠. 어떻게 분리?

IF는 그대로 두고 기둥을 살짝 다르게 써준답니다. 아주 간단해요. 보세요.

상황) 난 복권을 안 사는 사람입니다.

내가 로또가 된다면, 날 위해 큰 성을 살 거야!

사지 않으니 될 일도 없죠. 완전히 '가상'적인 상황을 위해 새 기둥을 또 만드는 것은 별 쓸모가 없으니 과거 기둥을 재활용해준답니다. win은 won으로 바뀌는 불규칙이었죠?

If I won the lottery,

과거는 아니지만 현재보다 약한 것은 시간이 지난 과거라 생각해서 과거 기둥을 정한 것 같아요.

자, 된다면 큰 성을 살 거라죠. 그런데 이것 역시 WILL은 아니죠? 로또를 안 사니 될 일도 없으니까요. 그래서 WILL 기둥보다 약한 기둥을 써준답니다! 그것이 바로 WOULD!

I would buy a big castle [케슬] for myself.

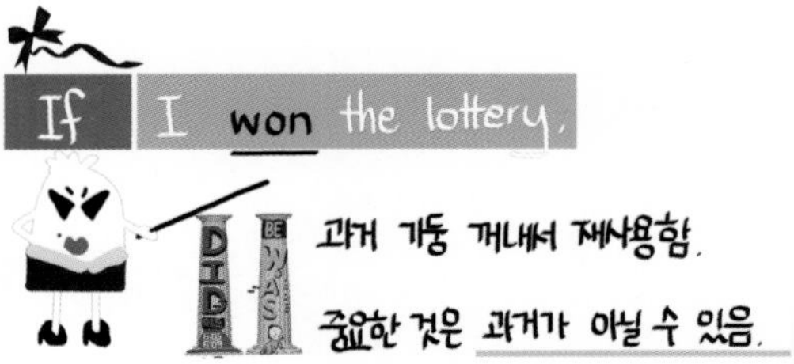

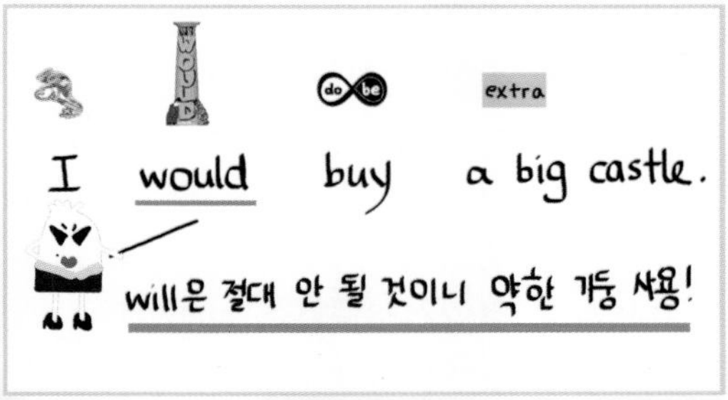

이것이 바로 두 번째 IF랍니다. 간단하죠?

→ If I won the lottery, I would buy a big castle for myself!

IF는 리본이니 배경으로 까는 것도 가능하지만 원래는 엑스트라처럼 뒤에 붙어서 생긴 것들입니다. 이번엔 뒤로 붙여서 말해보세요.

→ I would buy a big castle for myself if I won the lottery!

배경으로 까는 것이 우리말로 만들기가 더 편하죠?

자! 이러면 또 과거 기둥이 IF로 나오면 무조건 다 일어나지 않는 것이라고 보자, 생각하는 분도 있을 거예요. 그렇게 하나의 룰로만 바라보지 말고, 기둥들을 상식적으로 바라보세요.

상황) 여자분이 전화를 안 했다고 합니다. 남을 대신해 말하는 것이니 IF로 가서,

그분(여)이 전화를 안 했다면, 그러면 바쁘셔서 그럴 수도 있어.

→ If she didn't phone, then she might be busy.

여기서 과거는 그냥 과거죠? 아마도 바빠서 그렇다고 예상하지만 확신이 없으면 MIGHT 기둥을 쓰면 되겠죠?

#오늘 마감이 있다고 말했거든.

> deadline [데드라인] <

→ Because she said that she had a deadline today.

그럼 다시 완전히 가정하면서 말해보죠.

상황) 난 답을 모르는데, 상대가 자꾸 말해달라 합니다.

#내가 알면, 너한테 말해주지!

If I~ know의 과거가 뭐였죠? knew였죠?

→ If I knew it, I would tell you!

'알았었다면!'이 아니라, '알면!'입니다. 과거가 아니라 과거 기둥을 약하게 보고 재활용해준 것뿐!

그럼 '알았다면'이란 말은 어떻게 하느냐고요? 한 번에 1개씩! 모르는 것을 2개 동시에 배우면 헷갈리기만 합니다.

자! WOULD 기둥은 말하기에도 긴 만큼 잘 묶어줍니다.

→ If I knew it, I'd tell you!

쓸 때는 I'd가 보이지만 실제 말할 때는 거의 들리지도 않죠. 묶는 것도 말할 때 같이 해보세요.

자! 이러니 IF를 공부할 때 그 상황이 중요하겠죠?

우리말로만 보면 그 차이점이 잘 느껴지지 않는답니다. 변형이 많은 우리말의 특징 알잖아요?

그러니 상황을 대하면서 영어는 영어로 보는 것이 더 빠르답니다. 더 만들어보죠.

상황) 봉급 인상이 될 가능성이 있음.

#제가 급여 인상을 받으면, 저녁 살게요!

> raise [*레이즈]=급여 인상 / '저녁 살게요!'는 다양하게 보여드릴테니 확인해보세요. <

→ If I get a raise, I will buy you dinner!

→ If I get a raise, I will take you out for dinner!

→ If I get a raise, the dinner will be on me!

상황) 프리랜서. 봉급 없음. 가상으로 본다면,

#내가 급여 인상을 받는다면, 난 은행에 넣어놓을 것 같은데.

> raise / bank / put <

If I got a raise~ get을 got으로 바꾸는 거죠?

전혀 일어날 일 아니니 WILL 아니고, I would put it in a bank.

→ If I got a raise, I'd put it in a bank.

난 프리랜서. 봉급 없음. 가상으로 상상한다면

If I got a raise,

I'd put it in a bank.

어렵지 않죠? 익숙해지면 별것 아닙니다.
또 만들어보죠.

상황) 애인이 지구 반대편에 있습니다.

#네가 지금 내 옆에 있다면, 난 정말 행복할 텐데.

If you are가 아니죠? 없잖아요. are의 과거 형태가 뭐였죠, were.

→ If you were here with me now, I would be so happy.

내 코가 더 높았다면, 내가 더 괜찮게 보였을 거라 생각해?

문장이 엮였습니다! 먼저 앞에서부터 차례로 생각하세요!

If my nose~ 자! is의 과거는 was죠? **그런데 여기서 twist가 생깁니다.**

이렇게 가상세계인 IF에서는 was가 없습니다. 죄다 were로 갑니다.

If my nose were higher,

왜 was를 안 쓸까요? 약하게 하려니 was보다는 were가 더 약해서였을까요? 그냥 기억해주세요.

내가 더 괜찮게 보였을 거라 생각해?

Do you think that I would look better?

THAT 딱지 연결한 것뿐입니다! (스텝 08[16])

구조 보이나요? 영어는 틀만 알면 응용하는 것은 연습으로 금방 자기 것이 될 수 있습니다. 글을 쓰면서 익히면 훨씬 더 빨리 자기 것이 됩니다. 구조만 알면 돼요.

그럼 이번에는 다음 스텝에서 나올, 아직 배우지 않은 것을 한번 응용해보죠.

#내가 너라면, 난 회사 그대로 가지고 있을 거야.

> company / keep <

If I~ 내가 너는 아니잖아요. 분명 가상이니 약하게 과거로 하는데, was가 아니라 전부 WERE!

→ If I were you, I would keep the company.

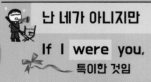

난 네가 아니지만

If I were you,

특이한 것임

I would keep the company.

#그것이 그렇게 불공평했다면 나도 시위를 할 수 있을 것 같아.

> unfair [언'*페어]=불공평한 / protest [프*로테스트]=시위하다 <

If it were that unfair, I~ 할 수도 있을 것 같다? 확실히 모르니 MAY 기둥인데 더 약한 기둥 써서 might protest too.

→ If it were that unfair, I might protest too.

다 배운 것 안에서 움직이고 단어만 바꾸면 되죠? 그럼 이제 연습장에서 가상적인 상황을 계속 상상하면서 만들어보세요. 혼자서 만들 때는 비현실적인 상황들을 생각하면서 해보면 더 감을 빨리 잡게 될 겁니다. 예를 들어, '내가 만약 개미라면' 식으로 말이죠.

#초등학생: 제가 만약 대통령이라면, 전 모든 걸 바꾸겠어요.

president [프*레지던트] / change

.... If I were (the) President, I would change everything. / I'd change everything if I were President.

#진짜 유령을 본다면, 솔직히, 도망갈 거 같아. (잘 모르겠음)

ghost [고스트] / see / honest / run

.... If I saw a real ghost, honestly, I might run. / Honestly, I might run if I really saw a ghost.

#내가 너의 전남편이라면, 엄청 후회하고 있을 듯해.

ex-husband / regret [*리그*렛]

.... If I were your ex-husband, I'd be so regretting.

#여자: 우리가 개미라면 내가 여왕개미일 거고 너는 내 일개미일 거야.

ants / queen ant / worker ant

.... If we were ants, I'd be the queen ant and you'd be my worker (ant).

#남자: 그리고 난 널 전복시키겠지.

overthrow [오버*쓰*로우]

.... And I would overthrow you.

#여자: 개미들은 그런 거 안 해!

.... Ants don't do that! / Ants don't do things like that!

#A: 당신이 내 남편이라면, 커피에 독을 탔을 거예요.

poison [포이즌]

.... If you were my husband, I'd poison your coffee.

#B: 당신이 내 아내라면, 난 마셔버리겠지!

.... If you were my wife, I'd drink it!

상황) 건드리면 폭발하는 장치를 적이 만지려고 합니다.

#내가 너라면 그거 안 할걸.

.... I wouldn't do that if I were you.

1103

부정문 + 의문문

NOT / YN Q

부정 NOT은 몇 번째? 당연히 세 번째.
타임라인에서 WILL 기둥은 실제 가고 있는 시간이지만,
WOULD 기둥은 그 현실을 낮춘 거라고 보면 됩니다. 아마 일어날 것이기 때문이죠.

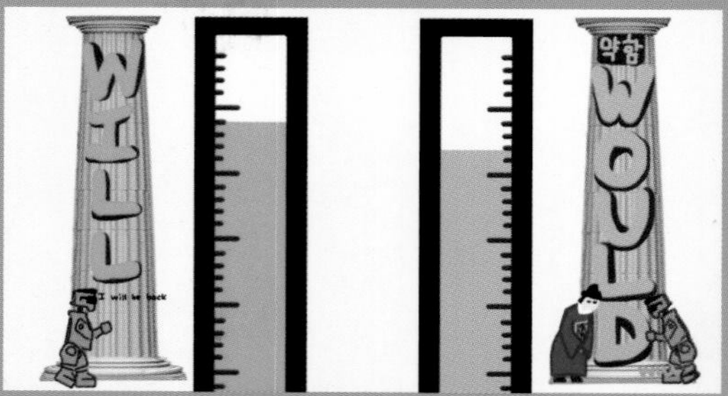

이래서 WOULD 기둥은 IF와 잘 어울릴 수밖에 없다고 했죠.
IF가 이미 '그럴 경우는' 하면서 다른 상황의 타임라인을 말하기 때문이죠.
그럼 계속 연습해볼게요. 다음 문장을 만들어보세요.

#이거 네가 했지! 그렇지?

→ You did this, didn't you?

#나는 그런 짓은 안 해!

→ I do not do that! 이건 항상 안 하는 거죠. 예를 들어 친구를 배신한다?

#난 그런 짓 안 해.

→ I don't do that.

그럼 살짝 다른 느낌 하나 더 가르쳐드릴게요.
만약 어쩔 수 없는 상황이 생긴다 해도,
'난 아마 안 할 것이다. 왜냐하면 난 그런 사람이 아니기 때문이다'라고 말하고 싶을 때.
타임라인 보면 가상적인 다른 상황을 말하는 거죠?
그래서 이 말은 간단하게 I would not do that!
우리말로 번역한다면 **난 그런 짓은 하지 않을 거야.**

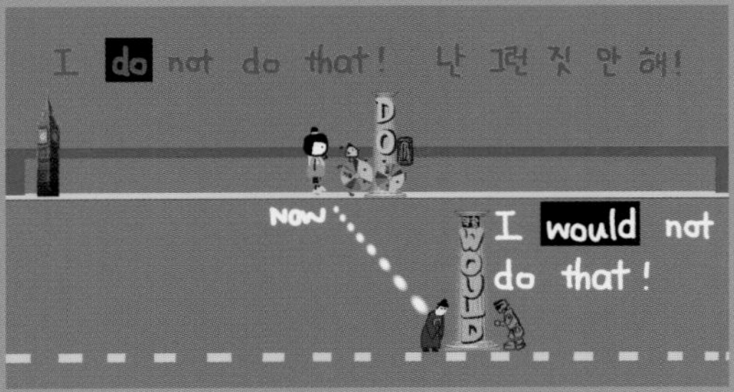

우리말은 별 차이가 없죠? 이래서 WOULD를 사용할 때 그 느낌을 아는 것이 중요합니다.
미래에 혹시 그런 상황이 생긴다고 하더라도, **"난 안 그래~"**라고 전달하는 거죠.
다음 예문을 IF와 같이 만들어볼까요?

#내가 너라면…

내가 너다. 무슨 기둥? 간단하게 나 = 너 BE 기둥 쓰면 되죠? I am you.

내가 너라면. 실제 전혀 그렇게 될 상황이 없기 때문에 were로 해준다고 했습니다.

→ If I were you…

#(내가 너라면) 난 그거 안 할 텐데.

WILL 기둥은 실제 타임라인에서 말하는 것이니, 한 번 더 약하게 강도를 낮춰서,

→ I would not do that.

간단하죠? 다음 문장을 만들어보세요.

#이거 마음에 들어?

→ Do you like this?

#나라면 추천은 안 하겠어.

> recommend <

여기에 WOULD 기둥을 쓰면 '네가 내 의견을 물어본다면' 하면서 한발 물러서 말하는 겁니다.

→ I would not recommend it.

네가 물어보면 난 강력하게 추천 안 할 거라고 말하고 싶다면 WILL로 말해도 됩니다.

#난 추천 안 하겠어!

→ I will not recommend it.

기둥은 여러분 선택이에요. 우리말은 같을지 몰라도 영어는 기둥에 따라 전달되는 강도가 달라지는 것뿐입니다!

자신 있게 무조건 타임라인 전체 덮어서 그 어느 때라도 이건 추천 안 한다고 전달하고 싶으면 무슨 기둥이 좋을까요? DO 기둥 써서,
I do not recommend it! 이렇게 해도 되는 겁니다.
"난 추천 안 해." 이렇게 말하는 거죠.

우리말 보세요.

나라면 추천은 안 하겠어.
난 추천 안 하겠어.
난 추천 안 해.

정말 비슷하죠? 자세히 보기 전까진 그 차이를 잘 못 느낍니다.
하지만 영어는 기둥 모양이 확실히 분리되어 있죠? I would not, I will not, I do not.

WOULD랑 NOT은 묶을 수 있습니다. 발음은 wouldn't [우든트].
그럼 이번엔 묶으면서 문장 만들어볼까요?

#난 너를 세상과도 바꾸지 않을 거야.

> world / trade [트*레이드] <

실제 너를 세상과 바꿔야 되는 상황이 생기는 것은 드물겠죠. 그러니 타임라인에서 강도를 한 번 낮춘 '아마도 일어나지 않을 상황'으로 WOULD 기둥을 사용하면 딱 맞아요.

I wouldn't~

do be 너랑 바꾸다.

change는 '변화시키다'입니다. 하지만 너와 세상을 바꾸는 것은 서로 맞교환하는 거죠? 변화시키는 것이 아니어서 영어는 분리했습니다.

맞교환하다.

Hint. #무역을 영어로? → trade [트*레이드]

do 동사 자리에 넣으면 '맞교환하다'

I wouldn't trade~

extra 뭘 맞교환 안 해요? 너 you.

extra 세상을 얻기 위해서 바꾸지 않을 거죠. 위해서, 껌딱지? for the world

→ I wouldn't trade you for the world.

이 문장도 만들어보세요.
#내가 이거랑 네 시계랑 교환할게.
→ I will trade this for your watch.

옆에서 지켜보던 사람이 갑자기 말합니다.
#미쳤어요? 바꾸지 마요!
→ Are you crazy? Don't trade it!

남한테 '해라~ 하지 마라!' 말하는 것은 책임이 따르는 행동이죠. 쳐다보자 말한 사람이 순간 툭 나온 반응에 한발 물러나며 다시 말해요.

저라면 안 바꿔요. 간단히 기둥으로만 전달 가능.
I wouldn't trade it. 굳이
#제가 당신이라면, 그거 안 할 거예요. 이렇게 쓰려면
→ If I were you, I wouldn't do that.

이번에는 오랜만에 NOT 말고 NEVER도 적용해볼까요? 천천히 만들어보세요.
상황) 말도 안 되는 상상을 누군가 말합니다.
#그런 일은 생기지 않을 거야.
미래니까 확신을 좀 낮춘다면
→ That wouldn't happen.
#그런데 만약 생긴다면, 내가 너한테 그런 것을 하는 일은 절대 없을 거야.
→ But if it does, I would never do that to you.
#그건 절대 일어나지 않을 거야!
→ THAT will never happen!

NOT 대신 좀 더 세게 NEVER를 넣을 수 있다는 것 알죠?

짧게 연습장에서 만들어보세요. WOULD는 강도를 낮춰준 것뿐입니다. 타임라인에서 보면, 일어날 가능성이 그만큼 낮아졌기 때문에 확신을 낮추면서 물어보는 거예요.

연습

상황) 남동생이 집 밖에 서 있습니다.

#여기 밖에서 뭐 하냐? 걔(여) 기다려? 그 애는 여기 (아마) 안 올 거야. 너무 멀잖아.

wait / far

.... What are you doing out here? Are you waiting for her? She wouldn't come here. It is too far.

#저희가 당신의 아이디어를 (아마) 이런 식으로 실행할 텐데요, 그건 모두에게 공평한 게 아닐 테죠.

execute [엑스큐트]=실행하다 / fair [*페어]=공평한

.... We would execute your idea this way, and that wouldn't be fair for everyone.

#(내가 말해줘도) 넌 이해 못 할 거야.

.... You wouldn't understand.

#A: 너 이거 원해? 이게 당신이 원했던 거야?

Hint: WH 1 당신이 원했던 게 뭐야?

.... Do you want this? Is this what you wanted?

#B: 아니야, 그건 (내 손에 들어온다고 해도) 원치 않아.

.... No, I wouldn't want that.

#저 남자분은 자기를 실망시키지 않을 거야. (아마)

disappoint

.... That man would not disappoint you.

이번 스텝은 YN Question도 같이 들어갑니다. 그래야 예문들을 더 쉽게 연습할 수 있을 거예요. 질문은 당연히 뒤집어야죠! 다음 문장을 만들어보세요.

#넌 영원히 살고 싶어?

→ Do you want to live forever?

아마 그런 상황이 생기지 않겠지만, 만약 그렇다면.

#넌 영원히 살고 싶을 것 같아?

→ Would you want to live forever?

#몰라. 영원히 사는 것이 가능해질까?

> possible <

→ I don't know. Would it be possible to live forever?

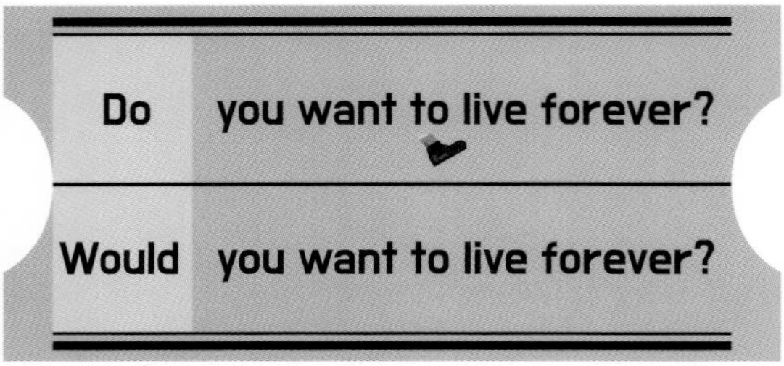
Do you want to live forever?
Would you want to live forever?

WOULD 기둥은 그냥 의미 전달이 약해진다고 보면 됩니다. 그래서 미래에 대해 구상할 때도 WOULD 기둥을 많이 써요. 확실하지 않으니까요. 미래 진로를 결정하면서,

#내가 이거 공부하는 걸 즐기게 될까?

→ Would I enjoy studying this?

계속 같은 식입니다. 천천히 직접 만들어보면서 가이드와 비교하세요.

#내가 이것을 선택하면, 이게 날 행복하게 할까?

If I choose this, would~ 굳이 영어에서는 this 다시 반복할 필요 없죠? It make me happy?

→ If I choose this, would it make me happy?

다른 상황) 절대 선택하지는 않을 겁니다. 그냥 말을 하자면~

#만약 내가 선택한다면, 이것이 날 행복하게 할까?

choose랑 다른 점을 보여주기 위해, 과거로 재활용한다고 했죠? 이미 과거니까 강도가 약하잖아요.

→ If I chose this, would it make me happy?

#절대 이걸 선택하진 않을 거지만, 만약 한다면…

→ I would never choose this, but if I did…

'If I do'가 아니라 약하게 빼서 'If I did'로 간 거죠.

더 만들어보세요. 계속 미래를 고민합니다.

#넌 훌륭한 리더가 되었으면 해, 훌륭한 관리자가 되었으면 해?

> great / leader / manager <

→ Would you want to be a great leader or a great manager?

#저 여자분은 정말 좋은 리더가 될 것 같지 않아?

→ Wouldn't that lady be a great leader?

#내가 좋은 엄마가 될까?

→ Would I be a good mother?

#난 좋은 아빠가 될까?

→ Would I be a good father?

#우리가 선택권이 없는 것은 아는데. 있다면 정말 좋지 않을까?

> choice / know / great <

→ I know we don't have a choice. But if we did, wouldn't it be great?

WOULD 기둥의 약한 특성을 기억하면서 반복적으로 예문을 연습해보세요.

11 04

숙어

I'd rather

통째로 접해야 하는 스텝.

I would rather [*라더]

I will이 I'll로 묶일 수 있듯 I would는 I'd로 묶입니다.
실제로 상당히 많이 쓰여요. I would rather는 통째로 다녀서 아예 처음부터 묶어 I'd rather로 더 잘 사용한답니다.
우리는 양쪽 다 적응해볼게요.

I would rather

I'd rather

우리 “I might as well do it” 배웠죠? (스텝 10[16])
기둥 뒤에 두비 나오기 전에 as well이 같이 따라붙어 다녔어요.
이것도 마찬가지로 I would rather 하고 두비가 나온답니다.

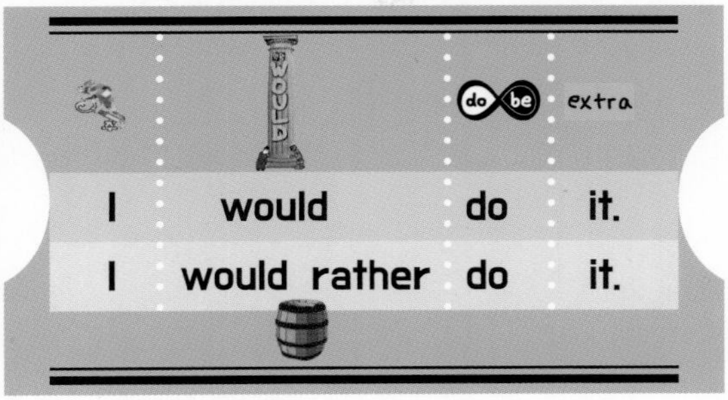

먼저 문장을 만들어보죠.

#이거 먹어!
→ Eat this!

#됐어요!
→ No, thank you!

차라리 내가 흙을 먹고 말지!

차라리 다른 것이 낫겠다고 할 때 I would rather를 씁니다.

진짜로 흙을 먹을 것은 아니잖아요. 그래서 미래 기둥인 WILL보다 약한 WOULD 기둥을 써주는 거죠. 그래서 나온 말이
I would rather eat dirt[*덜트]! = I’d rather eat dirt!

‘흙’을 soil [쏘일]이라고 하는데 soil은 기술적인 단어로 지질학, 농업에서 비옥토 같은 단어를 말할 때 씁니다.

하지만 전문용어가 아닌 일반 영어에서 soil은 배설물, 똥을 말해요. 그래서 “soil 가지고 놀았어요” 하면 배설물을 가지고 놀았다고 들립니다. 그러니 주의하세요.

보통 아이들이 가지고 노는 **흙**은 ‘dirt’라고 합니다. 만지면 더러워지잖아요. dirt를 형용사로 만들어서 **더러운**, dirty가 된 거죠.

계속 I would rather 예문을 만들어보죠.

#A: 나랑 같이 앉아!

→ Sit with me!

#B: 너랑 같이 있을 바에는 혼자 앉지.

이 긴 말을 영어는 간단하게 할 수 있는 거예요.

→ I would rather sit alone. = I'd rather sit alone.

#A: 뭐라 그랬어? (자기 귀를 의심하며 묻습니다.)

→ What did you say?

#B: '혼자 앉고 말지'라고 말했어!

→ I said, "I'd rather sit alone."

계속 같이 만들어보죠.

#A: 오늘 밤에 같이 놀래?

> hang out <

→ Do you want to hang out tonight?

#B: 미안한데 그것보단 그냥 집에 있고 싶어.

I am sorry, 나가는 것보다는~ 하고 비교하는 느낌으로 I would rather just stay home.

→ I am sorry, I would rather just stay home.

상황) 식당에서 항상 같이 점심을 먹던 동료가 갑자기 다른 데로 혼자 가서 앉습니다.

#A: 왜 그리로 가세요?

→ Why are you going over there?

B: 그쪽 얼굴을 볼 바에는 여기 앉아 있으려고요.

비교할 때 우리 than 썼잖아요. 여기서 그대로 사용하면 돼요,

than 하고 나머지 look at your face.

혼자 앉는 것과 같이 앉아 네 얼굴 보는 것.

이 둘을 비교했을 때 혼자 있는 것을 더 선호한다는 거잖아요.

I would rather sit over here. 이렇게 끝내도 되고, 비교하는 말까지 다 말해도 됩니다.

→ I would rather sit over here than look at your face.

그럼 이번엔 부정으로 가보죠.

#A: 저번 주에 무슨 일 있었던 거야?

→ What happened last week?

B: 그것에 대해 별로 말하고 싶지 않은데.

"싫어!" "I don't want to!"보다 말 안 하는 쪽을 더 선호한다는 느낌으로 전달하고 싶을 때 would rather가 되겠죠. NOT은 세 번째이고, 이건 기둥과 통째로 다니니 그 뒤로 넣어줍니다.

→ I'd rather not talk about it.

아예 '네가 상관 안 한다면'까지 꺼내 말해보죠.

#네가 괜찮다면 (신경 안 쓰인다면), 난 거기에 대해서 말하고 싶지 않은데.

→ If you don't mind, I would rather not talk about it.

연습장에서 부정도 섞어가며 만들어보세요.

연습

상황) 아버지와 아들이 병실 밖에 서 있습니다. 아버지가 물어봅니다.

#아버지: 들어갈래?

Hint: 그렇게 하고 싶어?

.... Do you want to go in?

#아들: 솔직히 말하면요, 아빠, 전 여기 밖에서 기다리고 싶은데.

honest [어니스트] / wait

.... Honestly, Dad, I'd rather wait out here.

#A: 어젯밤 무슨 일 있었구나, 그렇지? 뭔 일이 있었는지 나한테 말해봐.

Something happened last night, didn't it? Tell me what happened.

#B: 말 안 하고 싶어.

I'd rather not. / I'd rather not talk about.

#A: 내가 캐물으려고 하는 게 아니라, 그냥 도와주고 싶어서야.

pry [프*라이]=(남의 사생활을) 캐묻다

I am not trying to pry, I just want to help.

#A: 하루 종일 느긋하게 쉬는 게 좋지 않냐?

Hint: 좋지 않냐? — 하루 종일 느긋하게 쉬는 게 / relax

Isn't it nice to relax all day?

#B: (정정해주며) 난 차라리 바쁜 게 더 낫겠어.

Actually, I'd rather be busy.

상황) 모형 비행기를 만들고 있는 친구에게 묻습니다.

#A: 뭐 하고 있어?

What are you doing?

#B: 프로젝트 작업하고 있어.

Hint: '거기에만 집중에서 작업하는 중이다'라는 느낌을 살리고 싶을 땐 work on.

I am working on my project.

#A: 재미있어 보인다. 내가 도와줘도 될까?

It looks fun. Can I help?

#B: 아니. 나 그냥 혼자 할래. (그편이 더 나아.) 미안.

No. I'd rather do it alone. Sorry.

그럼 드라마에 나오는 웃긴 말 한번 번역해보고 정리하죠.
골프클럽에 가기 싫은 엄마가 말합니다.

Gilmore girls

#I love you. I would take a bullet for you.
널 사랑해. 널 위해서 총알도 take 할(받을) 거야. 대신 맞아준다는 거죠.
#But I'd rather stick something in my ear than go to the club with you.
하지만 I would rather~ 하고 들어갑니다.
stick something in my ear 차라리 찌를래 / 뭔가를 / 내 귀 안에
than go to the club with you. 너랑 클럽 갈 바에는
→ 너랑 클럽 갈 바에는 내 귀 안을 뭔가로 찌를래.

#I'd rather slide down a banister of razor blades and land in a pool of alcohol than go to the club with you.
I'd rather slide down 미끄러져 내려올래.
a banister 난간에 미끄러져 내려오는 것, 그려지시죠?
of razor blades 난간인데 한 번 더 들어가서 razor blades는 면도날입니다.
면도날로 만든 난간에 미끄러져 내려오는 편이 낫겠다고 하는 거죠.
and 또 있네요.
land 착지할래.
in a pool 어디 안에? 수영장 안에.
of alcohol 수영장은 수영장인데 알코올로 가득 찬 수영장이죠. 여기서 alcohol은 술이 아니라, 소독할 때 사용하는 '알코올'을 말하는 겁니다.
than go to the club with you. 너랑 클럽 갈 바에는.

#I'd rather eat my hand than go to the club with you.
I'd rather eat my hand 내 손을 먹을래.
than go to the club with you. 너랑 클럽 갈 바에는.

이거 하는 게 더 낫겠다 할 때 쓰는 would rather.
좀 더 재미를 붙이면서 문장을 만들어내면 기억에 더 남을 겁니다.
그럼 하기 싫은 것을 생각하면서 만들어보세요.

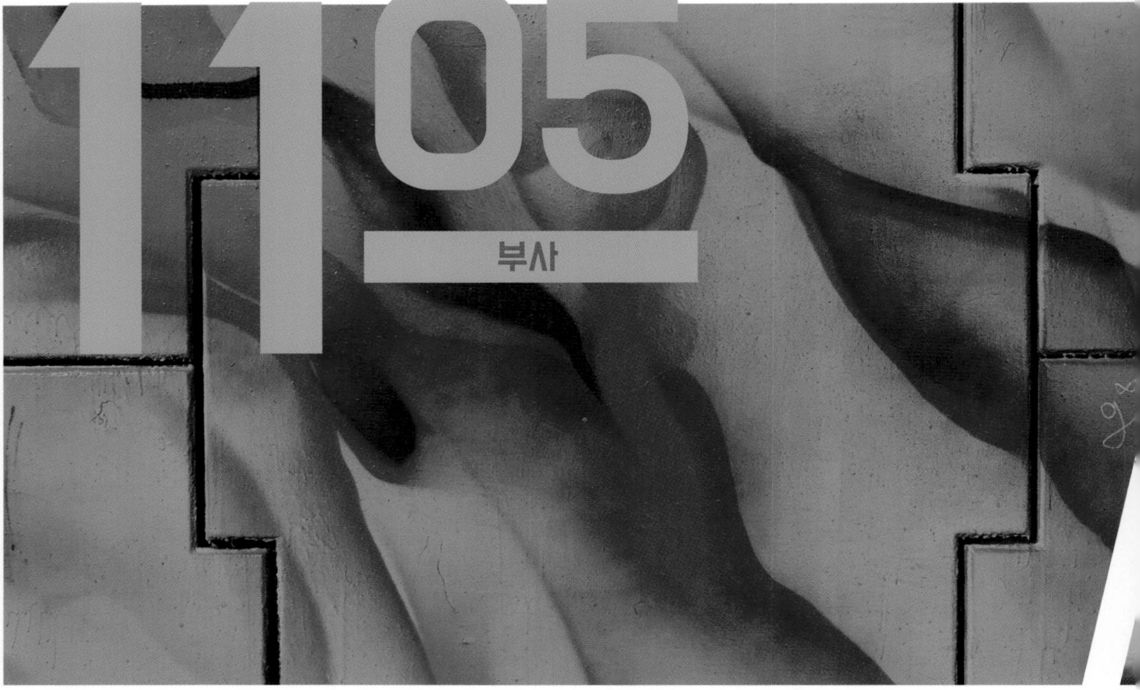

11 05 부사

ANY MORE

복습 한번 해보죠! 만들어보세요.

#나 옷이 더 필요해!

→ I need more clothes!

#난 스카프가 한 장 더 필요해!

우리가 흔히 말하는 실크 스카프는 silk scarf라고 말해줘야 메시지가 전달됩니다. 그냥 scarf 하면 목도리가 됩니다.

→ I need one more silk scarf!

I don't want one more jeans.

→ 난 청바지 한 벌 더 필요 없어.

I don't want any more jeans.

→ 청바지 한 벌도 더 필요 없어.

그 어떤 개수의 청바지도 필요 없다.

one more jeans

any more jeans

복잡하게 생각할 필요 없습니다. 〈Lion King〉 떠올리면서 somebody~ anybody~ nobody를 기억하세요. 우리말 번역만으로는 설명이 애매하니 영어를 하는 사람들이 저 셋을 보고 어떻게 무슨 느낌으로 골라 쓰는지를 이해해야 정말 쉬워집니다.

상황) 푸딩이 보여서 먹어도 되는지 물어봅니다.

#A: 저, 푸딩 좀 먹을 수 있을까요?

→ May I have some pudding?

맛있어서 다 먹어치웠어요. 또 먹고 싶어 묻습니다. 다음 문장들 만들 때 메시지 전달에 신경 쓰세요.

#A: 푸딩 더 먹어도 돼요?

→ Can I have some more (pudding)? 다시 말하니까 반복 안 하는 겁니다.

#B: 미안한데, 더 이상은 안 돼.

→ Sorry, you can't have any more (pudding).

#A: 더 이상 날 위한 푸딩이 없군요!

→ There is no more (pudding) for me!

some, any, no를 코스에서 최대한 어울릴 수 있게 억지로 번역해드리지만, 워낙 다양하게 우리말이 변하기 때문에 여러분은 자꾸 이미지와 연결해야 합니다.
이번엔 어휘 늘리면서 길게 만들어볼까요?

#재(남)는 3개 있잖아.

→ He has 3.

#더 이상 못 가지고 가게 해!

가지고 가게 내버려두지 말라는 겁니다. let 사용하면 돼요.

→ Don't let him take any more!

#우리 회사에 더 많은 피해를 내기 전에 우리가 저들을 멈출 순 없는 거야?

> company / damage [데미지] <

두비는 문장 맨 마지막. 멈출 수 없어요, 누가? 우리가, We.

할 수 없느냐는 것이니 CAN 기둥인데 질문이니까 뒤집으면 되죠. Can't we.

stop .... 뭘 멈춰요? 저들을 them ~

시간 나오죠. **걔네가 피해를 주기 전에~** 리본으로 연결해야겠네요, before.

말하고 기둥 문장 그대로 들어가면 되겠죠?

누가? 걔네가, they.

언제 낼지 모르니 타임라인 길게 해서 ( ),

'피해를 주다, 내다'는 give로 써도 되고, do로도 많이 씁니다.

더 많은 피해. 이것보다 조금 더 있는 것, any more damage.

우리 회사에~ 껌딱지 필요하죠! to our company.

→ Can't we stop them before they do any more damage to our company?

길었는데 잘하셨나요? 이제 some과 any 등을 복습했으니 재활용에 들어가보죠. 굉장히 간단해요. 예문 보세요.

#나 너 안 좋아해.

→ I don't like you.

나 너 더 이상 안 좋아해.

→ I don't like you **any more** [에니 모어].

기둥 문장 맨 뒤에 any more를 붙이면, 간단하게 '이전에는 그랬는데, 더 이상은 아니다'라고 말하는 겁니다. 우리말로 '더 이상'과 연결하면 간단해요! 현대 영어에서는 저 단어를 붙여서 anymore라고 쓰기도 하는데, grammar police들은 틀렸다고 할 겁니다. 그리 큰 신경 안 써도 됩니다.

extra

anymore

전까지는.

"더 이상" 아님

적용해보죠.

#내 태블릿이 딱 1분 전까지만 해도 여기 있었는데!

메시지 전달! 무슨 기둥? WAS 기둥이죠.

→ My tablet was here just a minute ago!

#더 이상 여기 없어. 어디 간 거야?

→ It's not here any more. Where is it? / Where did it go?

any more가 사전에 '요즘은, 최근에는'처럼 다른 뜻으로도 나오면서 헷갈리기도 하는데, 잘 보면 '요즘은'이나 '최근에는'은 결국 '전에는 그랬는데 더 이상 안 그런다'는 거죠. 같은 말입니다.
그리고 문장 맨 뒤에 any more / anymore 떨어져 있고 붙어 있는 것도 같은 것! 아셨죠?

미국 영어에서 anymore가 붙어 있는 것을 더 쉽게 볼 수 있는데 영국 영어에서도 쉽게 봅니다.

any more 타임라인으로 생각할 때 '더 이상!'
any more는 원래 any longer에서 온 단어랍니다.

long은 '긴'이죠. longer 더 긴.
any longer면 더 이상 더 길지 않다는 거죠.
타임라인에서 보면 이 이상으로 길어지지 않는다는 겁니다. '더 이상'이란 단어와 잘 어울리죠?
실제 any longer도 많이 쓰이는데, any more가 말하기가 편리해서 더 자주 사용되는 것뿐이에요!
그럼 좀 더 만들어볼까요?

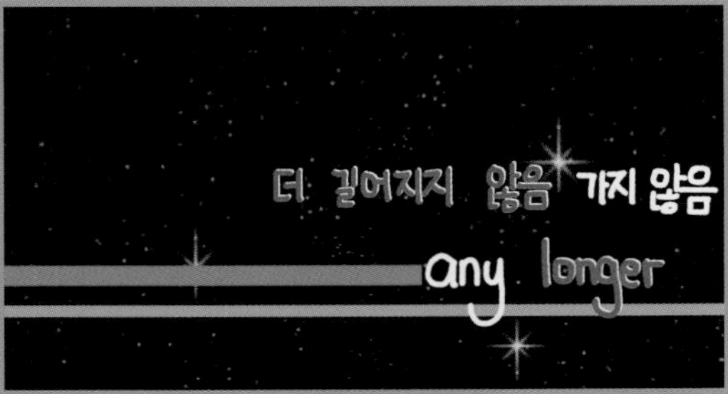

#삼촌! 더 이상 삼촌이랑 말다툼하고 싶지 않아요. 이건 너무 피곤하잖아요!

> argue [*알규]=언쟁을 하다 / tire [타이어]=피곤하게 만들다 <

영어는 친척 어른을 부를 때 이름과 같이 부릅니다. 삼촌 이름이 Jack이면 Uncle Jack!

→ Uncle Jack! I don't want to argue with you any more. This is too tiring!

any longer로 만들어볼까요?

#더 이상 이 일 하기 싫다!

→ I don't want to do this work any longer!

어렵지 않죠?

연습장에서 쉬운 문장으로 타임라인 떠올리면서 빨리 만들어보세요.

연습

#그거 왜 건드려? 네가 나 줬잖아! 더 이상 네 거 아니거든!

touch / give

Why are you touching that?

.... You gave it to me! It's not yours any more!

#이건 더 이상 민주주의가 아니야.

democracy [데'모크*라씨]=민주주의

.... This is not a democracy any longer.

#걔(여) 더 이상 화 안 났어.

angry

.... She is not angry any more.

#제가 그 조언은 오래전에 드린 건데. 전 더 이상 그 조언을 하지 않을 텐데요.

advice [어드'*바이스]=조언 / long time / advise [어드'*바이*즈]=조언하다

I gave you that advice a long time ago.
I would not advise that any longer. /
I would not advise that any more.

#우리 아들이 더 이상 10대가 아니네!

son / teenager [티네이저]

Our son is not a teenager any more!

#내가 누군지 더 이상 모르겠어.

Hint: 내가 누구지?

I don't know who I am any more.

#난 나 자신이 좋아, 그러니 더 이상 거짓으로 살진 않을래.

lie / live

I like myself, so I won't
live a lie any more.

#남: 이해가 안 돼. 왜 서로를 더 이상 못 본다는 거야?

I don't understand.
Why can't we see each other any more?

#여: 난 그냥 더 이상 똑같이 안 느껴져.

I just don't feel the same any more.

#여기 더 앉아 있을 바에는 차라리 이 코스를 낙제하고 말지!

course / fail [*페일]=낙제하다

I would rather fail this course
than sit here any longer!

#나 더 이상 널 위해 여기 있을 수가 없어. 미안해.

I can't be here for you any more. I am sorry.

1106

동명사 부정형

[잉] not going

[디~~~잉] 종소리!
Planet 중에 이런 게 있었죠?
스텝 07[02]에서 접한 [잉].
이번 스텝에서는 그 사용법을 넓혀보려 합니다. 아주 쉽고 간단한 스텝이랍니다!
다음 말을 영어로 해보세요.

#A: 지금 뭐 하세요?

→ What are you doing?

#B: 영어 공부해요.

→ I am studying English.

#영어 공부를 하는 것.

그 행동 자체를 말할 때는 [잉]만 붙이면 되었죠?

→ Studying English.

#영어 공부를 하는 것은 어렵지 않아요.

→ Studying English is not hard.

Studying English

Studying English is not hard.

더 해볼까요?

#저는 공부는 하고 있는데, 말하는 것은 연습 안 하고 있어요.

→ I am studying, but I am not practicing speaking.

동시에 잉~ 잉~ 나왔다고 신기해할 필요 없죠? 영어는 구조대로 움직이니 구조만 맞으면 반복되더라도 상관없습니다. 영어가 단어 조합이 아닌 구조로 보이기 시작하면 저런 문장들이 신기해 보이지 않는답니다. 앞에 나오는 practicing은 BE + 잉 기둥이고, speaking은 동명사 [잉]인 거죠.

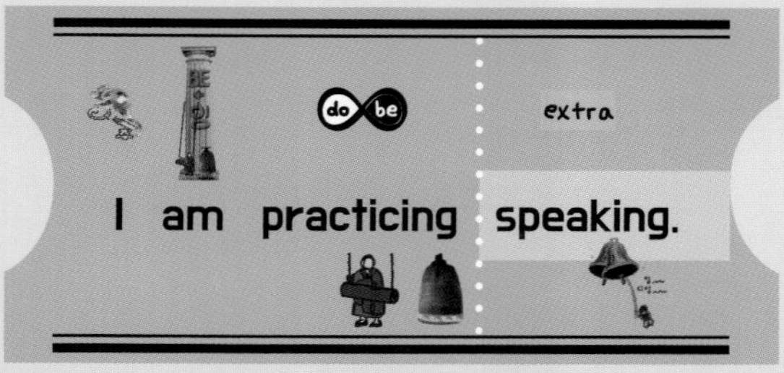

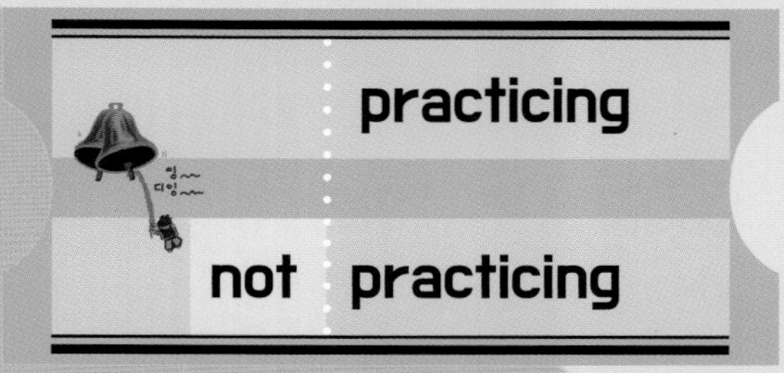

#연습하는 것 → practicing

그럼

연습하지 않는 것은 영어로?

굉장히 간단해요.

not practicing이라고 하면 됩니다.

no practicing이라고 할 경우에는 아예 연습하는 것 자체가 없는 겁니다.

아예 존재하지 못하게 하는 거죠. (스텝 05[10])

not practicing은 연습하는 것이 있는데, 안 하는 겁니다. 이것이 이번 스텝의 전부! 아주 쉽죠?

그럼 곧바로 응용해볼까요?

#연습하지 않는 것은 선택적인 것이(선택사항이) 아닙니다.

> optional [옵셔널]=선택적인 <

→ Not practicing is not optional.

#연습하세요!

→ Practice!

다음 것 해보죠.

누군가를 위해 있어주는 것을 영어에서는 **"I'll be there for you"**라고 합니다.
내가 널 위해 '필요한 곳에' 있어주겠다는 거죠.
우리는 "있어줄게"까지만 말하면 되지 굳이 너를 위해서, for you는 필요 없죠?
영어는 "I'll be there"라고만 하면 그냥 있는 것이니 for you가 필요한 것뿐입니다.

그럼 만들어보세요!

#너의 특별한 날인데, 내가 거기 있어주지 못하네. 미안해.

> special day <

항상 기둥을 잘 고르세요!

→ It is your special day and I can't be there for you. I am sorry.

#널 위해 거기 못 있는 것이 힘들다.

> hard <

헷갈리면 문장 쌓아보죠.

#이거 힘들다! → This is hard!

뭐가 힘들대요? 널 위해 거기 못 있는 것!

#거기 있어! → Be there!

#거기 있는 것! → Being there!

#거기 못 있는 것? → Not being there!

#널 위해 거기 못 있는 것이 힘들다.

→ Not being there for you is hard. / It is hard not being there for you.

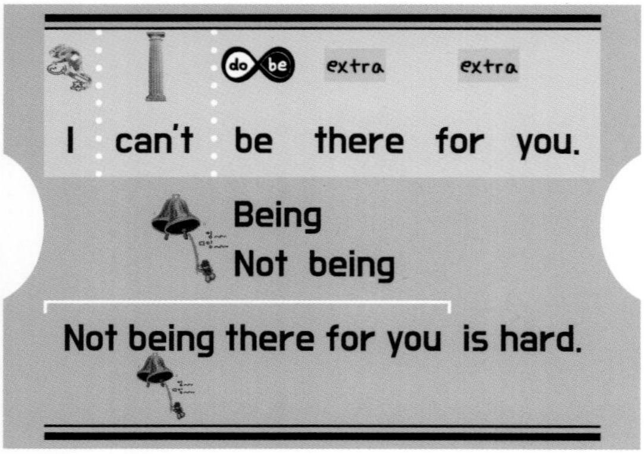

항상 두비에는 be도 있다는 걸 잊으시면 안 돼요. be 쪽도 당연히 [잉]을 붙일 수 있다는 것 알죠?
둘의 파워는 똑같아요. 무시하지 마세요! 또 해보죠.

#A: 너 또 망설이네!

> hesitate [헤씨테이트] <

→ You are hesitating again!

#결단력 있게 굴지 못하는 것이 결과에 영향을 미치게 될 거야.

> decisive [디싸이씨*브] / outcome [아웃컴] / affect <

모르는 것이니 WILL보다 약하게 WOULD로 가보죠.

→ Not being decisive would affect the outcome.

농담도 만들어볼까요?

#A: 난 이거 하는 거 정말 좋아해!

→ I really like doing this!

#B: 그래? 난 이거 안 하고 있는 것이 좋은데!

→ You do? I like NOT doing this.

#이렇게 모르고 있는 건 정말 싫은데.

> hate / know <

extra 뭘 싫어하는 거죠? 모르고 있는 거죠. 영어는 알지 못하는 것이라고 하니 not knowing.

extra 엑스트라 또 있죠? 이렇게, like this.

→ I hate not knowing like this.

do be
extra
I
hate
not knowing.
모르는 거 자체

어렵지 않죠? 엮는 것이 헷갈리면 먼저 적어 보세요. 적다 보면 어느 순간 암산이 될 것입니다. 이렇게 Planet을 한번 접하면 그다음 달덩이 같은 것들은 쉽답니다. 그럼 몇 개만 더 같이 해보죠!

#나도 내가 이걸 충분히 말 안 한다는 것 아는데.

> enough / say <

→ I know I don't say this enough.

#내 남편과 우리 아이들의 아빠로 있어줘서 고마워.

Thank you~

extra for~ 껌딱지 다음은 명사니까 동명사로 만들면 되죠?

→ Thank you for being my husband and the father of our children.

You **are** my husband and the father of our children.

↓

Being 나머지 그대로

#제 와이프와 저는 이사를 고려 중이에요.

> move / consider [컨씨더] <

→ My wife and I are considering moving.

#우리 애들을 고등학교에 보내지 않는 것도 고려 중이에요.

→ We are also~ considering~

extra not sending~ our kids~ to high school.

→ We are also considering not sending our kids to high school.

#홈스쿨링을 할 수 있을 것 같아요.

확실치 않을 때는 MIGHT 기둥 좋겠죠?

do be **'홈스쿨링을 한다'**라고 하면 됩니다, do homeschooling.

→ We might do homeschooling.

배운 것을 하나만 더 엮어볼까요?

#저희가 그것을 해낼 수 있을 것 같은데요, 당신이 저를 먼저 도와주시면.

확실한 WILL 기둥은 아니니 WOULD 기둥 쓰면 되겠죠?

할 수 있는데, 미래에 할 수 있을 것 같다? 그럼 WOULD 기둥에 be able to 엮으면 되는 겁니다. (스텝 10[06])

We would be able to do that~ 조건이 있죠?

당신이 저를 먼저 도와주시면!

If you help me first.

리본으로 엮기만 하면 됩니다.

→ We would be able to do that if you help me first.

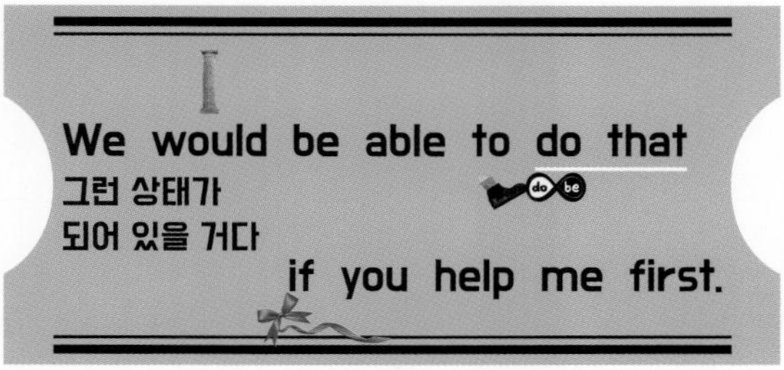

We would be able to do that
그런 상태가
되어 있을 거다
do
be
if you help me first.

> 많이 엮이면서 문장이 길어지죠? 그럼 연습장에서 연습한 후 지금까지 배운 [잉] 앞에 NOT도 넣어보면서 [잉]을 다양하게 복습해보세요! 쓰면서 하면 수월할 수 있습니다!

연습

#어제 집에 늦게 와서 미안해. 기분 안 상하고 있어줘서 고마워.

upset

I am sorry for coming home late yesterday.

.... Thank you for not being upset.

#걘(남) 일하는 걸 즐겨.

enjoy

.... He enjoys working.

#걘(남) 일하지 않는 걸 즐겨.

.... He enjoys not working.

#정기적으로 운동을 안 하는 건 너의 건강에 위험해.

regularly [*레귤럴리]=정기적으로 / dangerous [데인져*러스]=위험한

Not exercising regularly is dangerous for your health.

#제시간에 준비되어 있지 않아서 미안해.

Hint: be ready

I'm sorry for not being ready in time.

#고맙다, 나한테 이거 말 안 해줘서!

Thank you for not telling me this!

#A: 누가 이번 여름에 캠핑을 가지 말자고 제안했다는데.

camping / suggest [써제스트]=제안하다

Someone suggested not going camping this summer.

#B: 그래(yeah)! 가지 말자.

Yeah! Let's not!

#재(여) 후회하고 있어, 더 열심히 공부 안 한 걸 — 학교에 있었을 때 말이야.

regret [*리그*렛]=후회하다 / harder=더 열심히

She regrets not studying harder when she was at school.

#남편과 저는 딸아이를 학교에 안 보내는 걸 고려하고 있어요.

consider [컨씨더~]=고려하다

My husband and I are considering not sending our daughter to school.

#사람들은 도움을 요청하는 것이 나약함의 표시라고 생각하지만, 사실(정정) 도움을 요청하지 않는 것이 나약함의 표시다.

sign [싸인] of weakness [위크너스]=나약함의 표시

People think (that) asking for help is a sign of weakness, but actually, not asking for help is a sign of weakness.

11 07

전치사 / 부사

ACROSS

#A: 중국말로 "전 한국인입니다"를 어떻게 말하죠? 이 질문을 영어로 만들어보세요!

→ How do you say "I am Korean" in Chinese?

#B: 그건 중국말로 어떻게 말하는지 몰라요.

→ I don't know how to say that in Chinese.

다음 질문!

#한문으로 숫자 10을 어떻게 쓰죠? 영어로?

> Chinese character [캐*릭터] <

→ How do you write number 10 in Chinese character?

十

10 十, 중국어로는 십자 모양이죠.
십자가와 똑같은 모양인데 #십자가는 영어로?

→ cross [크*로스]

그러면 번역해보세요!

#Do not cross this line!

cross 하지 말라! 이 선을!

cross를 두비에 넣었죠. 선을 십자로 하지 말라는데, 우리말로 넘지 말라는 겁니다.

→ 이 선 넘어오지 마!

'건너다'도 될 수 있겠죠. 예문 더 만들어보세요.

#저 다리 건너지 마세요!

> bridge [브*리쥐] <

→ Don't cross that bridge!

우리도 친한 사람들끼리 "선을 넘지 말라"는 말 쓰죠. 영어도 똑같이 말합니다.

상황) 상사가 이상한 말을 해서 그걸 친구한테 말하는 중입니다.

#그 사람(남)이 내 상사인 것은 알겠는데,

→ I know ( ) he is my boss,

#그래도 그건 선을 넘는 거잖아!

→ but that is crossing the line!

cross를 명사 자리에 넣건 동사 자리에 넣건 어렵지 않죠?
이제 이것과 느낌이 완전히 똑같은 껌딱지를 소개해드립니다.
바로 **across** [어크*로스].
다음 영어를 읽고, 이미지를 그려보세요.

#Walk across the rice field.

걸어라 / across the rice field

field는 넓은 평야라고 했죠. 그래서 축구경기장을 football field, 그럼 rice field는 뭘까요? 논입니다.

논을 상상한 후, across는 껌딱지, '가로질러'라고 할 때 across를 씁니다.
가로질러 걸으라는 거죠. 이미지가 그려지나요? around가 둥글게 움직인 껌딱지라면 across는 가로지른다는 느낌이 있을 때 붙이는 껌딱지입니다.
다음 영어를 읽으면서 이미지로 그려보세요.

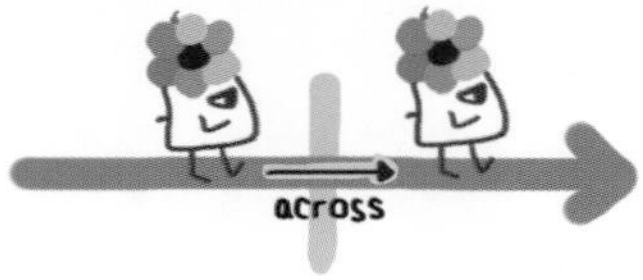

#Now imagine this! You are here.
Walk along the rice field.
Walk around the rice field.
Walk across the rice field.

다 다른 이미지가 그려지죠? 이미 다른 껌딱지 배워서 across도 간단할 겁니다. 이게 끝이에요!
그럼 연습장에서 이미지를 그리며 말해보세요.

#길을 건너가세요. 거기서 그걸 찾으실 수도 있어요.
(50% 확신)

road [*로드] / find

Cross the road. You might find that there.

상황) 조난된 상황. 마을에 구조요청을 하러 가야 한다며 나서자 누군가 말합니다.

#거긴 이 강 건너편에 있는 거잖아요! (약한 확신)
불가능할 거예요. (약한 확신)

river / impossible ↔ possible

That would be across this river!
It would be impossible. / It would not be possible.

#길 건너편에 저거 네 새 차야?

Is that your new car across the street (road)?

#A: 실례합니다, 가장 가까운 은행이 어디인지 아세요?

Hint: 은행이 어디 있죠?

Excuse me, do you know where the nearest bank is?

#B: 어, 미안해요. 무슨 말인지 못 들었어요. 뭐라 그러셨어요?

hear

Err, I'm sorry. I didn't hear that. What did you say again?

#A: 이 은행이 어디 있는지 아시느냐고요.

I asked if you knew where this bank is.

#B: 아, 네. 길 건너편에 하나 있어요. 여기서도 볼 수 있어요.

Oh, yes. There is one across the street (road). You can see it from here.

번역 좀 해볼까요? 항상 앞에서부터 번역하세요!

#Lots of people across the world speak English.

Lots of people 많은 사람들이
across do 동사 아니죠. across이니 껌딱지. 가로질러?
the world 세상을 가로질러? 이미지 그려봐요. 우리말로 뭐가 어울릴 것 같아요? 세계를 가로질러 많은 이들이,
speak English. DO 기둥이죠? 영어를 합니다.

이미지 그려보세요.

#across the world.
around the world.
all over the world.

우리말도 '세계에, 세계를 가로질러, 세계 곳곳에' 등 메시지는 같지만 이미지만 살짝 바뀌죠? 이렇게 껌딱지는 항상 편하게 바라보세요.
하나 더 드려볼게요. 직접 이미지로 떠올리세요.

#저 주차했어요.

→ I parked the car.

I parked the car **around the corner.**
I parked the car **across the road.**

이번에는 across the road가 더 쉬웠나요? 앞에 길이 보이고, 그걸 건너서 말한 거죠.

#around the corner는?

코너를 둘러싸고, 코너를 돌아서 세운 겁니다. 코너가 보이면 around 된 거죠. 재미있죠?
어휘 하나 늘려보고 정리하죠.

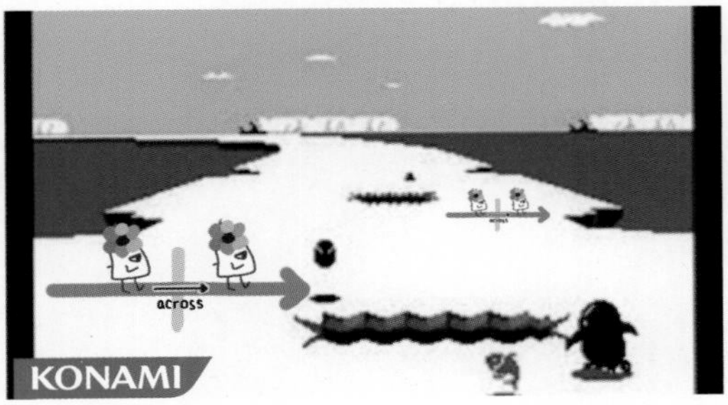

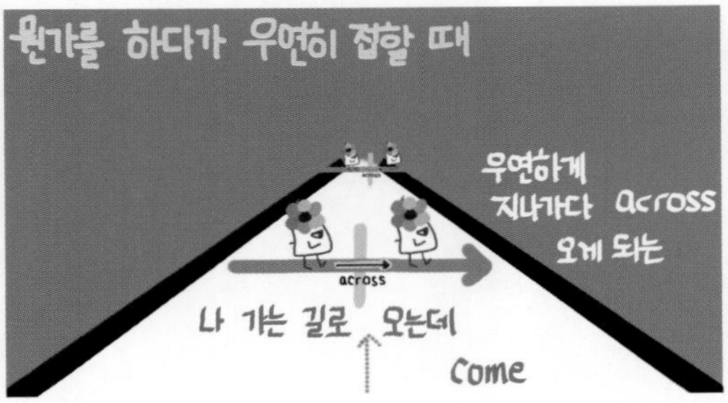

이런 펭귄 게임 본 적 있나요?
펭귄은 계속 일자로 가는데, 그 길을 가로질러 다양한 것이 예상치 못하게 튀어나와요.
내 길 안으로 come 하는 겁니다. 그런데 가로질러 올라오니 across. 그러면서 내가 맞닥뜨리게 되는 거죠.

'내가 뭔가를 하고 있는데, 우연히 다른 뭔가를 맞닥뜨리게 될 때' come across를 쓴답니다.
across는 이런 식이라서 다른 이디엄을 접해도 그렇게 어렵지가 않아요. 그러니 지금은 먼저 across를 다른 기둥들과 합쳐서 간단하게 만들어보세요.

11 08

조동사

예의 Would you

영어로 말해보세요.

#전 커피는 안 좋아해요.
차를 더 선호해요.

> tea / prefer [프*리*퍼] <

→ I don't like coffee. I ( ) prefer tea.

그러다 자주 가는 친구 집에 갔는데, 친구가 물어봅니다.

#뭐 좀 마시고 싶어?

→ Do you want to drink something?

그런데 오늘따라 차가 아닌 커피를 마시고 싶어요.
항상 커피를 좋아하는 것은 아니니 DO 기둥의 "I ( ) like coffee"는 아닌 겁니다. 하지만 오늘은 커피가 나오면 좋을 것 같아요. 그대로 영어 문장으로 만들어보죠.

#커피가 나오면 좋을 것 같아.

친구한테 미래 기둥 써서 "I will like coffee!"로 말할 순 있겠죠. 실제로 이렇게 말하기도 합니다.
그런데! 달라는 입장에서 너무 대놓고 말하는 것 같으니 WILL 기둥보다 약한 것을 사용해줍니다.
만들어보세요.
오늘은 커피 주라~ 커피가 나오면 좋겠네~

→ I would like coffee today.

바로 이것이 영어의 '예의' 차리는 방법입니다. 날 위해 만들어줄 사람에게 배려해서 말하는 거죠.

저 문장 많이 접해봤죠?

당연히 같은 말을 할 수 있는 방법은 많아요. 천천히 해부하면서 보세요!

#Give me coffee, please. Thank you!
Can you make me coffee, please? Thank you!
Coffee, please? Thank you!
I want coffee today, thank you!
May I have some coffee, please? Thank you.

"I would like some coffee"로 말하면, 자신을 낮추면서 커피 달라고 돌려 말하는 겁니다.
'예의'라고 하면, 우리는 나보다 나이가 있는 사람이나 처음 보는 사람에게 더 집중하지만 영어에서 이 말은 친동생에게도 하는 말입니다.

동생이 부엌에서 "뭐 마실래?" 물어서 답해요.

#나 코코아 마시고 싶어.

동생이 타줘야 하잖아요. 수고를 해야죠. 그래서
"I would like some coco." 이렇게 말하면 코코아 나오면 좋겠는데~라고 돌려서 말하는 거예요.
그러고 나서 만들어주는 데 대한 고마움을 덧붙여 미리 인사까지 해요. Thank you!

'May I?' 질문은 정식으로 예의를 차리는 거였죠? 50%나 낮춘 기둥이잖아요. 그래도 되느냐, 안 되겠느냐? 어렵겠느냐? 식인 거죠.

그래서 또래나, 친한 친구 사이에서는 사용을 잘 안 한다고 했죠?

WOULD 기둥은 그 정도는 아니잖아요.
그래서 아주 잘 씁니다.
하지만 상대가 줄 생각도 않는데 바로 "I would like some coffee", "커피 주세요" 하면 김칫국부터 마시는 겁니다. "커피가 좋을 것 같네요." 하는 식이니까요.
그러니 그럴 때는 우리말처럼 "Can I get some coffee?"로 가는 것이 더 자연스럽겠죠.

보통은 서빙 하는 사람이 먼저 물어보죠?

#물 드릴까요?

→ Would you like some water?

방법은 같죠. 뒤집은 거예요. 상대방이 물을 원하는지 다른 것을 원하는지 잘 모르겠으니 WOULD 기둥으로 약하게 질문하는 겁니다. 좀 더 해보죠.

#뭐 마시고 싶으세요?

Do you want~

뭔가 마실 것, something to drink.

→ Do you want something to drink? 좀 더 예의 있게,

→ Would you like something to drink? 이 말이 더 좋겠죠.

그럼 더 만들어볼까요?

#A: 커피 드시겠어요?

→ Would you like some coffee?

굳이 to drink 필요 없죠.

#아! (스스로 정정하면서) 저희 쿠키도 있는데.

> biscuits <

영국에서는 쿠키 같은 과자를 '비스킷'이라고 잘 말합니다. cookie라고도 해요.

→ Actually we have some biscuits too.

다음 문장은 껌딱지를 잘 붙여보세요.

#커피에 비스킷을 같이 좀 드릴까요?

→ Would you like biscuits with your coffee?

#커피랑 같이 드실 수 있는 비스킷을 좀 드릴까요?

→ Would you like biscuits for your coffee?

왜 for가 쓰였는지 이제는 추론할 수 있죠?

결국 'I would like'는 'I want'와 같은데 좀 더 예의 차리는 것일 뿐입니다. 그렇게 보면 간단하죠.

#네 이야기를 듣고 싶어!

→ I want to hear your story!

여기서

#네 이야기를 들어보고 싶어!

좀 물러서면서 말을 할 때도 약하게

→ I would like to hear your story!

두비 다음에 TO 다리 붙여서 계속 엑스트라로 연결할 수 있듯이 이것도 같은 구조인 겁니다. 영어의 큰 구조는 계속 똑같습니다!

자! 그러면 연습장에서 서빙 하는 사람들과 대화하며 다양한 주문을 시작해보죠. 외우려 하지 말고, 영어는 왜 저렇게 말하는지 그 감정을 살리세요. 그리고 직접 식당에 갔다고 상상하면서 연습해보세요.

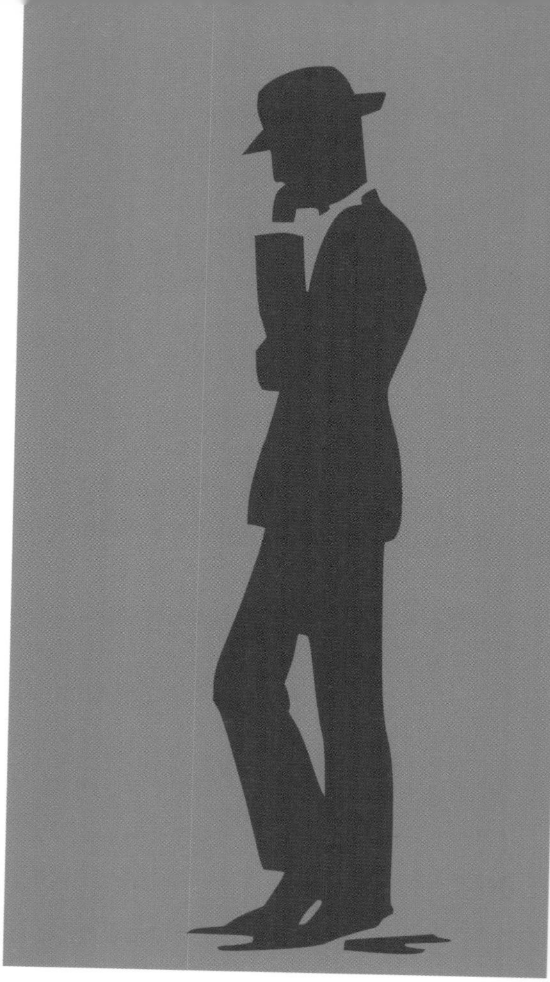

연습

상황) 룸 예약을 위해 호텔에 전화합니다.

#A: Six Senses에 연락주셔서 감사합니다. 어떻게 도와드릴까요?

.... Thank you for calling Six Senses, How may I help you?

#B: 안녕하세요. 다음 달 3일에 방 하나 예약하고 싶은데요.

book=예약하다

Hi, I'd like to book a room for
.... the 3rd of next month.

상황) 렌터카를 빌리러 갑니다.
#A: 안녕하세요. 차 렌트하고 싶은데요.
rent

.... Hi. I would like to rent a car.

마지막에 직원이 묻습니다.
#B: 추가 보험 드시겠어요?
additional insurance [어'디셔널 인슈*런스]=추가 보험

Would you like the additional insurance? /
.... Would you like to have the additional insurance?

상황) 공항에서 항공사 직원이 묻습니다.
#창가 자리로 드릴까요, 통로로 드릴까요?
window seat / aisle [아일]=통로

.... Would you like a window seat or an aisle?

상황) 비행기 예약 재확인 전화를 합니다.
#네, 제 비행편(티켓 예약)을 재확인하고 싶은데요.
flight [*플라이트] / reconfirm [*리컨'*펌]

Hello, I would like to
.... reconfirm my flight, please.

상황) 집에 방문 A/S 기사가 오셔서 수리 중입니다.
#뭐 마실 거라도 드릴까요?

Would you like something to drink? /
.... Would you like a drink?

상황) 바쁜 상대방과 통화를 못 해 비서에게 말합니다.
#메시지 좀 받아주시겠어요?

Would you take a message, please? /
.... Can you take a message, please?

#저희 레스토랑의 특별 디저트 드셔보시겠어요?
special / dessert

Would you like our special dessert? /
.... Would you like to try our special dessert?

119

물질명사의 수량

a piece of

우리말은 일상에서 단위를 많이 씁니다.
1개, 1잔, 1그릇, 1숟갈, 1컵, 1명, 1대 등등
하지만 실제 대화할 땐 이런 상황도 생기죠.
"커피 사러 갈 건데 몇 개 사 와?"
"3개! 캔 말고, 컵으로!"
"여기 커피 3개요. 얼마죠?"

굳이 커피 3잔, 3캔이라 구분하지 않고 말할 때 있죠? 국어 시간에 가르치는 방식은 아니겠지만 그렇다고 안 쓰는 것은 아닙니다. 뻔히 보여서 그런 것이 중요하지 않다는 것을 아는 거죠. 영어도 마찬가지예요.

"3 coffees!"라고 말해도 상관없습니다. 그리고 실제로 이렇게 말하는 경우가 많습니다.
바쁜 커피숍에서 일일이 따지기보다
"3 coffees, please"라고 말할 수 있는 것이
영어를 더 자유롭게 사용하는 것이겠죠?

하지만 단위도 알아야 쓸 수 있으니 배워는 둡시다! 알면 유용할 때도 있어요. 예를 들어, 우유가 마시고 싶어 부엌에 갔는데 룸메이트가 프렌치 토스트를 만들겠다며 우유 한 통을 꺼내 속이 깊은 그릇(= bowl, 보울)에 붓고 있다면요.

잠깐! 나 우유 한 잔만 먼저 마셔도 될까?

이럴 때는 '잔'이란 말을 해주는 게 좋겠죠.
그냥 **"Can I just have some milk?"**도 상관은 없지만, some이면 얼마큼 줘야 하는지 애매하죠? 이럴 때, **한 잔만!**

먼저 영어는 cup과 glass [글라스/글레스]를 구별합니다.
cup은 커피컵. 유리잔은 glass cup인데 줄여서 glass.

우유는 보통 유리잔에 담아 먹죠?
이런 상황에서는 단위가 중요해요. 중요한 것부터 먼저 말해줍니다.
유리잔만큼! A glass! 유리잔 다음에 한 번 더 들어가서, of milk!
우유 한 잔: A glass of milk

이렇게 우유나 커피처럼 셀 수 없는 것은 스스로 단독으로 있기 힘들어서 단위부터 먼저 말해주는 경우가 많습니다. 좀 더 만들어보죠.

a piece [피스]는 조각이죠?
그럼 2 조각은 two pieces [피씨~즈], 뒤에 [즈] 붙죠.

#빵 한 조각은? A piece of bread.

다음 문장들을 영어로 만들어보세요.

#저는 토스트 3조각 먹어요, 아침 식사로.

→ I eat three pieces of toast for breakfast.

#한 조각은 치즈랑, 한 조각은 꿀잼 그리고 마지막 조각은 땅콩잼이랑요.

> honey / peanut butter jam [피넛 버터 잼]=땅콩잼 <

→ One with cheese, one with honey and the last one with peanut butter jam.

종이도 보면 각 장으로 잘려져 있죠.
그래서 종이 한 장을 a piece of paper 라고 말하는 겁니다. 다음 대화를 영어로 만들어보세요.

#A: 이 파일 프린트 좀 해줄 수 있어? 고마워.

명령도 되고, CAN도 되지만 WOULD 기둥으로 만들어보세요.
→ Would you print this file for me? Thank you.

#B: 어, 종이가 없는데.

→ Ah, there is no paper.

#A: 2페이지밖에 안 돼.

→ It's only two pages.

#B: 아! 여기 하나 있다.

→ Ah! There is one here.

#A: 우리 2개 필요한데!

→ We need two!

#B: 2개 뭐?

→ Two what?

#A: 종이!

상대방이 "Two what?" 했죠?
그럼 what만 채워서 답해도 됩니다.
→ Pieces of paper!

맛있는 케이크가 식탁에 놓여 있습니다.

Black Forrest Cake!

Black Forrest는 실제 독일에 존재하는 숲 이름이랍니다. 《헨젤과 그레텔》 아시죠?
그 이야기에 나오는 숲 이름입니다.

빛이 잘 들어오지 않는 숲으로 기운이 미스터리하다고 해서 그 숲에 영감을 받아 생긴 동화들이 있어요.
《헨젤과 그레텔》
《라푼젤》
《잠자는 숲속의 공주》
등등이 그렇죠.

Black Forest Cake는 그 숲 주변 지역에서 만든 케이크라서 그렇게 이름이 붙여졌다고 해요. 한국 빵집에서도 쉽게 볼 수 있답니다.

#케이크 좀 먹어도 돼?

→ Can I have some cake?

그러자 치사하게 딱 한 조각 주려고 합니다.

#2조각 줘!

→ Give me two pieces!

단위만 알고 나면 어렵지 않죠? 그럼 이번엔 단위만 드릴 테니 직접 만들어보세요.

우유 팩의 '팩'은 carton [칼튼], **'병'**은 bottle [보틀]이에요.

#주스 5팩이랑 막걸리 2병 사가지고 오는 거 잊지 마!

→ Don't forget to buy 5 cartons of juice and two bottles of Ma-gul-li.

어렵지 않죠?

상황) 회사에서 아침부터 베이글, 머핀 등을 준다며 난리 법석입니다. 아직 잠도 제대로 안 깼는데.

#아, 괜찮아요. 정말 필요 없어요.

→ No, thank you! I really don't need it.

#(누구한테 달라는 게 아니라) 난 커피 한 잔만 좀 마셨으면 좋겠어.

→ I just want some coffee. 이렇게 해도 되고

→ I just want a cup of coffee.

단위 배웠다고 해서 무조건 말할 때도 항상 단위를 꼭 넣어야 한다고 생각하지 마세요. 말은 자연스럽게!

이제 커피숍 가서 시켜봅시다.

→ **I'd like one coffee and one tea to go please.**

이렇게 해도 되고,

→ **Can I have one coffee and one tea to go, please?**

이렇게 말한다고 해서 커피콩 하나랑 차 풀잎 하나 달랑 주진 않겠죠? 다 뻔히 잔으로 달라는 것을 알고 있으니 알아서 줍니다.

마지막 to go는 take out 한다는 거예요. 이미지 그려졌죠? TO 다리로 번역하려 하지 말고 항상 이미지로 그리세요!

#커피콩은 영어로?

a coffee bean [커피빈]. 그런데 커피콩 하나만 달랑 있는 것 보기 힘들죠?

대부분 옹기종기 모여서 Coffee bean**s**.

요즘 커피숍에서는 컵들 사이즈에 따라 이름이 다양합니다. 톨, 벤티 등등. 보통은 컵 사이즈가 전시되어 있지만 뭐가 뭔지 헷갈리면 그냥 풀어서 말하면 돼요. 영어도 마찬가지입니다.

#A: 보통 사이즈 컵으로 카페모카 한 잔요.

→ Can I get a regular size cup of Café Mocha, please?

그럼 알아서 줍니다.

만약 상대가 못 알아듣고 이렇게 말하면,

#B: 네?

→ I am sorry?

이럴 땐 전부 다 말할 필요 없이 포인트만 말하면 돼요.

#A: 보통 사이즈 카페모카요.

→ Regular size Café Mocha, please.

다양한 단위가 있지만 실전에서 중요한 것은 이렇게 상식적으로 생각해서 말을 전달하는 방법입니다. 배운 것을 연습하면서 여유 있는 척, 하고 싶은 말을 여유 있게 영어로 말하는 것을 연습해보세요.

110 의문사 의문문

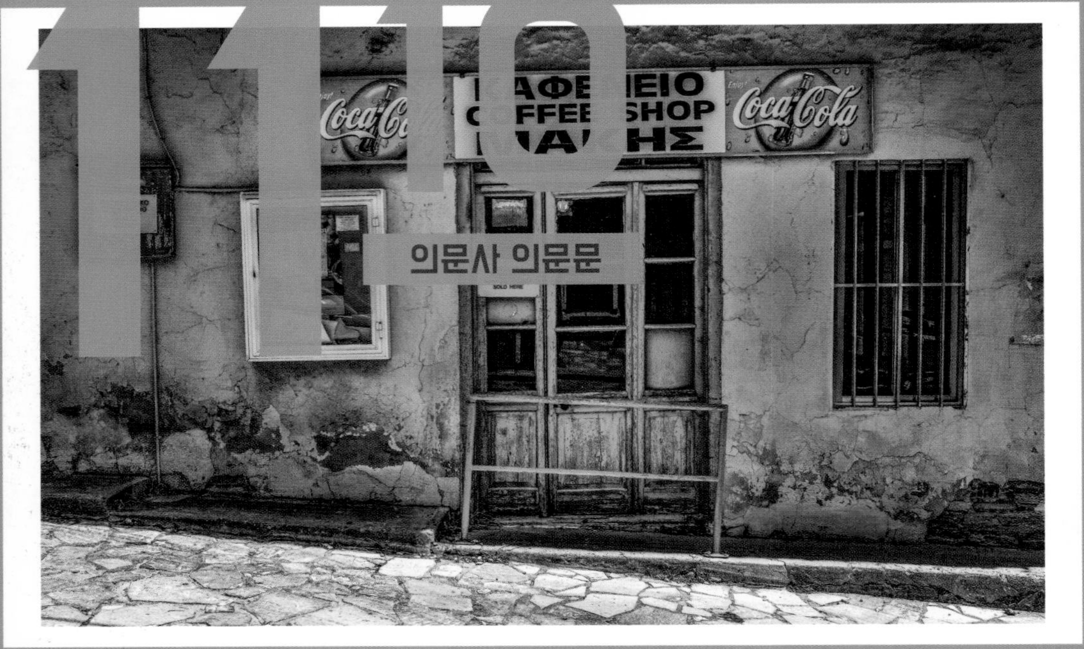

WH Question입니다.

당연히 간단하겠죠?

설명 없이도 직접 만들 수 있죠? 앞에 WH만 붙이면 됩니다. 바로 들어갑니다.

손님한테 물어보세요.

#커피 드릴까요?

영어에서 잘 쓰는 말로 배려 있게.

→ Would you like some coffee?

#뭐 원하세요? (뭐 드릴까요?)

→ What would you like?

#커피 드시겠어요?

→ Would you like to drink coffee?

#뭐 마시고 싶으세요?

→ What would you like to drink?

항상 문장을 쌓아서 기본, 질문, WH 질문 식으로 늘려가면 돼요. 그럼 뻔한 것은 연습장에서 하고, 지금은 다양한 것을 구경하면서 복습도 진행해보죠.

상황) 다섯 살짜리 딸과 해외 민박집에서 방을 잡는데, 주인이 묻습니다.

#트윈베드 있는 방으로 드릴까요?

> twin beds <

twins는 '쌍둥이', 똑같은 침대가 쌍으로 나란히 있는 침대를 말합니다.

→ Would you like a room with twin beds?

아이에게 물어보죠.

#혼자 침대 쓸래?

→ Do you want to use the bed alone?

이렇게 말해도 이해 갑니다. 새로운 것!
use도 되지만 have도 잘 씁니다.

→ Do you want to have the bed alone?

하나만 더 알려드릴게요!
alone은 '혼자'라는 느낌이 강합니다. 같이 있지만 대신 너만의 침대를 갖는 거죠. 이것을 다르게 말하는 방법이 있습니다. '소유하다'는 own이라고 했죠. **own을 물건 앞에 붙이면 너만의 것이라는 느낌이 강해집니다.** 그냥 'your bed'보다 'your own bed'라고 하면 오로지 너만의 것이라는 느낌이 전달돼요.

→ Do you want to have your own bed?

여기서 제안해주고 있다는 느낌을 전달하고 싶으면 WOULD 기둥으로 물으면 됩니다. 우리말로는 "혼자 침대 쓰고 싶어?"와 "혼자 침대 쓸래?" 정도의 느낌 차이인 거죠.
아이한테도 똑같이 말합니다.

→ Would you like to have your own bed?

방에 들어가보니 침대 사이즈가 다릅니다.

#어떤 침대 쓸래?

한정된 개수 안에서 고를 때는 which를 쓰죠. (스텝 09[14])

→ Which bed do you want?

배려하는 느낌으로 질문하고 싶으면 WOULD 기둥으로 다시 만들어보세요.

→ Which bed would you like?

간단하죠? 기본을 정확히 알고 나면 응용 방식은 계속 같은 틀 안에서 움직입니다.
다음 문장을 만들어보세요.

#A: 밖에서 뭐 하고 계세요? 정말 추운데.

→ What are you doing outside? It's really cold.

#B: 제 동생(여) 기다리는 중이에요.

→ I am waiting for my sister.

#A: 안에서 기다리는 것이 더 낫지 않으시겠어요?

비교하면서 제안하는 것이니 스텝 11[04]에서 통째로 배운 would rather를 붙이면 되는데 질문이죠? 그러면 1번 2번 뒤집어야 하니까 would rather가 분리됩니다. 해보면 그게 발음이 더 자연스럽습니다.

→ Wouldn't you rather wait inside?

당연히 영어에서도 같은 말이라도 종류가 많습니다.
말해보세요!

#안에서 기다리세요! → Wait inside!
#왜 안에서 안 기다리세요? → Why don't you wait inside?
#안에서 기다리기 싫으세요? → Don't you want to wait inside?

이제 연습장에서 더 만들어보세요.

연습

#A: 이 환자분(여)은 수혈이 필요할 겁니다.

patient [페이션트]=환자 / blood transfusion [블러드 트*란스*퓨젼]=수혈

.... This patient would need a blood transfusion.

#B: 그게 왜 필요하게 되죠? 전혀 피를 안 흘렸는데요.

bleed

Why would she need that?

.... She didn't bleed at all.

#사이즈는 몇 원하세요?

.... What size would you like?

#나 짧은 머리 하면 어때 보일까?

Hint: 짧은 머리를 상상하는 거죠? 나 어때 보일까? 짧은 머리랑?

.... How would I look with short hair?

상황) 면접관이 묻습니다.

#유성(남) 씨는 본인의 성격을 어떻게 설명하시겠어요?

personality [펄스'날리티]=성격 / describe [디'스크*라이브]

....How would you describe your personality?

#얘(남)는 내 돈을 어디에다가 숨길까?

hide

....Where would he hide my money?

#버터를 얼마큼 원하세요?

.... How much butter would you like?

상황) 후배의 연애 고민 상담 중

#후배: 그녀가 절 마음에 들어 하는지 제가 어떻게 알게 되죠?

How would I know if she likes me? /
.... If she likes me, how would I know?

#선배: 걔가 먼저 널 무시할 거야.

ignore [이그'노어]

.... She will first ignore you.

#후배: 네? 절 좋아한다면, 왜 절 무시하겠어요?

What? Why would she ignore me, if she likes me? /
.... If she likes me, why would she ignore me?

상황) 렌터카 직원이 묻습니다.

#어떤 종류의 차를 원하시는지요?

....What type of car would you like?

상황) 아까 면접 보던 유성 씨의 면접관이 말합니다.

#언제 시작하고 싶으세요?

....When would you like to start?

좀 더 해보죠.

#난 미래에 무엇이 되어 있을까?

미래의 불확실함에 대해 질문하는 것이니 WILL 기둥을 좀 낮춰서 질문하면 간단해요!

→ What would I be in the future?

#너 계속 그렇게 네 인생을 살아가면 뭐가 되겠어?

문장 맨 뒤를 보면 두비 보이죠. 네가 뭐가 되겠느냐는 거죠?

What would you be~

extra **네가 계속 그렇게 살아간다면~** IF 들어가죠.

If you~ 계속 살아간다니까 DO 기둥 넣은 후 어떻게 할까요?

Keep calm and carry on~ 기억나나요?

하던 대로 계속 진행하다, carry on.

뭘 계속 진행해요?

extra 그렇게 사는 것: 명사로 바꾸면 되죠, living your life.

Carry on living your life. "Stop smoking!"과 같은 구조예요.

extra 그렇게, like that.

다시 한 번 더!

#너 뭐가 되겠어, 계속 네 인생을 그리 살아간다면?

→ What would you be if you carry on living your life like that?

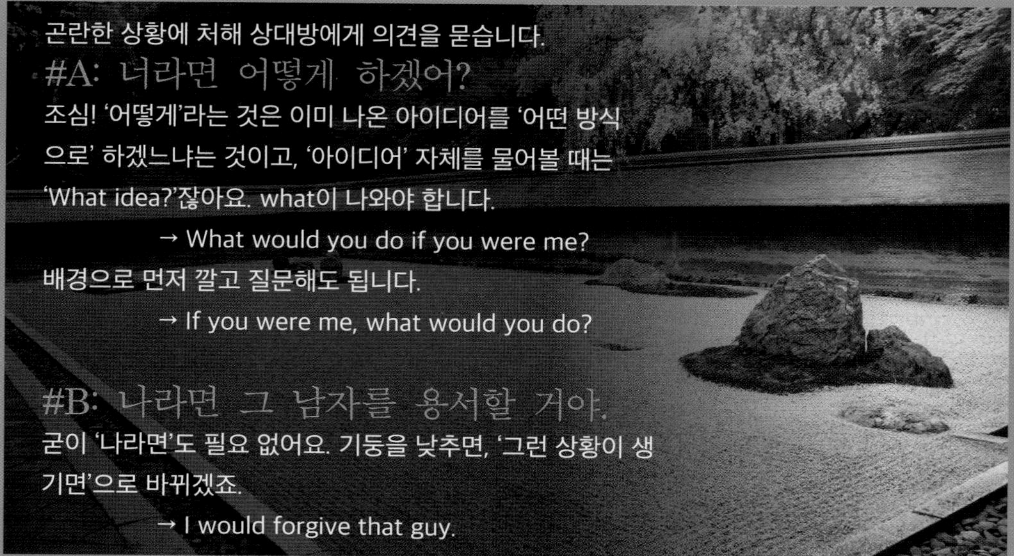

곤란한 상황에 처해 상대방에게 의견을 묻습니다.

#A: 너라면 어떻게 하겠어?

조심! '어떻게'라는 것은 이미 나온 아이디어를 '어떤 방식으로' 하겠느냐는 것이고, '아이디어' 자체를 물어볼 때는 'What idea?'잖아요. what이 나와야 합니다.

→ What would you do if you were me?

배경으로 먼저 깔고 질문해도 됩니다.

→ If you were me, what would you do?

#B: 나라면 그 남자를 용서할 거야.

굳이 '나라면'도 필요 없어요. 기둥을 낮추면, '그런 상황이 생기면'으로 바뀌겠죠.

→ I would forgive that guy.

#Put yourself in his shoes.

놔 / 너 자신을 / 어디 안에, 그의 신발 안에.
무슨 말일까요?
영어는 인생을 '길'로 잘 비유한다고 했죠?

길을 걷기 위해 신발을 신고 가죠.
각자 걷는 방향과 속도도 다릅니다. 길에서 마주치는 것도 다르겠죠. 내가 아닌 다른 사람의 길을 걷지 않는 이상 정확히 그 사람을 이해할 수 없을 겁니다. 그래서 남을 비판하기 전에, 그 사람의 입장이 되어보라고 할 때 그의 신발을 신어보라고 표현합니다.

그래서

#What would you do if you were in my shoes?

이렇게도 잘 묻습니다.
넌 뭘 하겠어, 네가 내 신발을 신었다면?

비판하기 전에 그의 입장이 되어봐!
Put yourself...
in his shoes.

다른 문장에 더 적용해보세요.

#내 입장이 되어서 좀 생각할 순 없어?

→ Can't you put yourself in my shoes?

다음 문장!

상황) 과거를 후회하는 동료에게 묻습니다.

#네가 만약 어린 너를 만났다면,

If you~

do be 전혀 만날 수 있는 상황이 아니죠. 그래서 meet이 아닌, met으로 갑니다. If you met~

extra your~ 어린 자신, 지금보다 어린 자신이면, younger self.

→ If you met your younger self,

#뭐라고 말해주겠어?

→ what would you tell him?

하나 더 해보죠.

#네가 한 짓 이후로 내가 널 어떻게 다시 믿겠어?

> trust <

네가 한 짓이 뭔지 모르니 WH 1으로 연결하면 되죠?
What did you do? → What you ( ) did.
→ How would I trust again after what you did?

마지막 문장은 어려우니 천천히 만들고 비교해보세요.

#여러분이 하루만 다른 누군가가 된다면, 누가 되어보고 싶어요?

→ If you were to be somebody else for a day, who would you want to be?

그럼 WOULD 기둥이 가장 잘 이해되는 예문부터 골라 단어만 바꿔가며 스스로 문장을 만들어 연습하세요.

11 11

부정대명사

이번엔 복습을 하면서 새로운 스텝에 들어가보죠.

#음양. 영어로는? → Yin and Yang [인 앤 양]

#'음'이 없이는 '양'에 대해 말할 수 없어.

You can't talk~

뭐에 대해 talk 못 하는 거예요? 양이죠. 껌딱지 붙여서, about Yang.

엑스트라 또 있죠. 뭐 없이는? '음' 없이는. 같이 있는 것을 아웃시키는 껌딱지는? without Yin.

→ You can't talk about Yang without Yin.

다음 문장

상황) 둘 중 하나만 갖고 싶어 하는 이에게 말합니다.

#이건 패키지라고.

→ This is a package.

#하나를 가져가면 다른 것은 그냥 생긴다고!

one과 the other 스텝 10^{09}에서 배웠죠?

→ If you take one, and you just get the other!

the other가 여럿일 때는 the others. 언제든지 기억이 안 나면 앞으로 돌아가서 확인해보세요.

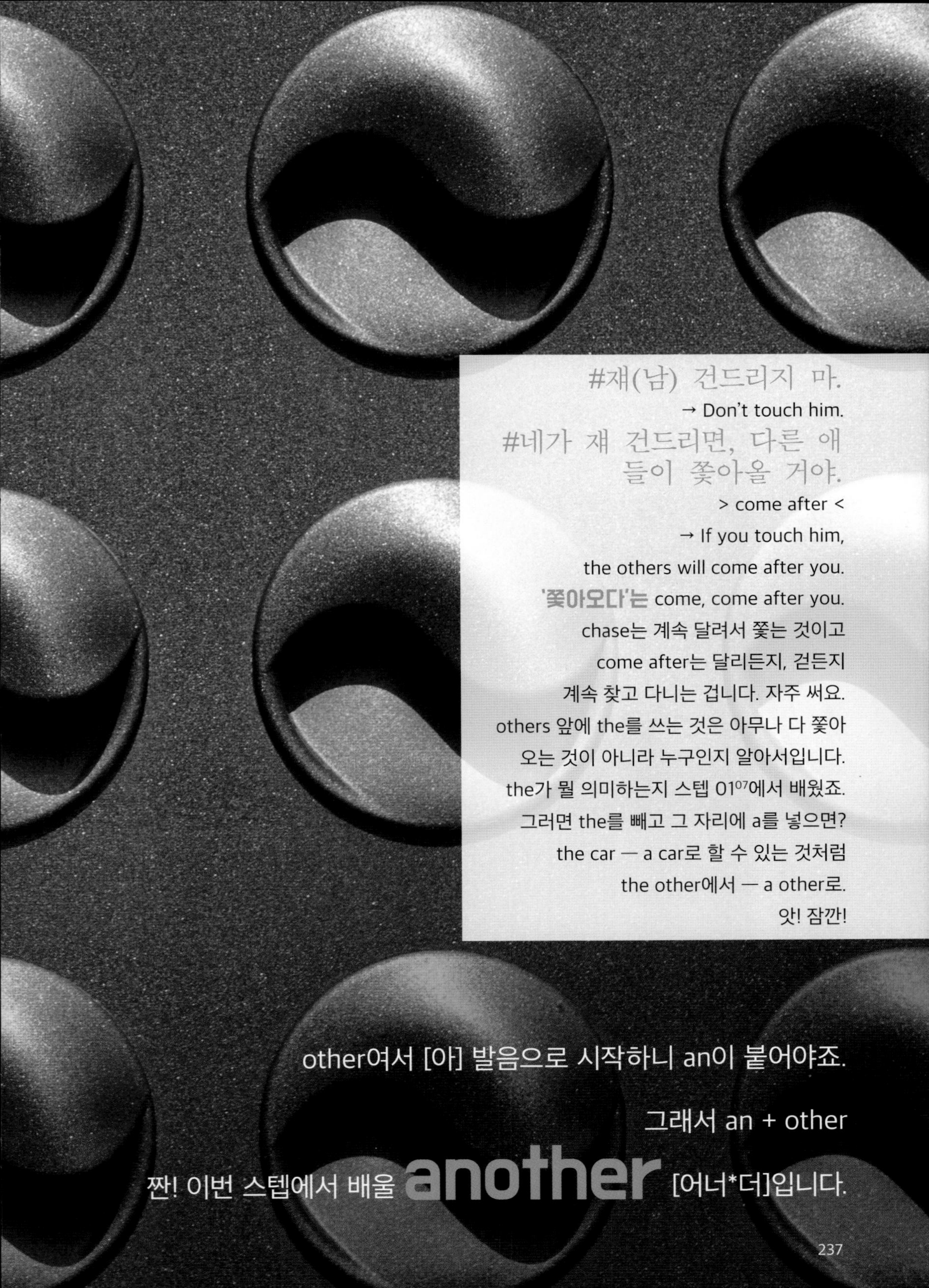

#재(남) 건드리지 마.

→ Don't touch him.

#네가 재 건드리면, 다른 애들이 쫓아올 거야.

> come after <

→ If you touch him,
the others will come after you.

'쫓아오다'는 come, come after you.
chase는 계속 달려서 쫓는 것이고
come after는 달리든지, 걷든지
계속 찾고 다니는 겁니다. 자주 써요.
others 앞에 the를 쓰는 것은 아무나 다 쫓아
오는 것이 아니라 누구인지 알아서입니다.
the가 뭘 의미하는지 스텝 01[07]에서 배웠죠.
그러면 the를 빼고 그 자리에 a를 넣으면?
the car — a car로 할 수 있는 것처럼
the other에서 — a other로.
앗! 잠깐!

other여서 [아] 발음으로 시작하니 an이 붙어야죠.

그래서 an + other

짠! 이번 스텝에서 배울 **another** [어너*더]입니다.

간단합니다. 예문 만들어보죠.

#한 여자의 쓰레기가 다른 여자의 보물이야.

누군가에게는 최악의 남자가, 다른 이에게는 최고의 남자가 될 수 있다는 말입니다.

> trash / treasure [트*레져] <

One woman's trash is = 다른 여자의 보물.

특정한 the other woman이 아니라, 아무 여자 1명 another woman인 거죠.

→ One woman's trash is another woman's treasure.

만약 아무 여자가 아니라 두 여자 안에서 나머지 한 여자를 가리키는 거면 the other woman이 되겠죠. 이 말은 특정한 뜻이 있습니다. 뭘 것 같아요?

one woman이 있고, 나머지 다른 여자가 the other woman이면 유부남이랑 바람피우고 있는 다른 여자를 말한답니다.

또 해보죠.

#자! 나 다 외웠어. 나한테 물어봐!

> memorize [메모*라이즈] <

→ Okay, I memorized everything. Ask me!

#그건 모르겠어.

→ I don't know that one.

그냥 that도 돼요. that one이란 여러 가지 중 하나라는 겁니다.

#다른 거 물어봐.

> different는 same 같은 것이 아닌 다른 질문을 하라는 것이고, another는 이거 말고 다른 것, another! different도 되는데 의미만 살짝 다르게 전달되는 겁니다. <

→ Ask me another!

#다른 질문 물어봐!

→ Ask me another question!

여러 개지만 그룹으로 한 개의 느낌이 들 때도 another를 씁니다. 보세요.
상황) 누가 계속 질문을 해댑니다.

#A: 이건 무슨 심문이나 그런 거냐?

> interrogation [인테*러게이션] <
→ Is this an interrogation or something like that?

#Yes, we have another 5 questions to go.

another를 5개의 질문 앞에 쓰면서 1세트가 더 남았다는 느낌을 줍니다.
to go라고 썼죠? 앞으로 5개 질문을 더 할 만큼 갈 길이 남았다는 겁니다.
아직 해야 할 질문 5개가 더 남았어.

당연히 We have 5 more questions to go. 라고 해도 됩니다. 메시지 전달은 다양하죠?

We have another 5 questions to go.
하면 1세트 더 남았으니 **"Suck it up!"** 느낌인 거죠.

Suck it up?
suck은 '빨다, 빨아들이다', 청소기가 하는 것이 suck 하는 거예요. 눈물이 흐르면 내려오죠. "Suck it up!"은 훌쩍거리지 말고, 눈물을 빨아들여서 다시 위로 올리라는 겁니다. 웃기죠?
별것 아닌 일로 불평할 때,
"Shut up and just do it!" 대신
"Suck it up!" 이렇게도 잘 말한답니다.

#The party was a success. People kept coming in, one after another.

파티가 성공이었어. 사람들이 / 계속 / 들어왔어 / 안으로 계속 들어왔어 / one after another.
이미지 그려보세요. 한 명 뒤에 또 한 명인 겁니다. 끊임없이 계속 들어올 때 one after another라고 말해요. 연달아.

이제 간단하게 연습장에서 만들어보세요.

연습

#다른 예문 하나 더 주세요.

example sentence / give

.... Give me another example sentence.

#술 한 잔 더 드릴까요?

Would you like another drink? /
.... Do you want one more drink?

상황) 동화 속 한 장면입니다.
#그는 가게 창문 속을 들여다봤고 또 다른 세계를 봤어요.
shop window / world
He looked into the shop window and he saw another world.

#내 재(남)한테 다시는 충고 하나도 안 해줄 거야!
I will never give him another piece of advice!

상황) 동생이 컴퓨터를 설치해주러 왔습니다.
#동생: HDMI 케이블 하나 더 있어?
cable
Do you have another HDMI cable?

#투어 한 번 더 원하시는 분?
tour
Who wants another tour? / Who wants one more tour?

상황) 동네에 새로운 가게가 들어오는지 리모델링 중입니다. 며칠 뒤 확인해보니,
#또 커피숍이야!
It is another coffee shop! / It's a coffee shop again!

#이 동화책 정말 재미있었어요! 하나 더 읽어주세요!
story book
That story book was great! Read me another!

#A: 술 필요한 사람? 또 한 잔 마시고 싶은 사람?
Who needs a drink? / Who wants another drink?

#B: 어! 나. 맥주 한 잔 더 마실래.
Yeah! Me. I'll have another beer. / I would like another beer.

영화 〈바람과 함께 사라지다〉 유명하죠?
미국 남북전쟁을 배경으로 한 사랑 이야기.
쿨하며 자유로운 남자와 장난기 있으면서도
강한 여자가 주인공이죠.

Margaret Mitchell이 쓴 동명의 책이 원작이에요. Mitchell이 다리를 다치면서 다니던 신문사를 그만두게 된 후 10년 동안 집필해서 펴낸 장편소설입니다. 유일하게 이 작품 하나만을 남기고, 48세에 음주운전 차량에 치여 사망했다고 하죠.

Gone with the Wind (1939) [film]
Directed by V. Fleming

주인공 Scarlett은 절망에 빠졌을 때 이렇게 말합니다.

내일은 내일의 태양이 뜬다.

영화에 나오는 유명한 말이죠.
영어로 확인해볼까요?

#Tomorrow is another day.

내일은 또 다른 날이다. 우리말 번역이랑 상당히 다르죠? 원본에는 아예 태양이라는 단어도 없잖아요. 한국에서 번역한 것과 완전히 다릅니다.
Tomorrow is another day. **내일은 내일의 태양이 뜬다.**

그럼 영어는 왜 another day라고 했을까요?
오늘 문제가 생겼는데 해결방안도 안 떠오르고 답답한 날 있죠. 그럴 땐 빨리 씻고 잠든 후 내일 아침에 다시 새로운 마음으로 바라보는 것이 좋을 때가 있잖아요.
포기하지 말고, 내일 tomorrow, another day가 또 있다는 겁니다.

영어 버전은 심플한데 한국어 버전은 '태양'이라는 단어까지 나오면서 웅장하죠?
번역가들의 선택이에요. 또 다른 번역 버전도 계속 생길 수 있는 겁니다.

자, one, others, the other, the others까지 배우고 마지막 another를 배웠습니다.
우리말에는 존재하지 않는 a와 the 때문에 한꺼번에 배우면 헷갈릴 수 있지만, 영어가 왜 저런 것들을 쓰는지 이해하면서 하나씩 자신의 것으로 만들어놓으면 오히려 나중에 영어를 할 때 얼마나 유용한지 알게 될 겁니다.
시간이 나면 헷갈리는 스텝으로 되돌아가 자꾸 자신의 것으로 익히면서 연습해보세요!

12 instead

부사

상황) 자기 물건을 챙기면서 말합니다.

#나 내 거 가지고 간다!

→ I am taking mine!

다 생각한 후 말하지 말고 카멜레온, 기둥, 두비 꺼내 말하면서 그다음을 생각하세요. 이어서

아니다. 네 걸로 대신 가져갈게!

영어로 '**대신**'은 **instead** [인'스테드]입니다. 날치예요.
사용법은 맨 앞이나 맨 뒤에 붙여버리면 돼요.

→ No, actually I will take yours instead.

#어렵지 않죠? (그렇죠?)

→ It's not difficult, right?

다시 쉽게 해볼까요?

#내 친구 안 왔어.

기둥 조심! 아직 안 왔어요.

→ My friend didn't come.

#개(여) 남자친구가 대신 왔어.

→ Her boyfriend came instead.

#이거 해.

→ Do this.

#이거 해줘.

날 위해 해달라는 느낌으로 말할 때는 엑스트라 더 붙여서 for me.

→ Do this for me.

동료에게 묻습니다.

#이거 하기 싫으세요?

→ Don't you want to do this?

#그럼 저걸로 대신 하세요.

→ Then do that instead.

그냥 뒤에 붙여버리면 간단하죠?

instead는 날치니 뒤로 가도 되고, 앞으로 나와도 됩니다. 앞으로 나오면 배경 깔듯이 콤마를 찍어주는 경우가 많겠죠?
이번엔 앞에 넣어 만들어볼게요.

#세입자(남)가 우리한테 전화 안 했어.

> tenant [테난트] <

→ The tenant didn't call us.

#대신 문자를 보냈더라고.

→ Instead, he texted.

→ Instead, he sent us a text.

날치는 한 자리에 못 있고 여기저기 날아다니죠? 이렇게 날아다니는 날치를 한 자리의 룰로만 외우려 하면 힘듭니다. 문법 규칙을 외운 분도 실제 문장을 접하면 날치의 제멋대로에 헷갈려 한다고 했습니다.
왜 날아다니는지 그 이유를 보세요. 기둥 문장에서 날치가 빠져도 중요한 말은 전달이 되기 때문에, 액세서리인 날치는 위치가 그리 중요치 않은 겁니다.

그럼 이제 여러분이 할 수 있나 볼까요?
날치가 또 잘 가는 곳이 바로 기둥 앞뒤죠. 흔들리지 말고 같은 문장을 다시 만들어보세요.

#세입자가 대신 문자를 보냈더라고.

→ The tenant ( ) instead sent us a text.
콤마를 찍어주면 쉽게 날치가 보이겠지만
너무 뻔할 때는 콤마 없이 들어가는 경우가 대다수입니다.

그러니 외웠다고 생각한 위치가 아닌 다른 곳에서 날치가 나와도 당황하지 말고 편하게 보세요.

제일 좋은 방법은 자주 쓰이는 것으로
먼저 탄탄하게 만든다! 그러니 맨 앞이나 뒤로 만들어보죠. 다음 문장!

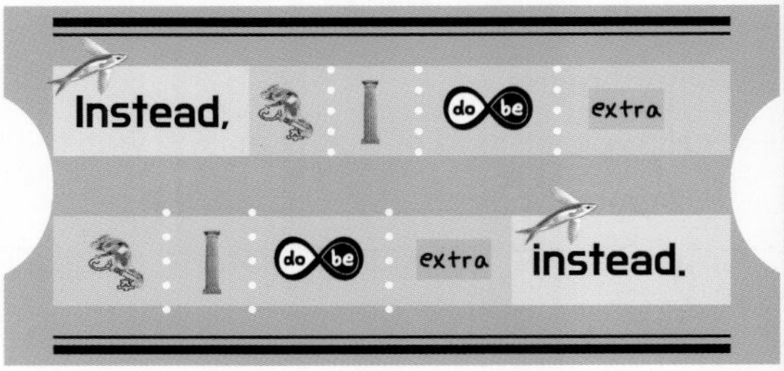

#재(남)랑 결혼하지 마! 나랑 대신 결혼해!

→ Don't marry him! Marry me instead.

instead를 써주면, 말한 것을 대신해서 다른 것을 제안한다는 느낌이 상대에게 전달됩니다.

상황을 상상해보세요.

#내가 내 거 대신 네 거 가지고 갈게.

번역하지 말고, 이미지를 그리면서 메시지 전달!

누가 간대요? 내가 I~

기둥은? 아직 안 갔으니까, will.

뭐 한다고요? 가지고 간대요, take.

extra 뭘? '네 거' 가지고 가는 거죠, yours.

extra 엑스트라 더 있죠? 내 거 '대신'이죠. 대신은 instead인데, 내 거 대신이니까 한 번 더 들어가야 하는 겁니다. 껌딱지는? of!

of mine. 끝! 간단하죠?

→ I will take yours instead of mine.

다음 문장!

#저 남자분 대신 저를 고용해주세요. 후회 안 하실 겁니다.

> hire / regret <

→ Hire me instead of that man. You won't regret it.

instead에 껌딱지만 붙여 좀 더 자세한 설명을 했을 뿐 다른 것은 없어요.

#절망 대신 전 희망을 봤어요.

> despair [디스페어] / hope <

절망 '대신'이라는 말을 먼저 하고 싶으면

instead라고 한 후 뭘 대신 하는 건지 한 번 더 들어가서, of despair.

of는 껌딱지니 당연히 명사만 나와야겠죠.

→ Instead of despair, I ( ) saw hope.

엑스트라 좀 더 붙여볼까요?

#절망 대신 전 사람들의 눈에서 희망을 봤어요.

Instead of despair, I saw hope~ 하고서 바로 people's eyes 붙이면

'희망을 봤어요. 사람들의 눈'밖에 안 되죠. 껌딱지 필요해요! in people's eyes.

→ Instead of despair, I saw hope in people's eyes.

배경 말고 당연히 엑스트라 자리에 붙여도 되겠죠.

→ I saw hope in people's eyes instead of despair.

영어는 기둥만 빼고 나머지는 다 엑스트라에 붙은 것들이에요. 엑스트라 위치를 바꿀 수 있으니 같은 뜻으로 더 자유롭게 말할 수 있답니다.

→ Instead of despair, I saw in people's eyes hope.

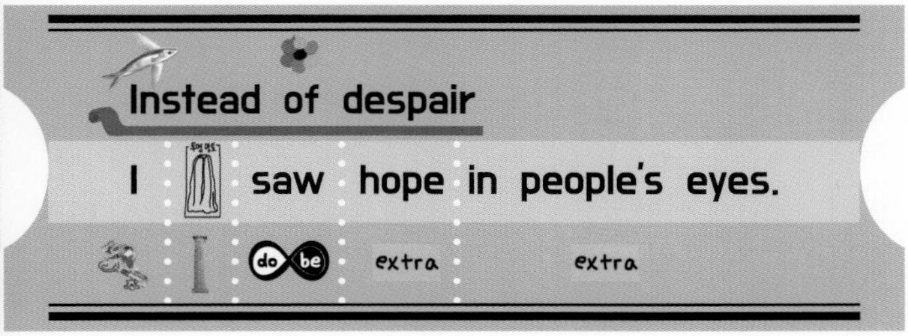

#너무 늦지 않았습니다. 여전히 희망이 있습니다.

기둥 잘 고르세요!

→ It's not too late. There is still hope.

마지막으로 하나만 더 해보죠.

#내 놔. → Give it!

#저것으로 줘, 이거 대신!

→ Give that instead of this!

이제 연습장에서 스스로 만들어보세요.

#동영상을 이거 말고 내 다른 이메일로 보내줄 수 있어요?

video / send

Can you send the video to my another email instead of this one?

#네가 가서 그 사람 돈을 갚지 않으면, 그 사람이 대신 날 쫓아올 거라고!

pay back=갚다 / come after=뒤쫓다

If you don't go and pay back his money, he will come after me instead!

#내가 대신 거기 갔지, 걔(남)를 설득하러.

convince [컨*빈스]=설득하다

I went there instead to convince him.

#우리 거기 안 갔어. 대신 아일랜드에 갔어.

Ireland

We didn't go there. We went to Ireland instead.

#내가 조언을 줬는데 걔(남)는 '고맙다'고 안 했어. 대신 '꺼져라'라고 하더라고.

advice [어드'*바이스] / go away

I gave advice, but he didn't say 'Thank you'. Instead, he said 'Go away'.

#A: 소개팅 어떻게 됐어?

Hint: 어떻게 진행되었는지 물어보는 거죠?

blind date

How did the blind date go? / How was the blind date?

#B: 소개팅 없었어. 대신 병원에 갔어.

There was no blind date. I went to the hospital instead.

#문자로 보내줄 수 있어요, 대신?

text / send

Can you send a text instead? / Can you text instead?

#그거 더 이상 안 판대, 그래서 대신 이것들을 사 왔지!

sell / buy

They don't sell that anymore, so instead I got (bought) these!

화가 피카소 아시죠? 프랑스에서 활동한 스페인 화가. 그가 한 말을 만들어보세요.

#제가 어렸을 때, 어머니가 저한테 말씀하시기를,

→ When I was young, my mother said to me,

#"네가 군인이라면, 넌 장군이 될 것이다."

> soldier [솔져]=군인 / general [제너*럴]=장군 <

→ "If you are a soldier, you will become a general."

보세요.

"If you become a soldier"라고 말했으면 '군인이 된다면'의 진로 선택 느낌이지만,
"If you are a soldier"라고 하면 타고난 너의 상태(본능, 성향 등)가 '군인이라면'이라는 겁니다.
become보다 be가 느낌이 더 강하게 전달되죠?
너의 기질이 군인이라면, 넌 장군이 될 것이다.

#네가 수도사라면, 넌 교황이 될 것이다."

> monk [몽크]=수도사 / Pope [폽프]=교황 <

→ "If you are a monk, you will become the Pope."

#대신, 전 화가였고 그래서 피카소가 되었죠.

> painter <

→ Instead, I was a painter, and (I) became Picasso.

긴 문장 한번에 쭉 만들어볼까요?

저희 어머니가
저한테 말씀하시기를
'네가 군인이라면, 넌 장군이 될
것이다. 네가 수도사가 된다면 넌
교황이 될 것이다'라고 하셨죠.
대신, 전 화가였어요.
그래서 피카소가 되었죠.
만들었나요?
계속 instead를 생각하면서 문장 연습해보세요.

Guernica, Pablo Picasso (1937)

11 13

TO 부정사 부정형

NOT TO GO

우리말로 보세요.

학교에 다니는 것은.

학교에 다닌다는 것은.

차이점이 뭐죠?

차이를 생각하라는 것이 이상할 정도로 별 차이가 없죠?
이 둘의 차이가 바로 [잉]과 [TO 다리]의 차이입니다.
우리 스텝 11[06]에서 [잉]에 NOT 붙이는 것 배웠죠?
아주 간단했습니다. 그냥 앞에 NOT만 붙이면 되었죠.

그럼 TO 다리의 부정은 어떨 것 같아요?
마찬가지예요. 그냥 TO 다리 앞에 NOT을 붙여주면 자동으로 부정이 된답니다.
영어가 복잡한 것처럼 보이지만 결국 같은 틀에서 계속 움직이는 것뿐이에요.

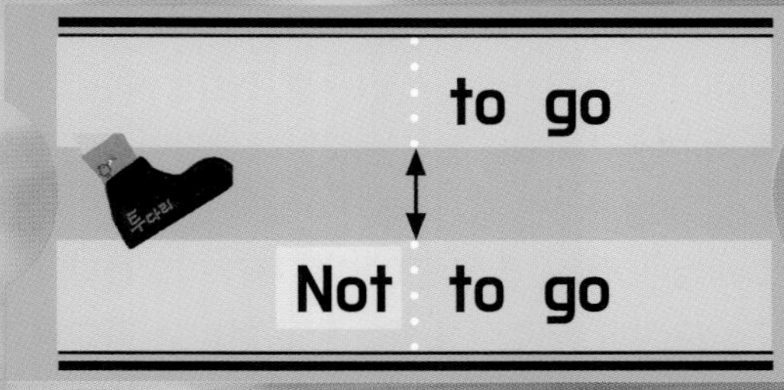

영어라는 언어에 가장 큰 영향을 끼친 대표 인물이 누구죠?
셰익스피어!
그는 작품을 통해서 과거에는 영어에 등장한 적이 없는 새로운 단어를 1,700여 개 소개했다고 합니다.
excellent, fashionable, vulnerable도 다 그가 소개한 신조어였다고 하죠.

〈햄릿〉의 주인공인 Hamlet [햄릿]이 고뇌하며 말하는 문장, 여러분도 한 번쯤 들어보셨을 겁니다.

사느냐 죽느냐,
그것이 문제로다.

영어 좀 한 분들! 영어로 만들어보세요.

#사느냐 죽느냐, 그것이 문제로다.

> **살다:** live [리*브] / **죽다:** die [다이] / **존재하다:** exist [이그'*지스트] <

먼저 '죽느냐, 사느냐'부터 만들어보죠.

To live or to die 식으로 해서 TO 다리로 만든 분!
왜 동명사인 [잉]이 아니라 TO 다리로 만들었죠?
[잉]으로 했다면 Dying or living. [다잉] or [리빙].
이러면 '죽는 것 아니면 사는 것'. [잉]은 죽는 것 자체와 사는 것 자체를 말합니다.
죽어가는 것 자체를 말하는 것이니 햄릿이 자신의 다음 운명을 고민하는 것과 어울리지 않죠.
다음을 말하려면 TO 다리가 어울리죠?
Dying은 '죽는', 진행 중인 이미지가 떠오릅니다.
To die라고 하면 아직 죽는 중은 아니고, 죽으려고 그다음을 가는 거죠. 그래서 햄릿의 이 말은 여러분이 [잉]과 TO 다리의 차이를 구분하기 위해 기억하면 좋은 문구랍니다.

그냥 **"Die!"** 하면 "죽어!"지만 TO 다리 붙이면 지금 이후에 어떻게 할 것이냐는 거죠.
To live, or to die?
여기서 "live가 뭐야? 촌스럽게! 셰익스피어라면 to exist 정도는 써줘야지!" 하는 분들.

to live나 to exist보다 더 멋있는 말이 있습니다.
깊은 철학적 의미가 담긴 영어 단어. 영어 단어를 많이 외운 사람들이 잘 무시하는 단어.
바로 BE!
여기서 '사느냐'는 to be로 쓰였답니다. 고민은 결국 다 우리가 '존재'해서 하는 것들인 거죠.
다양한 단어 대신 그냥 아예 be로 만드니까 '살다, 존재하다'보다 더 심오하게 바뀌죠?
이것이 두비에서 'be'의 파워라고 했습니다.

그다음이 죽느냐였죠?
셰익스피어는 아주 간단하게.
Or not to be.
TO 다리의 부정으로 만들었습니다.
그 방향으로 가지 않는 거죠.
die라는 단어 대신, 'be 하지 않는'으로 했죠?

#사느냐, 죽느냐,
To be, or not to be,
#그것이 문제로다.
that is the question.

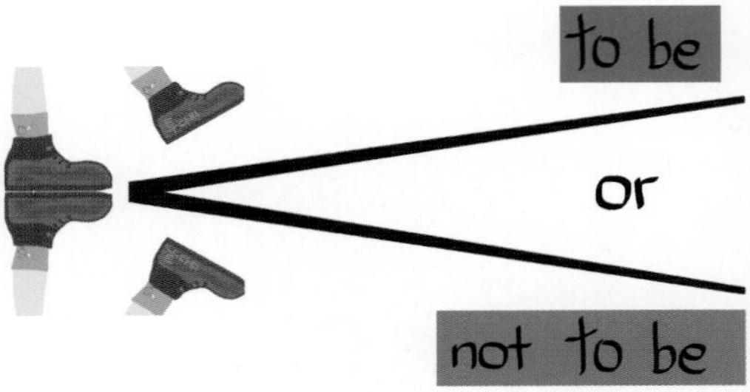

To be or not to be를 쓰면서 단순히
삶 또는 죽음의 개념을 넘어서는 존재와 비존재, 있음과 없음의 대립적인 의미가 전달되었죠?

이렇게 실제 영어 문장을 보면 어려운 단어가 전부는 아니라는 것을 알 수 있습니다.
be는 이처럼 심플하면서도 다양하게 사용될 수 있는 단어랍니다.

그럼 우리 TO 다리에 NOT을 붙이는 연습을 해볼까요?
문장을 쌓아보죠.

#먹어!

→ Eat!

#뭔가를 먹으려고 해봐! (노력해봐!)

→ Try to eat!

#너무 많이 먹지 않도록 노력해봐!

do be Try~

extra ~ not to eat~ too much

→ Try not to eat too much!

#매운 음식을 최대한 드시지 않도록 해보세요.

> spicy [스파이씨] <

extra ~ too much spicy food.

→ Try not to eat too much spicy food.

TO 다리를 알면 앞에 NOT만 붙이면 되죠? 또 해볼게요.

상황) 상대가 벌칙으로 웃긴 모습을 보입니다. 웃으려 하자,

#A: 웃지 마!

→ Don't laugh!

#B: 안 웃으려고 노력 중이야!

I am trying~

extra 뭐 하려고 노력 중이죠? **웃지 않으려고.** 간단히, not to laugh.

→ I am trying not to laugh.

I am trying not to laugh.

#이 돈 쓰지 마!

> spend [스펜드] <

→ Don't spend this money!

#내가 이 돈 쓰지 말라고 말하지 않았어?

이미 말했죠? Didn't I tell you~

extra 돈을 쓰지 말라고, not to spend this money.

→ Didn't I tell you not to spend this money?

do be extra
Didn't I tell you
not to spend this money?
do be extra

전에 배운 것과도 엮어보죠.

#내가 너한테 해야 할 일을 말해줄게.

해야 할 일, 간단하게 'what to do'로 말할 수 있죠.

→ I will tell you what to do!

#내가 너한테 해야 할 일과 하지 말아야 할 일을 말해줄게.

→ I will tell you what to do and what not to do.

TO 다리가 탄탄하면 NOT TO를 넣는 것은 익숙해지기만 하면 됩니다.
그럼 연습장에서 만들어보세요. 아직 이 스텝이 탄탄하지 않다고 생각되는
분은 전에 배운 TO 다리 스텝들을 복습하고 오세요.

연습

#A: Jake 실장님한테 뉴스 말씀드리세요!

tell

.... Tell Jake the news!

#아니다, 그냥 실장님(남)한테 올라와 달라고
말해주세요! 그리고 파일은 갖고 오지 말라고 해주세요.

bring

Actually, just tell him to come up!
.... And, tell him not to bring the file.

#제가 뭘 뜻하는지 아실 거예요.

mean [민]=뜻하다, 의미하다 / know

.... He will know what I mean.

#이거 조심히 다뤄!

careful

.... Be careful with this!

#아기 깨우지 않게 조심해!

wake [웨이크]

.... Be careful not to wake the baby!

#내 생각에는 이거 비싼 것 같은데. 아빠가 나한테
만지지 말라고 하셨거든.

think / expensive / Dad / touch / tell

I think this is expensive because
.... Dad told me not to touch it.

#딸: 엄마! 엄마는 제 나이가 몇 살인지 아세요? 엄마가 저한테 누구랑 데이트하라 말하실 수 없어요!

old / date / tell

Mum! Do you know how old I am?

.... You cannot tell me who to date.

#엄마: 너한테 누구랑 데이트하라고 말하는 게 아니야! 누구랑 데이트하지 말라고 말하는 거지!

tell / date

I'm not telling you who to date!

.... I'm telling you who not to date!

#너 웃겨 보여. 우리가 너한테 그 헤어컷 하지 말라고 경고했잖아.

get / haircut / warn [원]

You look funny. We warned

.... you not to get that haircut.

#이번 해에는 선물 교환하지 말자고 동의한 줄 알았는데.

gifts / exchange [익스'체인지] / agree

I thought that we agreed

not to exchange gifts this year. /

I thought we agreed

.... not to give out gifts this year.

#그들을 빤히 쳐다보지 않도록 노력해. 그들은 그런 거에 대해서는 매우 민감하거든.

stare [스테어]=빤히 쳐다보다 / try / sensitive [쎈씨티*브]

Try not to stare. They are

.... very sensitive about that.

상황) 회사 휴게실. 동료가 들어옵니다.

#A: 내가 무슨 얘기 들었게!

Hint: 맞혀보라는 거죠? Guess my name!

hear

.... Guess what I heard.

#B: 내가 엿듣지 말라고 했잖아. 아무튼 그래서 뭐 들었어?

tell / eavesdrop [이*브스드*롭] / hear

I told you not to eavesdrop.

.... Anyway so what did you hear?

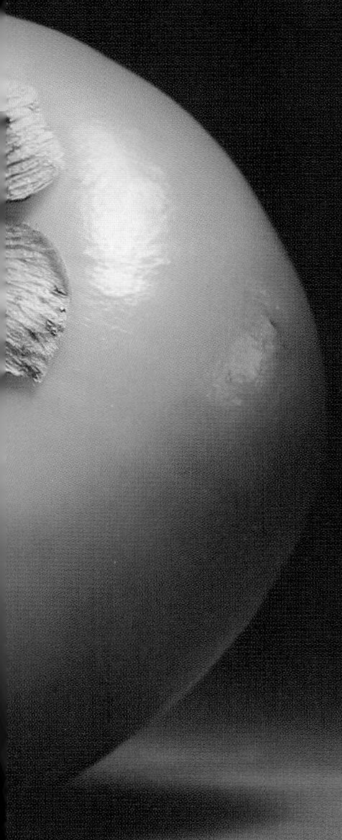

Planet들은 다양하게 쓰인다고 소개했지만 상상 이상이죠? 그러나 한 가지 감만 잡고 나면 결국 다 똑같은 거예요. 이해하면 그때부터는 말로 계속 연습하면서 익숙해지기만 하면 된답니다.

다음 것은 이미 여러분이 어떻게 만드는지 알고 있어요. 응용해 보세요.

#내 조언은 이거야.

> advice [어드'*바이스] <

→ My advice is this.

쉽죠? 다음 것!

#내 조언은 즉시 그들에게 연락을 하는 거야.

> immediately [이'미디어틀리] / contact [컨탁ㅌ] <

My advice is~

extra 행동하는 쪽으로 가죠? TO 다리 붙여서 to contact them~ immediately.

→ My advice is to contact them immediately.

하나만 더 해볼까요?

#제 조언은 여러분 이력서에 거짓말하지 말라는 거예요.

> C.V. / lie <

→ My advice is not to lie in your C.V.

간단하죠? 그런 행동을 하지 말라는 거죠?

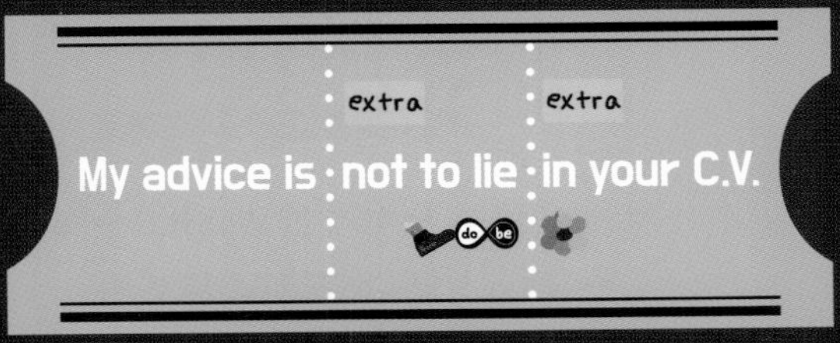

어렵지 않습니다.
이제 다시 문장들 보고 단어 바꿔가며 천천히 쉽게 만들어보세요.
감이 잡힐 때마다 서서히 속도도 올려보세요.

11 14

의문사 / 부가의문문

WH 주어 / TAG Q

WILL 기둥을 약하게 한 WOULD는 실제 영어에서 굉장히 자주 사용되는데, 우리말에서는 이 WOULD의 번역이 뚜렷한 차이점을 보이지 않기 때문에, 많은 분이 사용하지 않는다고 했습니다.
알고 나면 쉬운 기둥이니 헷갈리는 부분이 생기면 복습하면 됩니다.

이번 스텝은 WH 주어와 Tag Q를 같이 들어갑니다.
기둥을 복습한다고 생각하면서 예문 만들어보죠.

#A: 쟤(남)는 날 행복하게 해 줄 거야.

→ He will make me happy.

#B: 아무도 널 행복하게 해주지 않을 거야.

간단하게 메시지 전달.

→ No one will make you happy.

이건 쉽죠? 이제 다른 기둥으로 만들어보세요.

#A: 왜 넌 항상 그렇게 부정적이야?

> pessimistic [페씨'미스틱] <

→ Why are you always so pessimistic?

#B: 좋아, 뭐가 널 행복하게 하겠니?

→ Fine, What would make you happy?

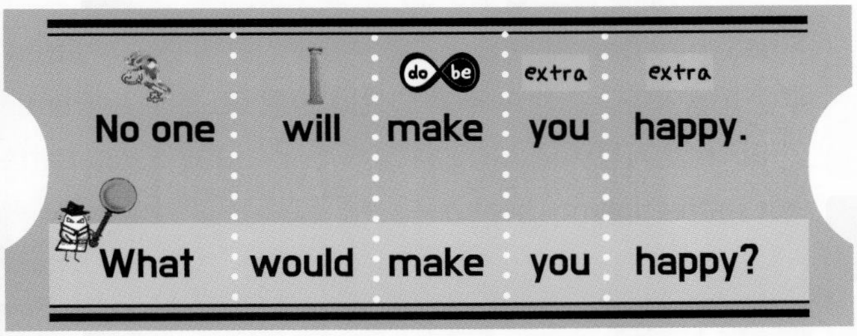

같은 질문을 WILL 기둥으로 하면 상대에게 확실하게 말해달라는 느낌으로 압박감이 전해집니다. 그 감정 넣어서 WILL 기둥으로도 만들어보세요.

#뭐가 널 행복하게 할 건데?

→ What will make you happy?

#왜냐면 넌 항상 모든 것에 불평하고 있잖아!

> complain [컴'플레인] <

→ Because you are always complaining about everything!

더 해보죠.

#어떤 이유에서인지 몸무게가 계속 빠집니다.

> reason / weight [웨이트] / lose / keep <

이유를 말할 때 "Thank you for something" 식으로 for를 잘 썼죠? 마찬가지로 'for some reason' 하면 '어떤 이유에서인지'가 됩니다. 뭔가 이유는 있는데 그 이유를 몰라 some으로 말하는 거죠.

→ For some reason, I keep losing weight.

#제 건강에 영향을 주고 있어요.

> health / affect <

무슨 기둥? 지금도 계속 주고 있으니 진행 중인 BE + 잉 기둥!

→ It's affecting my health.

#뭐가 이걸 멈출까요?

→ What would stop this?

#내가 죽으면 누가 날 위해 울어줄까?

> mourn [모온] <

mourn이란 단어를 모를 땐 그냥 cry라고 써도 문제없겠죠?

→ When I die, who would mourn for me.

#너 좀 봐봐! 누가 널 안 사랑하겠어?

→ Look at you! Who wouldn't love you?

#귀여워죽겠어! (정말 사랑스러워!)

> adorable [어도*러블] <

"You are so cute"도 되고, 너무 귀여워서 사랑스러운 것은 adorable이라고 한답니다.

→ You are so adorable!

상황) 투자자가 나를 주목하면 좋겠어요.

#저분(여) 관심을 어떻게 끌지? 뭐가 저분 관심을 끌까?

> attention은 주목. 뭔가에 주목하면 pay attention, 누군가가 주목해주길 바란다면 get attention <

→ How do I get her attention? What would get her attention?

마지막으로 길게 만들어볼까요? 기둥 신중하게 선택하세요.

#달이 없다면 무슨 일이 일어날까?

→ What would happen if there were no moon?

실제 달이 없어질 경우는 극한 상황 아니면 없을 테니 IF 하고 was가 아닌 were로 가줍니다.

WOULD 기둥은 가상의 세계를 말할 때 잘 나오죠? 그럼 이제 WH 주어로 IF와 함께 연습장에서 만들어보세요.

#누가 이길까?
win

Who would win? / Who will win?

#누가 제3차 세계대전을 일으키겠어?
World War 3 / start

Who would start World War 3? /
Who will start World War 3?

#무슨 일이 벌어질까요, 벌들이 없다면?
Hint: 없다는 상상을 하는 거죠?
bees

What would happen if there were no bees?

#누가 더 괜찮은 배트맨이 될까요?
Batman

Who would be a better Batman?

상황) 남자 여럿이 영화 〈헝거 게임〉에 대해 얘기합니다.
#누가 <헝거 게임>에서 살아남을 거 같아요, 만약 우리끼리 한다면?
Hunger Games / survive / play

Who would survive the
Hunger Games if we played?

#저한테 무슨 일이 벌어질까요, 제가 일을 그만두면?
quit / job

What would happen to me if I quit my job?

#무슨 일이 생길까요, 당신이 빛의 속도보다 더 빨리 다닌다면?
light / speed / travel

What would happen if you traveled
faster than the speed of light?

#누가 이걸 하겠어?

Who would do this? / Who will do this?

#우리한테 폐가 없다면, 무슨 일이 생길까요?
lungs

.... What would happen if we didn't have lungs?

#누가 빨간 머리 하면 멋져 보일까?
red hair / good

.... Who would look good with red hair?

#땅 위로 모든 사람이 동시에 점프한다면 무슨 일이 생길까요?

What would happen if everyone on the earth
.... jumped at the same time?

Tag question! 기둥 계속 섞이니까 잘 만들어보세요.

#너 나에게 상처 주거나 하지 않을 거지, 그렇지?
> hurt <
'당연히 그런 상황이 생기지 않을 테지만' 하며 WILL보다는 좀 더 약하게 말해서

→ You wouldn't hurt me, would you?

#빛에서 혼자 걷는 것보다 난 차라리 어둠 속에서 친구와 함께 걸을 거야.
포인트부터 먼저 말해보세요. 친구와 걷겠다는 거죠.
I'd rather~ 통째로 기억하나요? I would rather~

→ I'd rather walk with a friend in the dark
than (walk) alone in the light.

상황) 급하게 결혼한 커플을 보며 말합니다.
#A: 저 결혼은 얼마나 지속될까?
> last <
지속 시간 질문은 'How long' 배웠죠? 잘 모르니 WOULD 기둥으로 질문해서

→ How long would that marriage last?

#B: 걔네 결혼은 오래 안 갈 거야, 그렇지?
their marriage로 단어를 반복 말고 mine처럼 theirs.

→ Theirs wouldn't last long, would it?

기둥 스텝들의 구조 자체는 어렵지 않죠? 오히려 기둥 선택한 다음 다양하게 어휘 넣는 데 시간이 걸릴 거예요. 하던 대로 계속하면 됩니다.
이전의 기둥들이 쉬워진 것처럼 WOULD 기둥도 곧 쉬워질 겁니다. 그럼 마무리하죠!

연습

#A: 이거 내가 가져가도 네 누나 상관 안 하겠지, 그렇지?

mind=상관하다

Your sister wouldn't mind if I take this, right?

#B: 너 내 말 들었어? 상관 안 하겠지, 그렇지? (내 말이 맞지?)

hear

Did you hear me? She wouldn't mind, right?

상황) 쇼핑을 하며 묻습니다.

#저희 부모님께 드릴 선물을 사는 중인데요. 부모님들은 이것 좋아하실 것 같죠, 그렇죠?

parents / gift=선물 / buy

I am buying a gift for my parents.
Parents would like this, wouldn't they?

#A: 우리 대출 받을 자격 있겠지?

loan=대출 / qualify [퀄러*파이]=자격이 있다

We would qualify for a loan, right?

#B: 그러길 바라. (잘되길 희망한다는 느낌으로)

I hope so.

#돈은 네 인생에서 얼마나 중요하냐?

life / important

How important is money in your life?

#너의 인생에서 뭐가 널 행복하게 해줄 것 같아?

What would make you happy in your life?

11 15

전치사 / 부사

besides

뇌는 좌뇌 우뇌가 있죠.
왼쪽 편에 있는 것이 좌뇌. 오른쪽 편에 있는 것이 우뇌.

#어떤 쪽이 더 우세한가요? 영어로?
> side / dominant [도미넌트] <

→ Which side is more dominant?

#당신의 뇌에서 어떤 쪽이 더 우세한가요?
Which side~ 하고 한 번 더 들어가서 of your brain.

→ Which side of your brain is more dominant?

'sommer sommer brain test'라고 구글에 검색하면 재미있는 무료 테스트를 할 수 있답니다.
자신이 좌뇌와 우뇌를 어느 정도 비율로 쓰고 있는지가 나오더군요.
#여러분의 뇌를 테스트해보세요. 어떤 쪽이 더 강하죠?
> strong <

→ Test your brain. Which side is stronger?

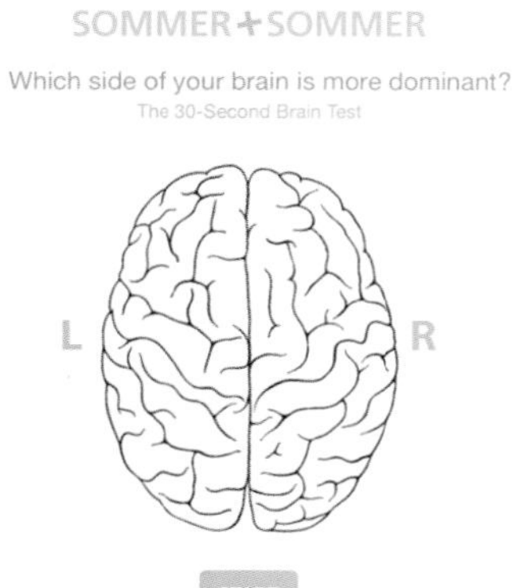

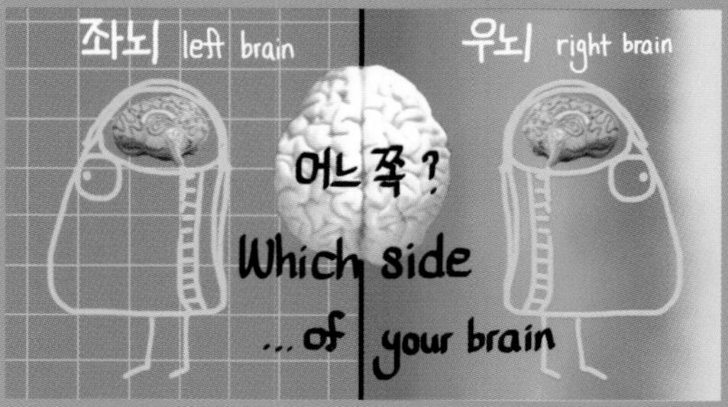

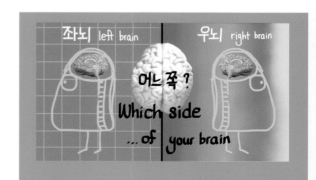

side를 아니까 하나 더 배워보죠.

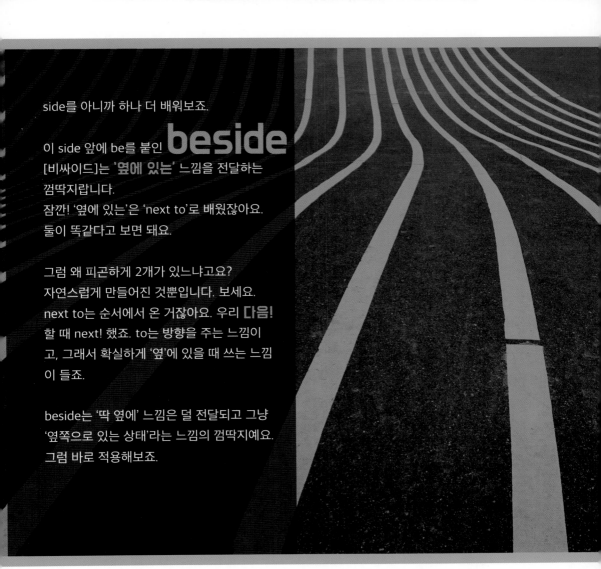

이 side 앞에 be를 붙인 **beside**

[비싸이드]는 **'옆에 있는'** 느낌을 전달하는 껌딱지랍니다.

잠깐! '옆에 있는'은 'next to'로 배웠잖아요. 둘이 똑같다고 보면 돼요.

그럼 왜 피곤하게 2개가 있느냐고요? 자연스럽게 만들어진 것뿐입니다. 보세요. next to는 순서에서 온 거잖아요. 우리 **다음!** 할 때 next! 했죠. to는 방향을 주는 느낌이고, 그래서 확실하게 '옆'에 있을 때 쓰는 느낌이 들죠.

beside는 '딱 옆에' 느낌은 덜 전달되고 그냥 '옆쪽으로 있는 상태'라는 느낌의 껌딱지예요. 그럼 바로 적용해보죠.

#나 아팠을 때, 우리 아빠가 병원에 와서 내 옆에 밤새 앉아 있었어.

When I was sick, my dad came to the hospital and sat~ 어디 앉은 거예요? 내 옆에 밤새 앉은 거죠, beside me all night.

→ When I was sick, my dad came to the hospital and sat beside me all night.

내 옆에 딱 붙어 앉은 느낌보다 옆에 있다는 느낌일 때 beside인 거죠.

#That guy was beside himself with joy.
저 남자애는 / 그 자신의 옆에 있었어 / joy는 '즐거움'이라는 뜻. 딱 이 문장에서만 잘 쓰입니다.
이미지 그리면 저 남자애는 스스로의 옆에 있었는데, 그 스스로가 즐거움과 같이 있었다는 거죠?

너무 기뻐서 정신이 밖으로 나간 겁니다. 즐거움으로 자신의 몸에서 탈출한 거죠.
다시 말해 **기뻐서 제정신이 아니었다.** 이럴 때 쓰는 말입니다.

당연히 그냥
#저 남자애 정말 정말 행복해했어.
→ That guy was really really happy.
이렇게 말해도 되죠. 다르게 말하는 것도 배우는 것뿐입니다.

다음 문장.
#내 머리 완전 커 보여, 네 머리 옆에 있으면.
> '엄청 큰'은 huge [휴즈] / '더 큰'은 massive [마씨*브] <

extra 옆에 있으면 그런 거죠, beside your head.
your head보다 더 간단한 것은 yours, beside yours.
→ My head looks massive beside your head.

beside 어떤 느낌인지 알겠죠? 헷갈리면 next to로만 가도 되니까 편하게 생각하세요. 그럼 연습장에서 좀 더 접해보세요.

#A: Tim 어디 있어?

.... Where is Tim?

#B: Barney[바니] 옆에 있어.

.... He is beside Barney.

#저 사람 우리 아빠야? 왜 우리 아빠가 저 트랙터 옆에
서 계시지?

Is that my dad?
.... Why is my dad standing beside that tractor?

#우리 강가 옆에서 소풍했어.

river / have a picnic

.... We had a picnic beside the river.

#내 그림은 유치하네. 네 그림 옆에 있으면.

childish=유치한

.... My painting looks childish beside yours.

#저희는 아마 할머니를 할아버지 옆에 묻진 않을
거예요. 두 분 다 정말 싫어하실걸요.

bury=묻다, 매장하다 / hate

We would not bury Grandma beside Grandpa.
.... They both would hate that.

#나 정말 너무 기뻐! 어쩔 줄을 모르겠어!

joy / what

I'm beside myself with joy!
.... I don't know what to do!

#내가 네 바로 옆에 있을 거야, 알았지? 그러니
걱정하지 마.

right

.... I will be right beside you, okay? So don't worry.

beside 껌딱지를 기억하는 것은 어렵지 않겠죠? 하나만 더 접해보죠.

#장군님, 저희는 장군님 옆에서 함께 싸우겠습니다.

> General [제너*럴] / fight <

→ We will fight beside you, General.

군대는 직위로 상대를 호칭합니다. 이런 용어는 전쟁 영화나 드라마에서 쉽게 접할 수 있답니다.

미국 TV 미니 시리즈 〈Band of Brothers〉는 제2차 세계대전 당시의 실화를 바탕으로 만들어졌습니다. Band. 음악 밴드라고 하죠? 끈처럼 둥글게 묶여 있는 것을 말할 때 band라 부릅니다. Brothers는 형제잖아요.

서로 끈처럼 연결되어 있는 형제들. 형제애, 전우애보다 좀 더 다양한 감정이 전달되죠.
영어는 이렇게 풀어쓰는 단어가 더 깊은 인상을 남길 때가 있다는 것을 우리는 자주 접했습니다.

'Band of Brothers'는 실제 셰익스피어가 만들어낸 단어로 1599년에 초연된 연극 〈헨리 5세〉에 나오는 유명한 연설 중에 등장합니다. 셰익스피어는 영어에서 빼놓을 수 없는 인물이라고 했죠?

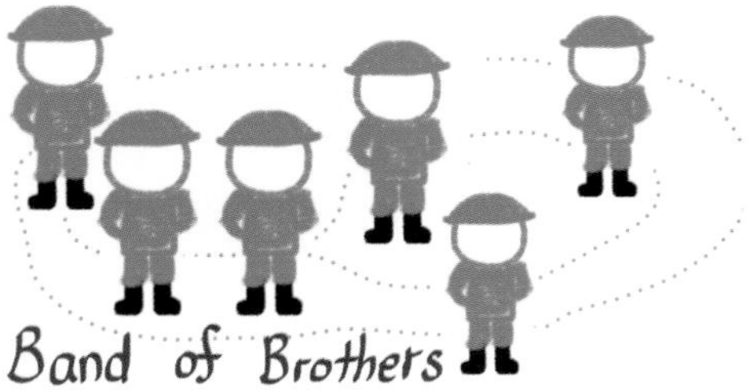

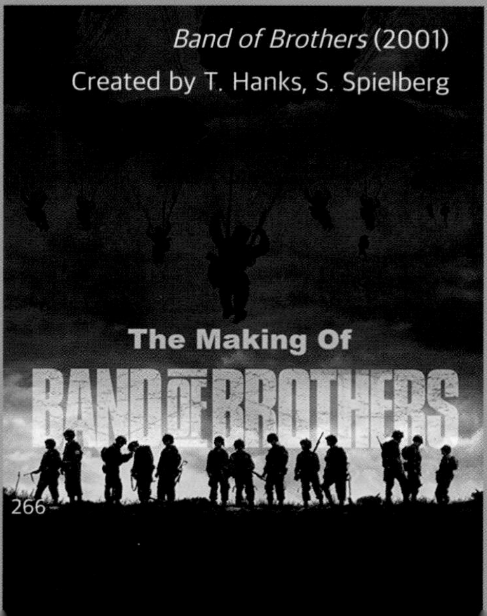

Band of Brothers (2001)
Created by T. Hanks, S. Spielberg

셰익스피어를 제외하고 영어에서 누가 가장 중요한 작가라고 생각하세요?

자! 이번 스텝에서 재활용 들어갑니다.

바로 **besides** [비'싸이즈]

껌딱지 beside와 비슷해 보이죠?
하지만 besides, 뒤에 [즈] 붙었잖아요.
재활용해서 다른 뜻을 또 만들었답니다.

1200년도까지는 beside 하나로 사용했다고 하는데, 현재는 나눠 사용하는 거라고 하니 편하게 바라보며 진행합시다.

besides를 사전에서 찾아보면, **'게다가, 그뿐만 아니라'**라고 나옵니다.
왜 이런 뜻이 되는지 보이나요?

이미지로 간단히 설명할게요.
뭔가를 '잠깐 제쳐두다'라고 말할 때는 버리는 것이 아니라, 잠시 옆으로 치워두는 거죠. besides는 딱 그런 느낌입니다. 이거 있는데, 이건 잠시 옆에 두고, 다른 것을 말하자면. 그림 보세요.

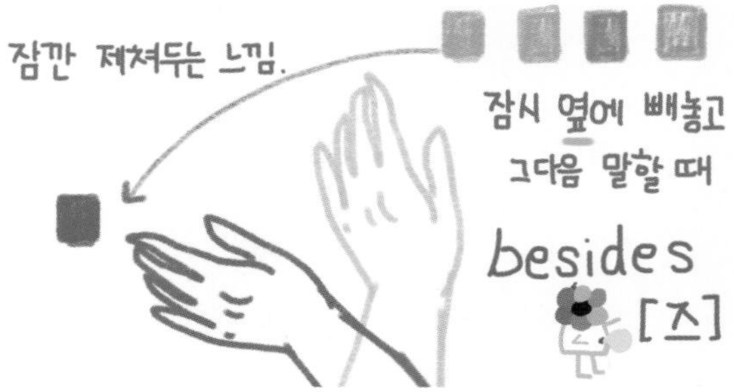

윌리엄 셰익스피어를 제외하고 영어에서 누가 가장 영향력 있는 작가라고 생각하세요?

> influential [인*플루'엔셜]=영향력 있는 / writer [*롸이터] <

셰익스피어가 영어에 가장 영향력 있는 작가이니, 이 사람은 잠시 옆에 두고, 다른 작가들 안에서 말하는 거죠.
Besides William Shakespeare, 하고 나머지를 말하면 되는 겁니다.

→ Besides William Shakespeare, who do you think is the most influential writer in the English language?

쉬운 걸로 만들어보죠.
상황) 마음에 드는 여자에게 연락처를 물어보겠다고 한 친구가 돌아와서 하는 말.

#A: 이름은 땄어!

→ I got her name!

그러자 친구가 물어봅니다.

#B: 이름 말고 또 얻은 건 없는 거야?

Besides her name~ 이름 옆으로 빼놓고, 다른 건 없느냐는 거죠.

→ Didn't you get anything else besides her name?

#A: 저 여자는 외모 이외에 뭐가 있는데?

> looks <

→ What does she have besides her looks?

#재(여)는 외모랑 성격 이외에 뭐가 또 있는데?

> personality [펄스'널리티] <

→ What else does she have besides her looks and her personality?

상황) 노래를 잘하는 분에게 묻습니다.

#가수세요?

→ Are you a singer?

#노래 말고 또 다른 거 뭐 하세요?

What else do you do~
노래 말고, 옆에 잠깐 두는 거죠.
besides는 껌딱지여서 뒤에 명사만 들어갑니다. besides song은 그냥 '노래'죠.
노래를 두는 것이 아니라 **'노래 부르는 거'**를 두는 것이니 sing 뒤에 [잉] 붙이면 되죠?
smoke를 smoking으로 바꾸는 것처럼, besides singing.

→ What else do you do besides singing?

이제 같은 느낌으로 연습장에서 익숙해지세요.

연습

#만약 환자(남)한테 암이 있다면, 이것 말고도 다른 증상들이 보일 거예요.

patient [페이션트] / cancer=암 / symptom [심텀]=증상 / show

If he did have cancer, other symptoms will show besides this.

#제가 그것 말고는 다른 아무 말씀도 못 드립니다.
say

.... I can't say anything else besides that.

#나 빼고 배고픈 사람?
hungry

Who's hungry besides me? /
.... Is anyone hungry besides me?

#아드님은 가벼운 감기에 걸렸어요. 그러나 그것 말고는, 매우 건강합니다.
minor cold=가벼운 감기

He has a minor cold.
.... But besides that, he is very healthy.

#나 너 바로 옆에 앉아 있었잖아!

.... I was sitting right beside you!

#너 빼고는 나한테 아무도 없어.

.... I don't have anybody besides you.

TED에서 가장 많이 본 영상 1위.
교육학자 Sir. Ken Robinson.
그는 창의적인 교육을 주장하는 인물입니다.
셰익스피어의 아버지가 어린 셰익스피어에게 말하는 장면을 상상하는 부분인데, 직접 영어로 말해보세요.

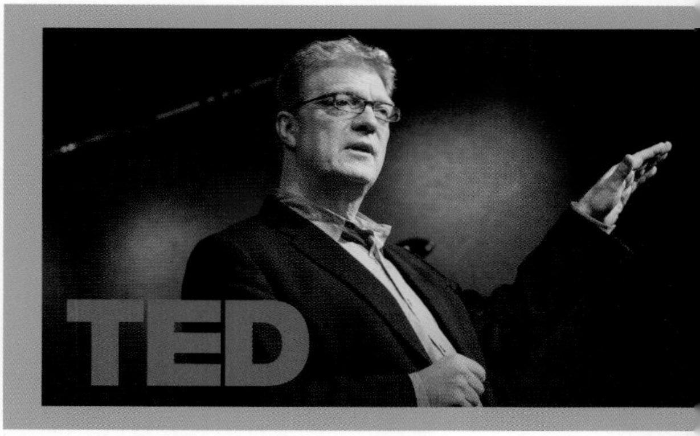

#이제 가서 자야지. 연필 내려놓고. 그리고 그런 식으로 그만 말해라. 모두를 헷갈리게 하고 있잖니.
> pencil / speak / confuse [컨'*퓨즈]=혼란시키다 <
→ Go to bed now, and put the pencil down. And stop speaking like that. It's confusing everybody.

언어는 아무리 규칙을 세워놓아도 시간이 지나면서 대중이 편한 말을 골라 쓰고, 언어의 대가라고 하는 작가들도 그 규칙을 깨가며 언어를 발전시키고 변화시킨다는 것.
besides 역시 원래 beside 하나로 쓰이다가 시간이 지나면서 나뉜 거라고 했죠.
편하게 생각하면서 재활용된 besides를 더 연습해보세요!

11_16 as

이번 스텝은 굳이 Planet이 아닐 수 있었지만
우리말 번역에서 엉켜버려 시험에 단골로 나온답니다.
껌딱지처럼 이것도 하나의 동일한 느낌을 알고 나면
거품이 꺼질 겁니다. 그럼 Planet 들어가보죠!
다음 문장을 만들어보세요.

#저희 선생님은 천사같이 말씀하세요.

> angel <

→ My teacher talks like an angel.

저희가 여럿이면, "Our teacher talks like an angel." like 배웠죠? (스텝 05[26])

천사는 아니지만 '천사처럼' 말한다는 겁니다.
수학으로 보면 완전 = 은 아니고 ≒ 식인 거죠.

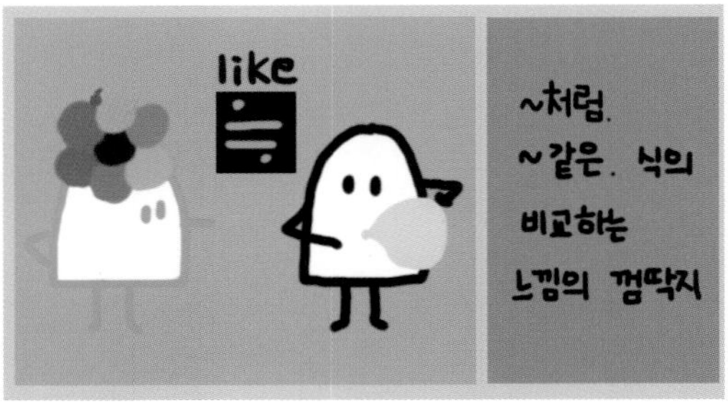

하지만 정말 선생님이 하늘에서 내려온 천사라면?

저희 선생님은 천사로 이곳에 와 계신 거예요.

이러면 like와는 달라야겠죠?

이때 써주는 껌딱지가 **as** [에즈]랍니다!

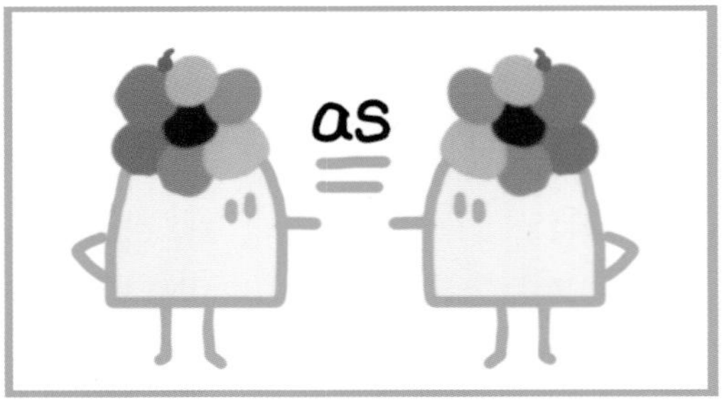

저희 선생님은 이곳에 천사로 와 계신 거예요.

누가 와 계세요? My teacher.

BE 기둥으로 가면 되죠, is here.

extra 엑스트라 또 있죠? **천사로** 있는 것입니다, as an angel.

→ My teacher is here as an angel.

간단하죠? 그럼 바로 만들어볼게요.

My teacher is here

as an angel.

천사로 와 있는 것임

#저 남자는 직원을 자기 노예로 보네.

> staff / slave [슬레이*브] <

누가 봐요? That man.

계속 그렇게 보는 거죠. DO 기둥 써서,

do be sees~ the staff.

extra 직원을 자신의 하인으로 보는 거죠. 하인과 같다 생각하는 것이니, as his slave.

→ That man sees the staff as his slave.

만약 여기서 as가 아닌 like를 붙였다면? 노예가 아닌 노예처럼 보는 거죠. 우리말에 별 차이 없듯 영어도 이 정도 차이가 다입니다. 좀 더 만들어보죠.

#이 파일 저장해줄 수 있어?

 > save <

→ Can you save this file?

#사진 파일로!

this file을 사진 파일로 해달라는 거죠?

→ As a picture file!

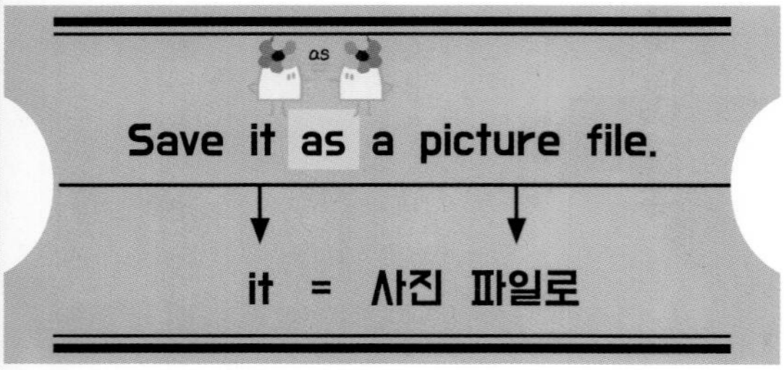

배운 것과 엮어볼까요?

#PDF로 말고, JPEG[제이페그]로!

컴퓨터에 문서 파일이 있듯 PDF 파일도 있고, 이미지 파일인 JPEG 파일이 있답니다. JPEG는 발음의 편리성을 위해 [J/PEG]로 부르는 경우가 많습니다.

PDF로 말고, JPEG [제이페그]로!

→ Not as PDF, but as JPEG!

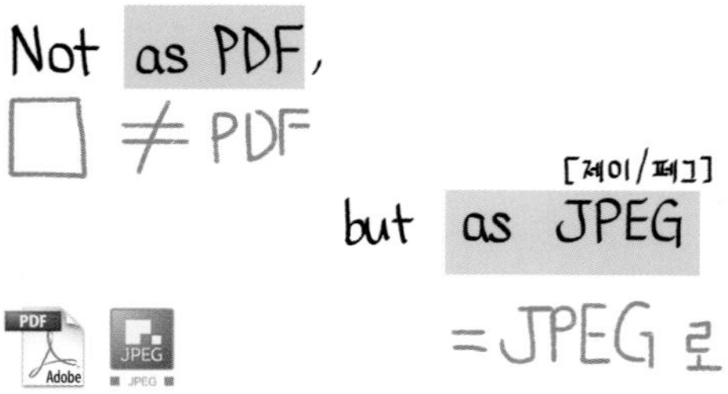

어려웠나요? 다시 풀어볼까요?

#PDF로 저장하지 마!

→ Don't save it as PDF.

#JPEG로 저장해!

→ Save it as JPEG!

두 말을 줄인 겁니다.

#PDF로 말고, JPEG로!

→ Not as PDF, but as JPEG!

#PDF를 저장해!

이러면 PDF 파일을 저장하라는 말이 되죠.

→ Save PDF!

#PDF로 저장해!

이러면 어떤 파일을 PDF 파일로 변환해서 저장하라는 말이 됩니다.

→ Save as PDF!

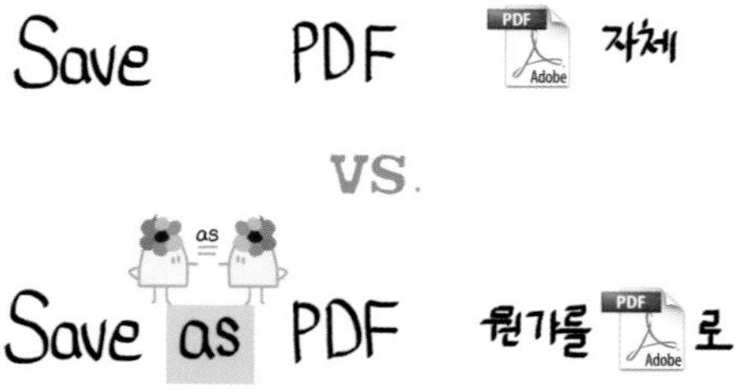

우리말로 보면 '를'에서 '로'로 가는 것뿐이죠? 한글의 오묘한 매력.
외국인 눈에는 '를', '로' 비슷해 보이겠죠? 거기다 앞 단어와 합쳐져서 잘 보이지도 않아요. 영어는 as도 독자적으로 있어 괜히 뭔가 있는 것처럼 보이는 겁니다.

좀 더 해보죠.

#너랑 나랑은 친구로 있는 것이 더 나아.

누가 친구로 있는 게 더 낫대요? 너랑 나! You and I.
나은 것이니 행동으로 하는 게 아니죠?
be 쪽인데 지금 더 나은 것이니 BE 기둥 써서, are.

extra 우리가 뭐? 더 낫다니까 better.

extra 엑스트라 또 있죠? 친구로 있는 것이. 영어는 굳이 '있다'는 말 필요 없이 간단하게, as friends.

→ You and I are better as friends.

이미지 그려져요? 번역만 하지 말고 항상 이미지로!
My teacher is here = an angel 처럼
You and I are better = friends
as를 껌딱지 등호(=)라 했다고 해서 단순히 BE 기둥과 착각하지 마세요!

상황) 사무실에서 다른 사람 책상에 장난을 쳤습니다.

#A: 누가 이 짓을 했어?

→ Who did this?

#이 짓 누가 했는지 말해!

Tell me~ 뭘 말해요? 이 짓 누가 했는지. 모르니 WH 1으로 가주면 되죠? Who did this!

→ Tell me who did this!

#B: 너무 기분 나빠하지 마요!

> upset <

→ Don't get so upset!

#제가 웃자고 한 거예요.

I did it~ 내가 했는데, 농담으로 한 거죠,

extra ~ as a joke! 그것이 농담과 같다는 겁니다.
"웃자고 한 거예요"라는 말을 joke로 잘 쓴답니다.

→ I did it as a joke!

어렵지 않죠? 만약 like a joke라고 했으면
농담은 아니지만 농담처럼 했다는 거죠.

#전 오늘 여기 환자분의 의사로 방문한 겁니다.
굳이 '방문'이란 단어 안 씁니다. 지금 여기 있죠? 그럼 더 잘 쓰는 말이

→ I am here today as your doctor.

#환자분의 의사로서, 조언합니다.
> advise [어드'*바이즈] <

→ And as your doctor, I advise you.

#술 드시는 거 그만하세요. (술 끊으세요.)

→ Stop drinking.

어렵지 않죠?

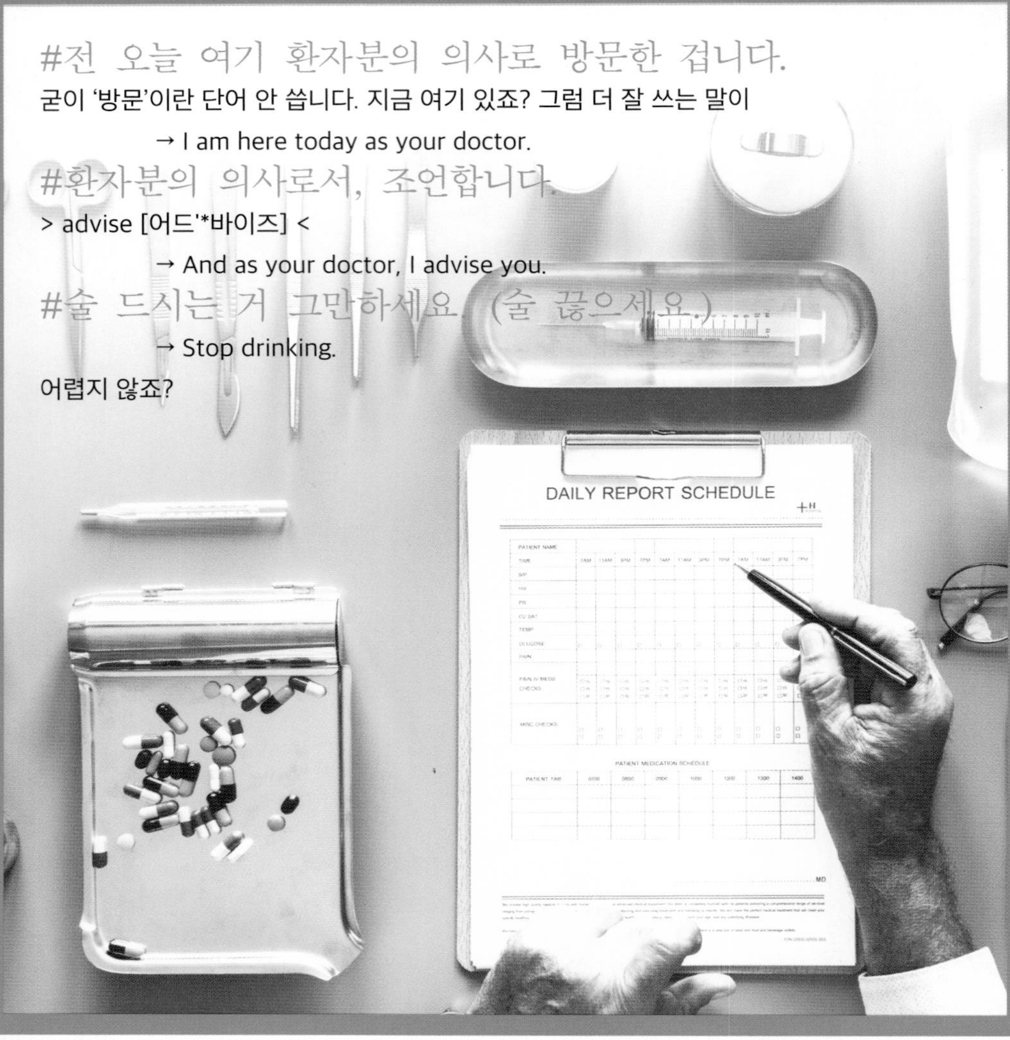

병원에 잘 쓰여 있는 글귀입니다. 읽어보세요.

#As a Patient, you have the right to receive considerate and respectful care.
환자로서, 당신은 권리를 가지고 있다 / 받을 권리를. 뭘 받아요? 배려 있고 존중심이 담긴 care를.
care는 보살핌이나 돌봄을 말합니다. as를 엑스트라 자리에서 배경으로 까는 것도 익숙해질 수 있겠죠?

그럼 연습장에서 like와 비교하면서 as 감에 좀 더 익숙해지세요.

#전 당신을 직장동료로서 존중합니다.
colleague [컬리그] / respect [*리스펙ㅌ]

.... I respect you as a colleague.

#그 칼을 드라이버로 사용하지 마세요.
knife / screwdriver [스크*루드*라이*버]

.... Please don't use that knife as a screwdriver.

#네 형으로서, 네가 저걸 하게 내버려둘 수 없어.
let

.... As your brother, I can't let you do that.

#난 네 여친이 2년 동안 웨이터로 일했다고 들었는데.
hear / waiter

.... I heard that your girlfriend worked as a waiter for two years.

#인사담당자로서, 전 그걸 승인할 수 없습니다.
human resources representative [휴먼 *리솔씨즈 *레프*리젠테티*브] / approve [어프*루*브]=승인하다

.... As the human resources representative, I cannot approve that.

#피해자는 그녀를 공격한 사람을 턱수염이 있는 키가 큰 남성으로 묘사했습니다.
victim [*빅팀] / attacker=공격을 한 사람 / beard [비어드] / male=남성 / describe

.... The victim described her attacker as a tall male with a beard.

#그 형은 자기 부상을 변명으로 사용하는 중일 수도 있어.
injury [인져*리] / excuse [익스큐즈] / use

.... He might be using his injury as an excuse.

#기차가 늦네, 평소처럼.

.... The train's late, as usual.

#해! 내가 말하는 대로 해!

.... Do it! Do it as I say!

자! as는 before나 when처럼 껌딱지로만 쓰이지 않고 리본으로도 쓰입니다.
그대로 기둥 문장에 붙이면 됩니다.

#야! 너 여권 챙기는 거 잊어버리지 마라!

> passport / pack / forget <

→ Hey, don't forget to pack your passport!

#내가 작년에 그랬던 것처럼!

나도 작년에 똑같은 짓을 한 거죠. 그래서 as로 연결해서 갈 수 있어요.

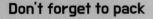

→ As I did last year!

Don't forget to pack

~as I did last year.

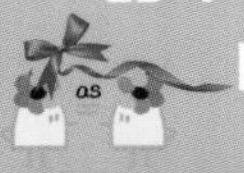

내가 작년에 그랬음

like랑 너무 비슷해서 실제 like로도 많이 씁니다.

as는 리본 스텝이면 될 것 같은데, 굳이 왜 Planet일까요?
지금까지 뻔히 보이는 것은 적응만 하면 됩니다.

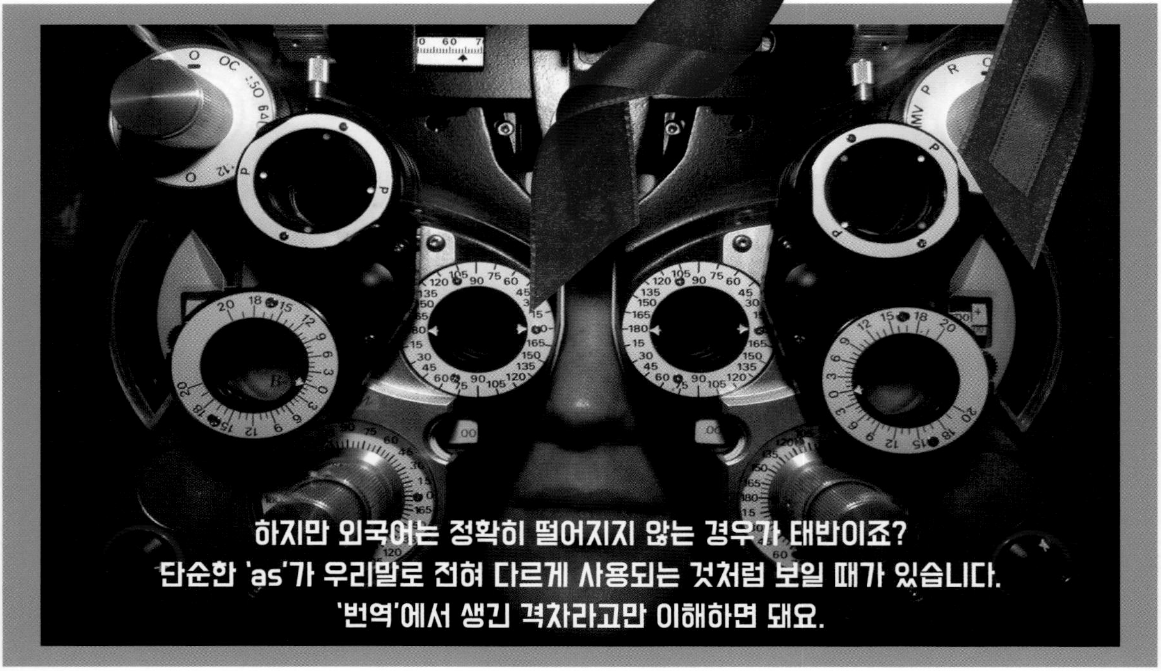

하지만 외국어는 정확히 떨어지지 않는 경우가 태반이죠?
단순한 'as'가 우리말로 전혀 다르게 사용되는 것처럼 보일 때가 있습니다.
'번역'에서 생긴 격차라고만 이해하면 돼요.

시작해보죠. 항상 앞에서부터 읽어야 합니다!

#We are staying at home,

우리는 집에 있는 중. stay니까 안 나가고 집에 있는 거죠.

#as it is raining again.

as 빼고 먼저 봐보세요.

비가 다시 오는 중이죠. 그럼 우리말로만 보세요.

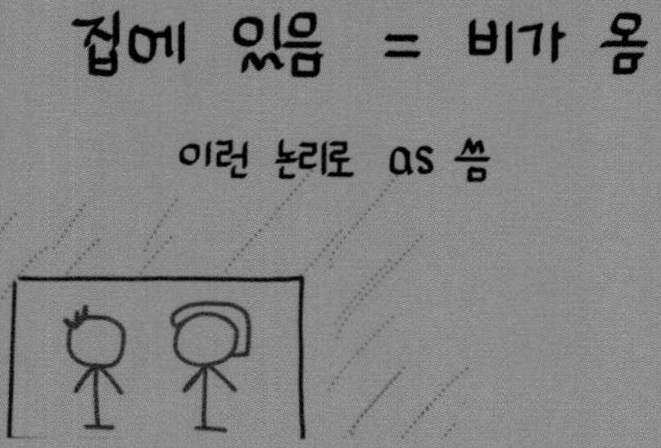

우리 밖에 안 나가고 집에 있음. 밖에 비가 다시 오고 있음.

이 둘이 한 문장으로 합쳐 있다면 무슨 말을 하는 것 같나요?

비가 다시 와서 집에 있는 중이야! 보이죠?

as는 그런 느낌입니다. 이렇게 as 떼고 우리말로만 보든지, 영어로만 봐도 메시지가 전달됩니다.

잠깐! 저건 because로 가야 하는 거 아닌가 싶나요?

포크와 스푼 차이입니다! 양쪽 도구로 다 쌀밥을 먹을 수 있는 것처럼 이 as 리본이 because와 같은 느낌으로 사용될 수도 있는 것뿐입니다. 대신 because는 '이유'를 확실히 말해주는 느낌이 있겠죠.

AS는 같다(=) 느낌에 잘 쓴다고 했잖아요?

밖에 비가 온다. = 집에 있는다.

이런 논리로 보고 as를 사용해준 겁니다. 그런데 우리말은 변형이 많습니다. 봅시다.

비가 와서 집에 있어요.

비가 오므로 집에 있어요.

비가 오기 때문에 집에 있어요.

전부 다 as로 가능한 거죠! 대신 '때문에'라는 말은 확실히 이유를 꺼내주는 것 같죠?

다시 만들어보세요.

#저희 집에 있는 중이에요. 비가 오므로.

→ We are staying at home as it is raining.

당연히 배경으로 리본을 뺄 수 있겠죠?

#비가 오니, 저희는 집에 있는 중이에요.

→ As it is raining, we are staying at home.

굳이 as 몰라도 다른 도구를 써도 메시지 전달에는 문제가 없어요. 해볼까요?

#우리 아들이 시험을 잘 못 봤어요. 그래서 자신감을 북돋아 줘야 해요. (그럴 필요가 있는 거죠.)

> test / confidence [컨*피던스] / boost [부스트] <

so 연결끈이 좋겠네요. (스텝 04[14])

→ Our son didn't do well on the test, so we need to boost his confidence.

이번에는 because (스텝 06[13]) 리본을 사용해 이유를 대보세요.

#우리 아들이 시험을 잘 못 봤기 때문에 자신감을 북돋아줘야 해요.

→ Because our son didn't do well on the test, we need to boost his confidence.

→ We need to boost our son's confidence because he didn't do well on the test.

이제 as로 봐보죠.

우리 아들 시험 못 봄 = 자신감 북돋아줘야 함

#우리 아들이 시험을 잘 못 봐서 자신감을 북돋아줘야 해요.

→ As our son didn't do well on the test, we need to boost his confidence.

→ We need to boost our son's confidence as he didn't do well on the test.

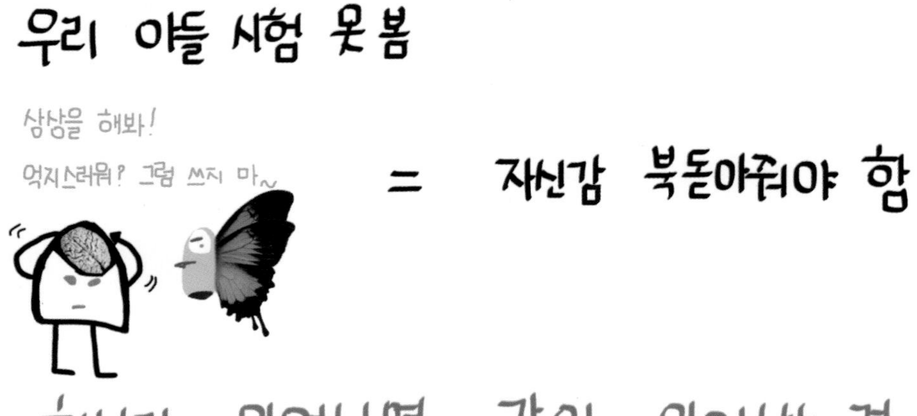
우리 아들 시험 못봄
상상을 해봐!
억지스러워? 그럼 쓰지 마~
=
자신감 북돋아줘야 함
하나가 일어나면 같이 일어나는 것

상상이 되나요? 꼭 '같이' 일어나는 상황처럼 설명하는 거죠. 영어로만 보면 so, because, as니까 뭔가 전혀 다른 세 가지를 접하는 것 같죠? 그런데 우리말로만 비교하면 어이가 없을 만큼 비슷한 내용들인 거죠. '같이' 일어나는 상황처럼 설명하려 할 때 사용하면 된다는 것을 기억하세요.

책마다 as에 대한 설명 거품이 다양합니다. 여러분은 그럴 때 항상 설명보다 영어 문장에 집중하세요.

#난 돈이 없으니, 이 정장을 살 수가 없어.

돈 없음 = 정장 못 삼

as로도 되고 편하게 because로 가도 되겠죠?

→ Because I have no money, I can't buy this suit.

→ As I have no money, I can't buy this suit.

as는 이렇게 우리말 변형이 많은 것처럼 보이지만 영어로는 다 똑같습니다.
이제 느낌을 탄탄히 하기 위해 연습장 가죠. 다른 리본이 생각나더라도 as로만 써보세요.

연습

#수리를 위한 청구서 보내드립니다, 저희가 동의한 대로요.

repairs [*리페어즈]=수리 / bill=청구서 / agree=동의하다

.... I am sending you the bill for the repairs, as we agreed.

#눈을 뜨면서 이상한 목소리를 들었어.

Hint: When이랑 비슷한 느낌이죠? When도 됩니다.

as는 '눈을 떴다' = '이상한 소리를 들었다'

strange voice [*보이스] / hear

.... As I opened my eyes, I heard a strange voice.

#병이 진행되면서 문제들은 더 심각해질 것입니다.

Hint: 병이 진행 = 문제들이 더 심각해질 것임

disease [디'*지~즈] / progress=진행하다 / problem / severe [씨'*비어]=심각한

.... As the disease progresses, the problems will become more severe.

#그 영화에서는 그녀가 샤워를 하고 있을 때 살인마가 칼을 들고 욕실로 걸어 들어와요.

Hint: 그녀가 샤워하고 있었음 = 살인마가 화장실로 들어왔음

take a shower / killer / knife / bathroom / walk

.... In that movie, as she is taking a shower, the killer walks into the bathroom with a knife.

#그의 아들이 상자를 들어 올리면서 말했어요, "아무것도 안 보이는데요."

pick up / say

His son said, "I can't see anything"

.... as he picked up the box.

#아무도 그녀를 몰라, 내가 아는 것처럼.

.... Nobody knows her as I do (know her).

#설사와 어지럼증 같은 부작용이 생길 수도 있으니 이건 복용하지 마세요.

Hint: 이것을 복용하다 = 부작용이 생길 수 있다

diarrhea [다이'어*리아]=설사 / nausea [노지아]=어지럼증 / side effects [싸이드 이*펙츠]=부작용

Don't take this as you may

.... get side effects like diarrhea and nausea.

Planet이니 확실히 길죠?
갑자기 as 거품에 휩싸여서 처음 껌딱지 배울 때처럼 "My teacher is here as an angel"의 기본을 잊지 마세요. 다음 문장 만들어보세요.

#해!

→ Do it!

#네가 아는 대로 해!

네가 아는 것 그대로 하라는 거죠.

→ Do it as you know.

이제 다음 문장 보죠.

#I am afraid of flying,

내가 나는 것을 무서워해. 비행기 타는 것을 무서워할 때 이렇게 씁니다.

#as you know.

네가 **'아는 대로'**인 거죠.
영어에서는 똑같이 봅니다. 다시 이 말을 변형이 많은 우리말로 번역해볼까요?

네가 알다시피 난 무서워해.
네가 알듯이 난 무서워해.

우리말로만 보니 갑자기 우리가 알던 as와 또 다르게 보이죠? 이런 겁니다. 우리말 번역에서 이렇게 격차가 생기면서 as가 순간 복잡한 해석으로 빠지는 경우가 있습니다.

이럴 때는 항상 as를 뺀 뒤 앞뒤 영어 문장을 먼저 이해하세요. 그러면 대다수가 쉽게 이해됩니다.
그럼 마지막으로 문장 몇 개 같이 만들고 정리하죠.

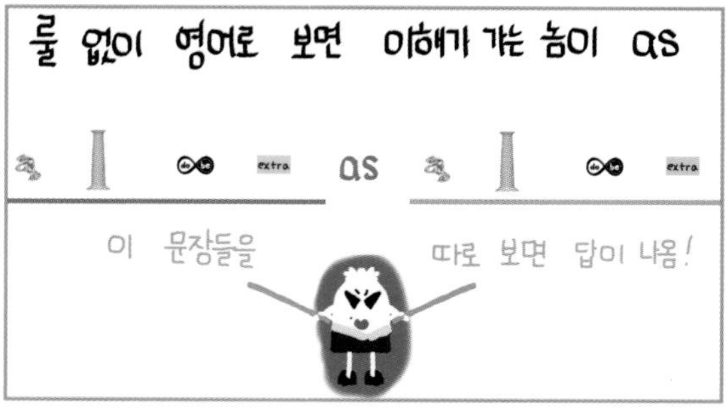

#A: 그녀는 나이가 듦에 따라, 자신감도 늘어났어.

> grow old / confidence [컨*피던스] / gain [게인] <

나이가 듦 = 자신감 늘어남

그래서 as 쓸 수 있죠.

→ As she grew older, she gained more confidence.

#B: 그래? 나는 나이가 듦에 따라, 몸무게가 늘었는데.

> weight / gain <

→ Yeah? As I grew older, I gained weight.

#A: 그것만이 아니지.

→ That's not all.

→ Not only that. 이렇게도 잘 쓴답니다.

#나이가 들면서 혈당량도 올라갔지.

> blood sugar level <

나이가 듦 = 혈당량도 올라감

→ As you grew older, your blood sugar level went up too.

#돈을 더 벌수록 자기 인맥의 질을 좀 더 향상시키고 싶어질 겁니다.

동시에 같이 일어난다는 느낌이죠?

돈을 계속 벎 = 인맥 향상시키고 싶어질 것임

> earn / network / quality / improve / want <

→ As you earn more money, you will want to improve the quality of your network.

그럼 as 예문을 쉬운 것부터 다시 보면서 계속 만들어보세요.

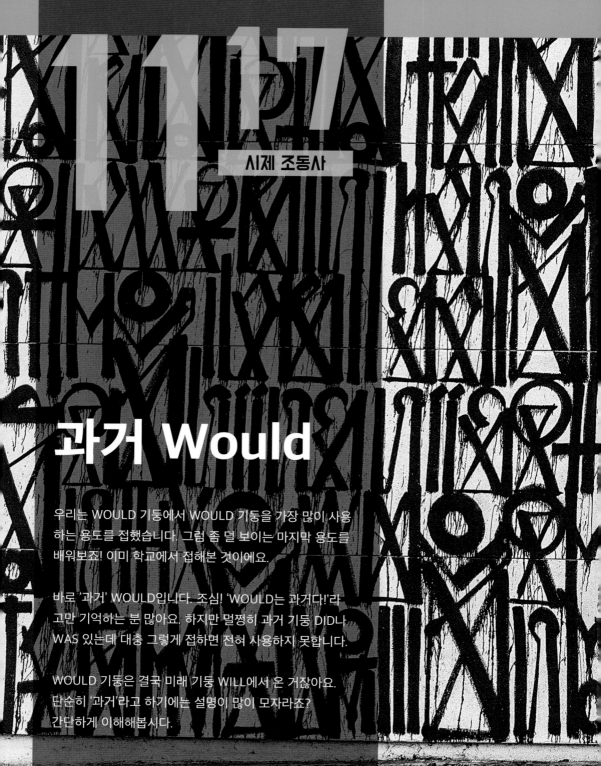

11 17

시제 조동사

과거 Would

우리는 WOULD 기둥에서 WOULD 기둥을 가장 많이 사용하는 용도를 접했습니다. 그럼 좀 덜 보이는 마지막 용도를 배워보죠! 이미 학교에서 접해본 것이에요.

바로 '과거' WOULD입니다. 조심! 'WOULD는 과거다!'라고만 기억하는 분 많아요. 하지만 멀쩡히 과거 기둥 DID나 WAS 있는데 대충 그렇게 접하면 전혀 사용하지 못합니다.

WOULD 기둥은 결국 미래 기둥 WILL에서 온 거잖아요. 단순히 '과거'라고 하기에는 설명이 많이 모자라죠? 간단하게 이해해봅시다.

#내 생각엔 이거 될 것 같아.

→ I think it will work.

THAT 접착제로 기둥 문장 붙인 거죠? 뻔해서 생략된 겁니다.

좀 더 확신을 줄여서

#내 생각엔 이거 아마 될 것 같아.

→ I think it would work.

자! 여기까지는 따라오죠?

그런데 시간이 지나서 될 거라 생각했던 것이 안 됐습니다. 될 줄 알았는데~

타임라인에서 과거를 회상하며 말합니다.

#내가 생각했었죠.

더 이상 그렇게 생각 안 하니 과거 DID 기둥 사용해서

→ I thought.

#이거 될 거 같다고.

과거에서 다음을 상상한 거잖아요. 그다음 시간이긴 한데 WILL은 안 되죠. 그건 지금 이후를 말하는 것이니 WILL 기둥보다 약한 WOULD 기둥을 재활용해주는 겁니다. 그래서

→ It would work.

→ I thought it would work.

지금의 미래가 아닌, 과거의 타임라인을 상상하면서, 그다음 시간을 말해주는 겁니다. WOULD는 단순 과거가 아닌, 과거에서 바라본 '과거 미래'인 겁니다. 그럼 응용해보죠. 타임라인을 머릿속에 그리면서 만들어보세요.

#내가 그럴 줄 알았어!

→ I knew it!

좀 더 말을 붙여볼까요?

#내가 너 그 고양이 입양할 줄 알았어!

미래를 예상했던 거죠? 간단하게 기둥 문장 다 붙이면 돼요.

> adopt [어돕트] <

→ I knew you would adopt that cat.

다음 문장!

상황) 몇 년 전 애인에게 이렇게 약속했습니다.

#모든 것이 다 끝나면 꼭 너 찾을게. (약속해.)

> over <

→ I promise I will find you when everything is over.

상황) 수년이 지나 돌아옵니다.

#그 애(여)를 찾겠다고 약속했었어.

→ I promised I would find her.

이야기가 과거와 현재를 오가는 것을 넘어서 과거에서 생각하던 미래까지 오가죠? 확실히 여러분의 영어 레벨이 더 올라간 겁니다. 더 다양하게 타임라인에서 뛰노는 거예요. 이것을 자유자재로 다루려면 당연히 시간이 걸립니다. 하지만 지금부터 상상하면서 천천히 이미지화해서 말하면 곧 자기 것으로 만들 수 있답니다. 이제 연습장에서 타임라인으로 상상하고 그리면서 만들어보세요. THAT 껌딱지를 사용하여 기둥끼리 붙여서 만들어보세요.

연습

#재네들 약속했었어, 나를 위해 일할 거라고.

.... They promised they would work for me.

#그는 맹세했어요, 절대 사람들에게 거짓말을 안 하기로.

pledge [플레쥐]=맹세하다 / people / lie

.... He pledged that he would never lie to people.

#늦을 거 같아서(그렇게 생각했음) 택시 타고 왔어요.

Hint: 타고 오다, take를 사용해보세요.

think / take

.... I thought I would be late, so I took a taxi.

#우린 저 친구가 유명해질 걸 알고 있었어요.
famous / know

.... We knew that that friend would be famous.

#비가 올 거 같아서(생각해서) 내 우산 가지고 왔지.
rain / think / umbrella / bring

I thought it would rain, so
.... I brought my umbrella.

#네가 걜(남) 도와줄 거라고 알고 있었어.
help / know

.... I knew you would help him.

#아내가 이집트에서 엽서 보낸다고 약속했는데.
postcard / promise

My wife promised she would
.... send a postcard from Egypt.

#난 네가 날 위해 거기에 있어줄 줄 알았는데.
(생각했었는데)

.... I thought you would be there for me.

#전 이 제안이 괜찮은 타협이 될 거라 생각했습니다.
어떻게 보세요?
offer=제안 / compromise [컴프*러마이즈]=타협

I thought it(this offer) would be a
.... nice compromise. What do you think?

#Julie가 저녁 만들 줄 알았어! Julie는 요리하는 거
너무 좋아하잖아.
make dinner / know / love

I knew Julie would make dinner!
.... She loves cooking.

상황) 댄스파티에서 남자가 용기를 내어 여성에게 묻습니다.
#A: 춤추고 싶으세요? 춤추실래요?

Would you like to dance?
.... Do you want to dance?

#B: 절대 안 물어볼 줄 알았어요. (생각했었는데)

.... I thought you would never ask.

11 18

부사

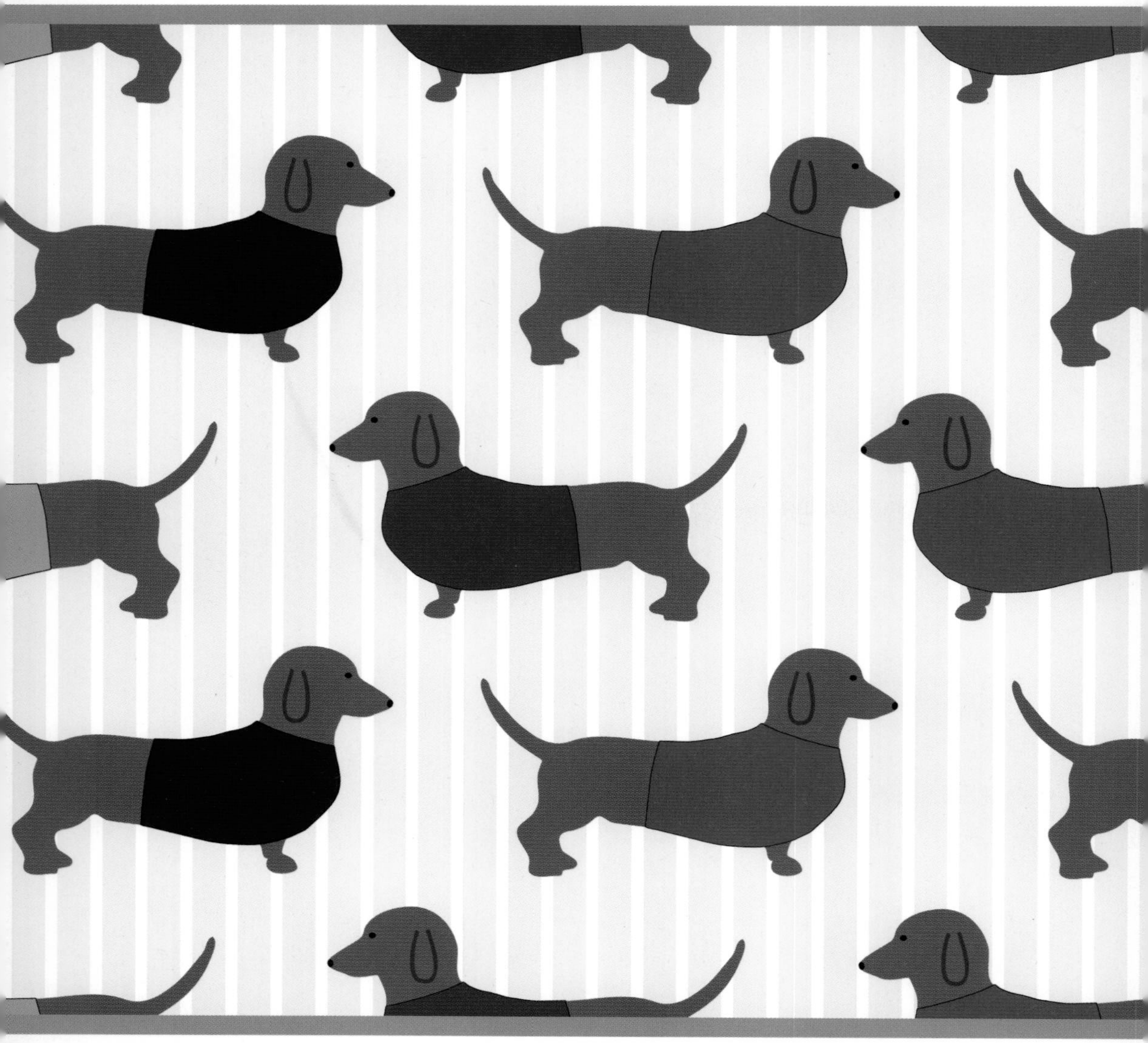

ANYWHERE

11번 기둥의 마지막 스텝!
everybody! 이 단어 배웠죠? 다, 모든 사람들.
그럼 이건 어때요?

여기를 보든, 저기를 보든, 보이는 모든 장소는?

우리말로 말하면 **온 사방**
영어로 everywhere.
뒤에 where 보이죠? 장소잖아요. 둘을 합쳐서 단어로 만든 겁니다.

#저기 할아버지, 저분 정말 자기 강아지를 사랑하셔.

영어는 할아버지, grandfather라는 말보다 '나이 든 남자'라고 해서 old man을 잘 써요.

That old man over there~

설명하려는데 카멜레온이 너무 길다면 다시 he로 줄여 카멜레온 또 넣고 기둥 문장 만들어도 됩니다. 헷갈리지 않기 위한 상식적인 방법인 거죠.

He really loves his dog.
우리말도 마찬가지죠?

#저기 할아버지는 정말 자기 강아지를 사랑하셔.

→ That old man over there really loves his dog.

#그 개는 온 사방으로 할아버지를 따라다녀.

방금 한 말이니 줄여서, it.

do be extra 항상 따라다니는 거죠,
( ) follows him.

extra 온 사방에 everywhere. 간단하죠? here 들어가는 식으로 넣으면 되는 겁니다.

→ It follows him everywhere.

오랜만에 아인슈타인이 한 말을 만들어볼까요?

#논리는 너를 A에서 B로 도달시켜줄 것이다.

> logic [로직] / get <

Logic will~

너를 그곳에 '도착'하게 해줄 거라는 거죠.

'도착하다'로 쓰이는 단어! get!

→ Logic will get you from A to B.

#상상은 너를 어디든지 데려가줄 것이다.

> imagination [이메지'네이션] <

Imagination will~ 상상의 날개를 달아주면서 나를 take 한다고 아인슈타인은 표현했습니다.

→ Imagination will take you everywhere.

get과 take~ 참 간단하면서 다양하게 전달되죠?
더 멋진 한국어 번역을 볼까요?

논리는 A에서 B에 이르는 것이지만 상상력은 무한대로 뻗는다.

상당히 다르게 번역했죠? everywhere라는 단어에 '무한대'라는 단어까지 접목시켰네요.

#A: 여기 좀 봐봐!

→ Look at this place!

#'핫'한 남자들이 온 사방에 있어!

사람을 hot 하다고 하면 섹시한 거죠.

→ There are hot men everywhere!

#B: 'Raining men'이네!

노래 중에 〈It's raining men〉이라고 있습니다. 하늘에서 비가 오듯이 남자들이 내리는 겁니다.

→ It's "Raining men"!

자! everybody, everywhere가 있듯이
somebody가 있으면 somewhere도 있겠죠?
여러분도 이미 알고 있습니다.

유명한 노래의 가사죠.

#Somewhere over the rainbow way up high.

이미지 그리세요.

'어딘가' 장소를 말하며 some으로 만들어준 거죠.

Somewhere 하면 듣는 사람은 공간을 생각합니다.

over the rainbow 그러면서 그 장소가 무지개 너머라는 것이 그려지는 거죠.

way up high. way는 배, 배, 배처럼 '길', '방법' 말고 자주 쓰이는 다른 뜻이 하나 더 있습니다. '한~참'처럼 강조할 때 씁니다. 그래서 way up high를 보면 순간 무지개와 그 somewhere 장소가 한~참 위(way~ up)로 높이(high) 올라갑니다. 책을 읽을 때 이미지가 그려지는 것처럼 상상 속에서 이미지가 움직이는 거죠. 실제 영어를 읽을 때 이런 식으로 상상하면 큰 도움이 됩니다.

다음 문장을 만들어보세요.
#A: 어딘가로 가고 싶어! 나 네 차 빌려도 돼?

→ I want to go somewhere! Can I borrow your car?

#B: 뭐? 수동 운전 어떻게 하는지 알기나 해?

> stick <

→ What? Do you even know how to drive a stick?

#A: 미안하지만, 나 옛날에 트럭 운전했었거든!

Excuse me!

I~ 이전에 했던 것이지 더 이상 안 하죠? 기억나요? 이전에 하던 거 (did) used to 배웠었죠?

→ I used to drive a truck!

그러자 차 주인이 웃으며 답합니다.
#B: 그래? 몰랐어.

→ Did you? I didn't know.

그러더니 다시 얼굴 표정을 바꾸며,
#But you are going nowhere with my car.

뭐라고 하는 거죠?

네가 가는 중인데, 아무 데도, 갈 장소 자체가 없네요.

"I know nobody!"와 같은 식이에요. 아예 가는 곳 자체가 없는 겁니다. no ship 배웠죠?

BE + 잉 기둥인 것은 내가 허락을 하지 않을 것이니, 확신을 가지고 말하는 겁니다.

"내 차로 너 어디 갈 일은 없을 거야. 아무 데도 못 가."

#내 차 타고는 어디도 못 가.

→ You are going nowhere with my car.

자, somebody~ nobody~ anybody~ 였죠?

somewhere~ nowhere~ 마지막 anywhere 해보죠.

방식은 똑같습니다. 바로 만들어보세요.

상황) 아이가 자기를 두고 갈까 불안해합니다.
#걱정 마. 나 어디에도 안 가.

→ Don't worry. I am not going anywhere.

I am going nowhere. 이렇게 말해도 되는 거죠.

anywhere는 거기가 어디든지 안 간다는 뜻이고, nowhere는 갈 장소 자체가 없다는 거죠.

#내가 걔(여) 혼자 밖에 나뒀는데, 어디 안 가겠지?

> leave / outside <

→ I left her alone outside, she wouldn't go anywhere, right?

#우리는 어디에도 안 가. 우린 너 없이 어디에도 안 가.

→ We are not going anywhere. We are not going anywhere without you.

상황) 여행이든 뭐든 새로운 것을 접하지 않는 사람에게 말합니다.

#어디든 가봐! 어디든지!

→ Go somewhere! Anywhere!

#가서 봐, 밖에 뭐가 있는지!

→ Go and see what is out there!

#너한테 좋을 거야.

→ It will be good for you.

#우리 어딘가 갈 수 있을까?

→ Can we go somewhere?

#우리 여기 말고 어딘가 다른 곳에 갈 수 있을까?

→ Can we go somewhere else?

#우리 지금 어디야?

→ Where are we now?

#We are in the middle of nowhere.

우리가 중간에 있는데 / 한 번 더 들어가서, of nowhere.

아예 장소가 없는 중간이다? 우리말에서는 이루어질 수 없는 구조입니다.

완전 외떨어진 곳 있죠? 이런 곳에 있을 때 in the middle of nowhere라고 말한답니다.

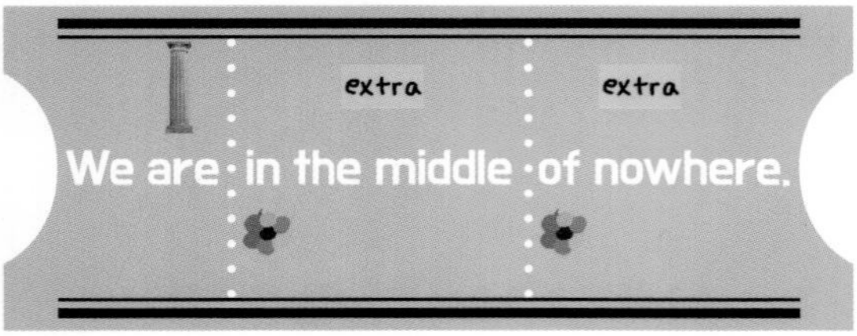

nowhere라고 하면 지도에 안 나와 있는 느낌의 위치인 겁니다. 명칭조차 없는 곳인 거죠.

이런 구조가 가능한 것이 재미있죠?

그럼 하나 연결해볼게요.

세상에는 많은 아이디어가 있죠? 그 아이디어를 남들이 다 알게 세상에 알릴 때
put it on the map이라 합니다. 모두가 알게 지도 위에 올려놓는 거죠.
자메이카의 토속음악을 모두가 다 아는 장르로 올려놓은 음악가. 누구죠? Bob Marley.

"밥 말리가 레게음악을 세상에 알렸다"고 할 때
#Bob Marley ( ) put Reggae on the map. 이렇게도 말합니다.

단순히 한때의 유명세가 아닌, 뭔가 큰 영향을 미쳐 기록에 남는 거죠. 그럼 그가 말한 어록 하나를 영어로 만들어볼까요?

#어디에선가 시작하지 않으면, 당신은 절대 그 어딘가에도 도착하지 못할 것이다.

→ If you don't start somewhere, you will never get anywhere.

여러분이 어떤 일을 망설이든 간에, 하여튼 어디에서든 시작을 해야겠죠?
#Start somewhere!
명령이죠. 시작하세요! 어디에서든!

자! 드디어 11번 기둥 끝내셨습니다.
축하드립니다!
WOULD 기둥을 통해서 그 미묘한 차이점을 익히셨는데요. 실제 영어에서 아주 잘 쓰는 기둥이니 계속 연습하며 반복될 겁니다.

11개의 말을 손에 쥐셨는데, 꽉 잡고 계신가요?
항상 처음 접하는 것은 낯설기도 하고 하다가 한동안 놓으면 서툴러질 수도 있습니다.
외국어도 다른 기술들과 같습니다. 자꾸 반복하고 접하면서 친해져야 해요. 어휘력을 늘리고 다른 자료로 영어를 늘리는 것도 좋지만, 그런 것은 나중에 해도 늦지 않으니 지금은 자신이 아는 것을 탄탄하게 만드는 것에 시간을 투자하세요. 헷갈릴 땐 언제든 돌아가서 다시 접하면 됩니다.

실전에서는 틀리는 것을 두려워하지 말고 밀어붙이세요. 여유로운 척. 그것 또한 외국어를 익힐 때 꼭 필요한 연습입니다.

12번 기둥도 정말 많이 사용하는 기둥인데 많은 분이 알아보지도 못하는 기둥입니다.
롤러코스터가 나오는 기둥. 재미있을 거예요.
다음 트랙을 거치면 영어 하는 폼이 좀 더 날 겁니다. 아주 잘 따라오고 계십니다.

THUNDERB

지름길을 선택한 이들을 위한 아이콘 요약서

- 문법 용어를 아는 것은 중요치 않습니다. 하지만 문법의 기능을 아는 것은 중요합니다. 이것은 외국어를 20개 하는 이들이 다들 추천하는 방식입니다. 문법을 이렇게 기능적인 도구로 바라보는 순간 영어는 다른 차원으로 쉬워지고 자신의 말을 만드는 것은 퀴즈처럼 재미있어집니다.

- 아래의 아이콘들은 영어의 모든 문법 기능들을 형상화한 것들로 여러분이 영어를 배우는 데 있어서 엄청나게 쉬워질 것입니다.

영어의 모든 문법 기능을 형상화한 아이콘

우리말은 주어가 카멜레온처럼 잘 숨지만 영어는 주어가 있어야 하는 구조. 항상 찾아내야 하는 카멜레온.

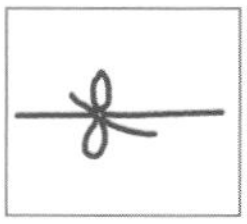

단어든 문장이든 연결해줄 때 사용하는 연결끈.

스텝에서 부정문, 질문 등 다양한 구조를 접하게 되는 기둥.

여기저기 껌딱지처럼 붙으며 뜻을 분명히 하는 기능. 힘이 세지는 않아 기둥 문장에는 못 붙음.

문장에 필요한 '동사'. 영어는 동사가 두-비. 2개로 정확히 나뉘므로 직접 골라낼 줄 알아야 함.

위치가 정해져 있지 않고 여기저기 움직이며 말을 꾸며주는 날치 아이콘.

중요한 것은 기둥. 그 외에는 다 엑스트라여서 뒤에 붙이기만 하면 된다는 것을 상기시켜주는 아이콘.

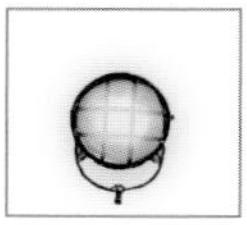

날치 중 어떤 부분을 강조하고자 할 때 보이는 스포트라이트.

Map에 추가로 표기된 아이콘의 의미

영어를 하려면
가장 기본으로 알아야 하는 스텝.

알면 더 도움이 되는 것.

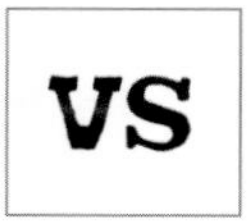

주요 단어들인데
학생들이 헷갈려 하는 것들.

반복이 필요한 훈련 스텝.

- 문법이란 문장을 만들기 위해 올바른 위치에 단어들을 배열하는 방법으로 영어는 그 방법이 심플하고 엘레강트합니다. 각각의 문법 기능을 가장 쉽게 설명하는 것이 다음 아이콘들입니다. 문법에는 끝이 없다고 생각했겠지만 기둥 이외에 문법은 총 10개밖에 없으며 이것으로 어렵고 복잡한 영어까지 다 할 수 있습니다.

- 복잡하고 끝없던 문법 용어들은 이제 다 버리세요. 여러분이 원하는 것은 영어를 하는 것이지 복잡한 한국어 문법 용법들을 알려는 것이 아니니까요.

연결끈같이 보이지만, 쉽게 매듭이 풀려 기둥 앞에 배경처럼 갈 수 있는 리본.

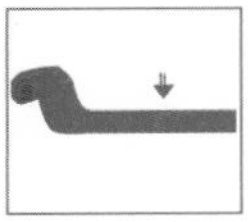

리본이 풀려 기둥 문장 앞에 깔리며 배경 같은 역할을 할 때 보이는 카펫.

어려운 문법처럼 보이지만, 기둥 구조를 익히고 나면 굉장히 간단해지는 기능.

껌딱지같이 간단하게 붙이기만 하면 되지만 껌딱지와 달리 무거운 기둥 문장을 붙일 수 있는 THAT.

두비에 붙어 두비의 기능을 바꿔주는 [잉].

타임라인에서 한 발자국 더 앞으로 가는 TO 다리.

열차마다 연결고리가 있고 고리끼리 서로 연결되면서 전체적으로 긴 열차가 됨을 나타내는 아이콘.

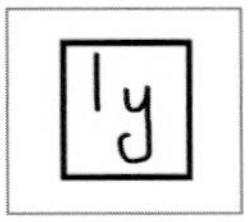

단어 뒤에 붙어 전달되는 의미를 변화시키는 ly.

기둥끼리 엮일 때 보여주는 아이콘.

구조를 분석하는 것보다
그냥 통째로 연습하는 것이 더 간단한 스텝.

전에 배운 Planet 스텝을 이후에 배운 새로운 기둥 등에 적용시켜 Planet을 크게 복습하는 스텝.

실제 영어 대화에서 많이 쓰이지만 국내에서 잘 안 접했던 말.

기둥 이외의 큰 문법 구조.
집중해야 함.

영어공부를 재발명하는 최파비아 기둥영어 (전9권)

쉽다! 단순하다! 효과는 놀랍다!
기둥 구조로 영어를 바라보는 순간
영어가 상상 이상으로 쉬워진다.
아무리 복잡한 영어라도 19개의 기둥으로 배우면
영어를 완전정복할 수 있다.
하루에 한 스텝씩!

1권 1번 명령기둥 · 2번 CAN 기둥 · 3번 WILL 기둥
2권 4번 DO/BE 기둥 · 5번 DOES 기둥/BE 기둥
3권 6번 BE+잉 기둥 · 7번 WAS 기둥
4권 8번 DID 기둥 · 9번 THERE 기둥
5권 10번 MIGHT 기둥 · 11번 WOULD 기둥
6권 12번 GONNA 기둥 · 13번 COULD 기둥
7권 14번 BE+pp 기둥 · 15번 SHOULD 기둥
8권 16번 HAVE TO 기둥 · 17번 MUST 기둥
9권 18번 HAVE+pp 기둥 · HAD+pp 기둥

영어의 전 과정을 커버하는
《최파비아의 기둥영어》 전9권

+ 영어학습을 도와주는 맵과 가리개

+ paviaenglish.com - 무료 리스닝 파일과 섀도잉 연습